Dirk Knipphals

Die Kunst der Bruchlandung

Warum Lebenskrisen unverzichtbar sind

Rowohlt · Berlin

1. Auflage Januar 2014
Copyright © 2014 by Rowohlt · Berlin
Verlag GmbH, Berlin
Alle Rechte vorbehalten
Lektorat Frank Pöhlmann
Satz aus der Caslon 540, InDesign,
bei Pinkuin Satz und Datentechnik, Berlin
Druck und Bindung CPI books GmbH, Leck
Printed in Germany
ISBN 978 3 87134 613 2

Inhalt

Willkommen im Club!

Jemand steht vor Ihnen und sagt: «Ich stecke in einer Lebenskrise.» Was antworten Sie?

Bestimmt verfallen Sie nicht auf Ratschläge wie «Nun stell dich bloß nicht so an!» oder «Jetzt reiß dich mal zusammen!». Vor zwei, drei Generationen hätte Ihr Gegenüber durchaus noch mit solchen Antworten rechnen müssen. Es ist nicht lange her, dass man Lebenskrisen vor allem zur Charakterfrage erklärt hat. Heute erkundigt man sich eher, was los ist, und wünscht seinem Gesprächspartner, er möge da gut durchkommen. Hat man den Eindruck, es handelt sich um eine schwere Lebenskrise, rät man auch: «Du musst dir helfen lassen.» Oder antwortet: «Du musst deine Krise als Chance begreifen.» Damit signalisiert man zugleich die Hoffnung, dass der Betroffene schon dabei ist, die Krise zu verarbeiten, und offene Ohren für eine einigermaßen rationale Einschätzung seiner Situation hat.

Ich weiß gar nicht mehr, wann genau die Arbeit an diesem Buch begonnen hat, aber ich erinnere mich an einen Augenblick, in dem ich mich selbst noch etwas anderes sagen hörte: «Willkommen im Club!» Es war mir einfach herausgerutscht. Etwas erschrocken sah ich M., die mir gerade von ihrer Krise erzählt hatte, ins Gesicht und forschte nach, ob sie mir die Antwort übel nahm. Sie hätte sie ja auch als flapsig missverstehen können. Aber das tat M. nicht: Sie lachte kurz auf, dann war sie schon wieder mit sich selbst beschäftigt. Wie man sich in einer Lebenskrise eben verhält (M. hatte eine Trennung hinter sich, ich komme darauf zurück).

Von «Nun stell dich bloß nicht so an!» zu «Willkommen im Club!»: Das ist eigentlich schon in Kurzfassung, worum es im Folgenden geht. Während des Wortwechsels mit M. wurde mir klar, dass Lebenskrisen normal geworden sind – und dass darin sowohl ein Fortschritt als auch eine Herausforderung liegt. Lebenskrisen machen einen nicht mehr zum Außenseiter, zum Neurotiker oder zur Hysterikerin, wie es zu Zeiten meiner Großeltern noch der Fall war. Das ist gut. Eine verlassene Frau von Mitte dreißig hätte sich vor wenigen Generationen vor allem sehr geschämt. Gleichzeitig aber gilt es heute auszuhalten, dass Krisen – und darunter eben manchmal auch schwere Lebenskrisen – zum Leben dazugehören. Dass man irgendwann endgültig von ihnen befreit werden könnte (durch technischen Fortschritt, eine Rückkehr zur Natur, untrügliche Liebe, eine gesellschaftliche oder auch sexuelle Revolution), glaubt man doch nicht mehr. Und mir ging auf, dass der Eindruck, Lebenskrisen seien unausweichlich, mehr zum allgemeinen Krisengefühl beiträgt, als man so denkt.

Dass dieses Krisengefühl derzeit Konjunktur hat, muss man niemandem erzählen. Und so hätte ich M. natürlich auch viel grundsätzlicher antworten können. Ich hätte mit ihr über die allgemeine Krise der Beziehungen reden können, über Beschleunigung, Gefühle in Zeiten des Kapitalismus, den Zwang zur Selbstoptimierung; Angebote,

Krisen im Zusammenhang solcher Themen zu verhandeln, finden sich in den Medien zuhauf. Aber das erschien mir in diesem Augenblick unangemessen.

Es gibt eine lange und altehrwürdige Tradition, Lebenskrisen als Ausdruck eines falschen Lebens zu begreifen: Abfall von Gott, Abwendung von der Natur, Hybris, Entfremdung. Viele aktuelle Krisenerklärungen entlehnen dieser Tradition zumindest die Eindeutigkeit des Urteils: Krisen sind ein Zeichen dafür, dass gegenwärtig etwas prinzipiell falsch läuft. Das hat sein Gutes: Man kann so immer wieder auf die Problempunkte des Lebens zu sprechen kommen. Die Ambivalenzen, die mit der Normalität von Lebenskrisen einhergehen, fangen diese Erklärungen aber nicht ein. Und vor allem: Ich konnte M. doch nicht mit dem falschen Leben kommen! Ihre Krise ergab sich ja gerade aus dem Versuch, ein (für sie) richtiges Leben zu finden, wenn sie dabei auch auf einen Menschen (ihren nun ehemaligen Freund) stieß, der sich entschlossen hatte, das (wiederum für ihn) richtige Leben anderswo zu suchen.

Die Krise von M. war, wenn man sie denn schon verallgemeinern will, auf jeden Fall Ausdruck für etwas anderes: Sie zeigte schlicht an, dass das Leben kompliziert ist. Weil man mit seinen Wünschen, Ideen und Vorhaben nun einmal auf die Wünsche, Ideen und Vorhaben anderer Menschen trifft. Und weil man, sofern man kein gewissermaßen vorgefertigtes Leben führen will – was heute niemand mehr anstrebt –, auf der Suche nach dem eigenen, richtigen Leben auch das Trial-and-Error-Verfahren anwenden muss. Lebenskrisen sind nicht mehr nur Unfällen oder gesellschaftlichen Zwängen geschuldet. Vielmehr

9

stellen sie Situationen dar, in denen wir die ganze Schwere des Daseins spüren. Sie sind die Kehrseite unserer Ambitionen. Ein Leben ohne Lebenskrisen, das wäre ein seltsames, ein fades, irgendwo kein menschliches Leben.

Besteht die eigentliche Herausforderung also darin, zu verarbeiten und auch auszuhalten, dass Lebenskrisen zumindest nicht ausschließlich das Ergebnis eines *falschen* Lebens sind (was immer das sein soll), sondern gerade die Folge eines *richtigen* Lebens oder zumindest der Suche danach? Diese Frage ging mir vom kurzen Wortwechsel mit M. ausgehend nach. Und mir fiel ein Satz ein, den ich einmal beim Autor und Filmemacher Alexander Kluge aufgeschnappt habe: Das Leben geht dem Denken voraus. Ich kann mir gut vorstellen, dass er in Bezug auf den Umgang mit Lebenskrisen zutrifft.

Gerade über Lebenskrisen hat unsere Gesellschaft in der Praxis viel gelernt. Die illusionären Projekte, die darauf abzielten, sie durch eine Rundumplanung des Lebens ganz abzuschaffen, wurden aufgegeben. Dafür hat sich innerhalb weniger Jahrzehnte ein komplexer gesellschaftlicher Bereich herausgebildet, der es jedermann erlaubt, seine Lebenskrisen zu bearbeiten und auch ein Stück weit auszuleben: vom Therapeuten bis zur Selbsthilfegruppe, vom einfühlsamen Arthouse-Movie bis hin zum Yogakurs. Wenn alles gut läuft, kann man sich durch Lebenskrisen sogar weiterentwickeln.

Mehr oder weniger unbewusst gehen wir aber doch immer wieder davon aus, dass nur ein Leben ohne Krisen ein richtiges Leben wäre. Was tun?

Im typischen Verlauf von Lebenskrisen ist es irgendwann üblich, eine ganz bestimmte Bewegung zu vollziehen: einen Schritt zurückzutreten und sich zu fragen, was da eigentlich passiert ist. Diese Bewegung ist Teil des Verarbeitungsprozesses. Sie ist notwendig, um sich das Bild des eigenen Lebens neu zusammensetzen zu können. In diesem Buch möchte ich genau diese Bewegung auch mit Blick auf das Thema Lebenskrisen im Allgemeinen vollziehen: einen Schritt zurücktreten, um herauszufinden, was eigentlich passiert ist – mit dem Ziel, eine tragfähige Haltung dazu einzunehmen. Eine Selbstverständigung nicht *während* oder *nach* einer Lebenskrise also, sondern eine Selbstverständigung *über* Lebenskrisen. Unter anderem um nachzuvollziehen, wo das Leben dem Denken vorausgegangen sein könnte.

Ich beginne mit dem Fall meines Großvaters, mit dem es eine besondere Bewandtnis hat, und verfolge die Spur der Lebenskrisen über die Nachkriegszeit, Achtundsechzig, die siebziger Jahre bis in die Kitas der Gegenwart hinein. Dabei geht es mir keineswegs darum, Lebenskrisen zu verteidigen – warum sollte man so etwas auch tun? Sie bleiben der Stachel im Fleisch unserer Ich- und Lebensentwürfe. Vorgenommen habe ich mir vielmehr, darauf zu achten, dass Lebenskrisen selbstverständlicher Teil eines Lebens sein können, das sich sehr wohl in vielen Aspekten verteidigen lässt. Ich glaube, nur so ist es möglich, einen, wenn man so will, fairen Blick auf sie zu entwickeln.

Ich möchte nicht allzu viel vorwegnehmen. Nur zwei Dinge vielleicht, die mir erst aufgingen, als ich dieses Buch geschrieben habe. Der erste Punkt ist, dass eine rein gegenwartsbezogene und problemorientierte Perspektive eine interessante Entwicklung verdeckt: Gerade mit Lebenskrisen war in den vergangenen Jahrzehnten ein Prozess der Selbstaneignung des Lebens verbunden. Sich sein eigenes Leben als eine Krisengeschichte zu erzählen – das war einst das Privileg von Helden und Künstlern, von angeblich besonderen Menschen also, während für die sogenannten einfachen Leute ein zwar abgesichertes, aber auch selbstgenügsames Leben vorgesehen war. Dass sich inzwischen jeder eine Lebenskrise zugesteht, hat also auch eine emanzipative Seite. Es zeigt, dass man sich selbst wichtig nimmt und dass die Ansprüche an das eigene Leben gestiegen sind.

Der zweite Punkt ist folgender: Zwar kann man keine Hoffnung mehr auf ein Leben ohne Krisen hegen, aber doch immerhin darauf, interessantere und komplexere Lebenskrisen durchzumachen als diejenigen, mit denen sich vorangegangene Generationen herumgeschlagen haben. Das klingt an dieser Stelle vielleicht noch zynisch – im Fortgang des Buchs hoffentlich nicht mehr. Zumal das nicht bedeutet, dass die gegenwärtigen Lebenskrisen leichter zu verarbeiten wären. Eher im Gegenteil.

So. Man trifft ja im Bekanntenkreis immer wieder mal auf jemanden, der sich gerade in einer Lebenskrise befindet. «Willkommen im Club!» war M. gegenüber die schnelle Antwort. In diesem Buch möchte ich eigentlich gar keine prinzipiell andere, aber doch eine gründlichere Antwort geben.

Kapitel 1

Das Pferd meines Großvaters

Stille umgab ihn.

Dass mein Großvater überhaupt einmal eine Lebenskrise erfahren hätte, konnte ich mir, als er noch lebte, nie vorstellen, und ich kann es bis heute nicht. Ja, manchmal kommt es mir jetzt geradezu so vor, als sei der Mensch, der auf der ganzen Welt am allerwenigsten von Lebenskrisen gewusst hat, ausgerechnet er gewesen, mein Großvater, Karl Knipphals, 1889 geboren (mein Vater war schon recht alt, als ich auf die Welt kam), ein großgewachsener Mann, der Klavierbauer gelernt hat und bis in die siebziger Jahre des vergangenen Jahrhunderts hinein einen Schnurrbart trug, der zumindest entfernt an den markanten Bart Kaiser Wilhelms II. erinnerte.

Dabei hätte gerade mein Großvater allen Grund gehabt, Lebenskrisen zu kennen. Wenn jemand in krisenhaften Zeiten gelebt hat, dann er.

Zwei Weltkriege fallen in seine Lebenszeit, er hat sie beide als Soldat mitgemacht. Schon im Ersten Weltkrieg hat er alle Zähne verloren. Vier politische Systeme hat er erlebt: Kaiserreich, Weimarer Republik, Nazi-Diktatur, Bundesrepublik. Drei davon endeten bekanntlich im Desaster, eines dieser drei sogar im vollkommenen gesellschaftlichen und ideologischen Zusammenbruch. Ob er sich im vierten, der modernen westlichen Demokratie der Nachkriegszeit, je wirklich zu Hause gefühlt hat, bezweifele ich stark. In die Lebenszeit meines Großvaters fallen auch schlimme Hungerwinter und natürlich die verheerende Inflation des Jahres 1923. Mehrere Wirtschaftskrisen kommen hinzu, vielleicht sogar eine ausgewachsene Revolution: der Matrosenaufstand am Ende des Ersten Weltkriegs. Er lebte in Kiel, wo sich der große kaiserliche Flottenstützpunkt befand. Vielleicht war er zum Zeitpunkt der Aufstände aber auch noch gar nicht von der Front zurück, das weiß ich nicht. Er hat nie darüber geredet. Er hat sowieso nie viel über sich oder die Vergangenheit geredet.

Mit ernsthaften Problemen hatte er zeitlebens zu kämpfen, mit jeder Menge sogar. In den zwanziger Jahren musste er sich immer wieder aufs Neue Arbeit suchen, das soll sehr schwer gewesen sein. Einmal war er über längere Zeit arbeitslos, bis er, als Pendler nach Hamburg fahrend, bei der Firma Steinway & Sons einen Job fand. Im Zweiten Weltkrieg war er eine Zeitlang im fernen Griechenland stationiert, während zwei seiner Söhne an anderen Fronten kämpften, sein dritter Sohn im Arbeitsdienst war und seine Frau allein in einer kleinen Zweizimmerwohnung inmitten eines halb ausgebombten Kieler Hauses lebte, aus dem alle anderen Mietparteien längst ausgezogen waren; keine Ahnung, wie man so etwas emotional aushält. Bestimmt hatte mein Großvater auch seine dunklen Stunden, ganz bestimmt sogar, als seine Frau, meine Großmutter, die ich nie kennengelernt habe (sie soll die Kluge und Ehrgeizige in der Familie gewesen sein, die alles daransetzte, dass mein Vater und meine beiden Onkel das Abitur machen konnten), an Krebs starb.

Trotz all dieser unglücklichen Umstände, all der Sorgen und Probleme, der politischen Katastrophen und gesellschaftlichen Zusammenbrüche konnte ich als Jugendlicher meinen Großvater noch nicht einmal ansatzweise mit der Vorstellung einer Lebenskrise zusammenbringen. Eine persönliche Krise in dem Sinn, wie wir sie heute verstehen – der Lebenssinn implodiert, und alle Lebensumstände sind in Frage gestellt, man grübelt, wie man sein Leben ändern könnte, und das krisenhafte Gefühl wird in Phasen allmählich überwunden –, ist auch in den Familienerinnerungen nicht aufbewahrt.

Er war mir überhaupt immer ein großes Rätsel, mein so erkennbar aus einer ganz anderen Zeit in die liberale Gesellschaft der Bundesrepublik hineingewehter Großvater. Er hat bei uns gelebt, im Souterrain des Hauses, das meine Eltern gebaut haben. Dort bewohnte er zwei Zimmer, die vollgestellt waren mit seinen Möbeln. Große Standuhr, schwere Anrichte, schwerer Kleiderschrank. Die beiden Zimmer eine Festung gegen die Veränderungen der Zeit – in der wir Enkel ferngesehen haben, wenn oben im Wohnzimmer Besuch war. *Disco* mit Ilja Richter. *Raumschiff Enterprise. Time Tunnel.* Das passte alles so gar nicht zu dieser Einrichtung. Mein Großvater hat nie mitgeguckt. Oft saß er einfach in seinem zweiten Zimmer neben seinem tagsüber stets penibel mit einer Tagesdecke überzogenen Bett im Sessel und schaute aus dem Fenster auf unseren Garten. Dabei hat er billige Zigarren geraucht. Nur geraucht und vor sich hin geschaut (seine leeren Zigarrenkisten waren für uns Enkel begehrte Objekte, wir bewahrten Spielkarten, Plastikfiguren und anderen Krimskrams darin auf; manchmal rochen unsere Spielsachen nach Tabak).

Frühe Kindheitserinnerungen: die Strandburgen, die er in Westerland, wo wir zum Urlaub und an Wochenenden oft hinfuhren, gebaut, mit Muschelbildern verziert und regelmäßig aus einer Gießkanne mit Sprühaufsatz begossen hat, damit der feuchte Sand die Muscheln halten konnte. Sein altmodischer Hut und sein dicker Mantel, die er auch noch getragen hat, als längst Miniröcke und Hippiefrisuren Mode waren. Seine Lottomaschine, eine mit Elektromotor betriebene Nachbildung der durchsichtigen Fernsehlottomaschine in Klein, von der er sich seine Lottozahlen vorgeben ließ. Seine Reitgerte, die im Schrank hing und mir Angst machte. Und eben die Stille, die ihn umgab.

Hatte er wirklich nie eine Lebenskrise durchgemacht? Hundertprozentig sicher kann ich mir da natürlich nicht sein. Das Familiengedächtnis hat sonst alle möglichen Krisen, die Familienmitglieder getroffen haben, getreu registriert und weitergegeben: Lang andauernde Krankheiten, seltsames Verhalten, Alkoholismus, ein Selbstmord, auch gewichtige psychische Probleme – all das wurde bei Familienfeiern zwar nicht unbedingt beim Namen genannt, aber in Andeutungen und Frotzeleien bei Tisch berührt. Bei solchen Anlässen thronte mein Großvater unangefochten und stoisch am Kopf der Tafel. Falls er doch einmal in einer Lebenskrise gesteckt haben sollte, blieb sie offenbar für sein weiteres Leben ohne Bedeutung. Er trank nicht. Den Kriegen war er anscheinend, anders als seine Söhne, ohne Dämonen entkommen. Bei vielen anderen Verwandten konnte ich als Kind und Jugendlicher Risse, Narben und Abwehrhaltungen spüren und erkennen, die die Zeitläufte in ihrer Psyche hinterlassen hatten; bei ihm nicht. Er saß nur da in seinem Sessel, rauchte Zigarre, sah auf den Garten und war vermutlich froh, wenigstens im Alter seine Ruhe vor den Wirrnissen der Welt zu haben.

Doch warum hatte mein Großvater offenbar nie mit einer Lebenskrise zu kämpfen? Diese Frage habe ich mir erst lange nach seinem Tod gestellt. Ich glaube, sie lag schon einige Zeit bereit. Wenn jemand durch so viele äußere Krisen hindurchgegangen war wie er, ohne selbst eine Lebenskrise zu haben, dann musste entweder mit ihm etwas nicht stimmen – oder mit mir, der ich auch ohne dramatische Umstände spätestens mit der Pubertät in eine Lebenskrise geraten war. Solche Dinge hätte ich niemals mit ihm erörtern können. Wie es überhaupt zu meinen frühen Erfahrungen gehörte, dass es nie die wirklich interessanten Fragen waren, die man im Familienkreis erörtern konnte. Es dauerte lange, bis ich das anders sah.

Also, warum hatte mein Großvater keine Krisen?

Er war ganz gewiss keine Frohnatur, niemand, der den Schrecken des Lebens mit dem Schutzschild des Humors trotzen konnte. Einer meiner Großonkel war so. Hundert abgedroschene Sprüche im Arsenal und immer einen auf den Lippen, um (so habe ich schon als Jugendlicher gedacht) jegliche ernsthafte Beschäftigung mit sich selbst von vornherein wegzuwitzeln. Mein Großvater war aber auch niemand, der heroisch die Zähne zusammenbiss. Derbe Sprüche wie «Da mussten wir den Hintern zusammenkneifen …» fielen zwar bei Familienfeiern, wenn es um die Vergangenheit ging, aber sie wurden immer halb lachend ausgesprochen und von der Runde auch gleich wieder abgetan. Und sie kamen nie aus dem Mund meines Großvaters. Vielmehr, so glaube ich heute, lebte er bis zu seinem Tod in einer Welt, in der Lebenskrisen für ihn gar nicht existierten. Sie lagen schlicht außerhalb seiner Vorstellung. Sich überhaupt mit sich selbst zu beschäftigen, wäre ihm niemals in den Sinn gekommen – oder aber er hätte es als vermessen empfunden.

Insofern überschreiten die Erfahrungen mit meinem Großvater unseren Familienhorizont bei weitem. Was mir in seiner Gestalt entgegenwehte, das war noch die Härte, die Enge und die emotionale Kälte einer vergangenen Zeit. Das reicht über die Weltkriege, mit deren Gefühlserbschaften aus zurechtgebogenen Familiengeschichten und unbewusst weitergegebenen Traumata wir uns heute viele emotionale Probleme erklären, sogar noch hinaus. Wir sind es gewohnt, uns die Zeit vor und um 1900 aus der Perspektive des gehobenen Bürgertums oder der adeligen Welt der Herrschaften und Sommerfrischen vorzustellen. Hierfür existieren ja auch beeindruckende literarische Zeugnisse: Walter Benjamins *Berliner Kindheit um Neunzehnhundert*, natürlich die *Buddenbrooks*, die Romane Theodor Fontanes oder Eduard von Keyserlings. In den dort dargestellten Kreisen von Kaufmannssöhnen, Landadeligen und Bildungsbürgern gibt es durchaus Raum für Selbstbeschäftigung und schützenswerte Innenwelten, obwohl auch diese der sozialen Kontrolle unterliegen. Mein Großvater aber stammte aus Verhältnissen, die in unseren inneren Historienfilmen über das 19. Jahrhundert höchstens als mehr oder minder malerische Kulisse vorzukommen pflegen.

Die Eltern meines Großvaters waren Tagelöhner. Er hatte zwölf Geschwister. Es gibt in unserem Familienschatz ein Foto, auf dem sie alle zu sehen sind, zurechtgemacht wie für August Sander und ordentlich in Reih und Glied aufgestellt wie ein Stoßtrupp. Gelebt hat die Familie in einem kleinen Haus, das wohl eher einer Hütte glich, vor den Toren der Stadt und gleich neben einem Wald, wie der düsteren Welt deutscher Märchen entsprungen. In der Nähe des Hauses, das dann viel später meine Eltern gebaut haben, gibt es ein Freiluftmuseum, das einen guten Eindruck von den damaligen Lebensverhältnissen auf dem Land vermittelt. Mächtige alte Bauernhöfe sind dort zu sehen, Fischerhütten, eine Apotheke, eine Dorfschule. Schlichte Katen wie die der Familie meines Großvaters werden zu unscheinbar, vielleicht auch einfach nicht stabil genug gewesen sein, um sie abzutragen und dort wieder aufzustellen. Aber auch so kann man sich vor Augen führen, wie arm viele Menschen noch vor drei, vier Generationen in diesem Land waren. Wenn man den idyllisierenden Blick, der sich bei Häusern und Möbeln dieser Zeit schnell einstellt, einmal wegschaltet, steht man fassungslos vor der Enge, in der sich die Menschen zusammendrängten. Für individuelle Lebenskrisen war da kein Platz. Und es gab natürlich auch ökonomische Zwänge. Persönliche Krisen konnte man sich in solchen Verhältnissen ganz einfach nicht leisten, da musste jeder funktionieren.

Aber nicht nur die Herkunft und Kindheit meines Großvaters, auch die Lebenswelt, in der er sich als erwachsener Mann bewegt hat, ließen solche Krisen nicht zu. Die Schulen der einfachen Leute waren wie kleine Kasernen; die Fabriken und Werften, wenn er keine bessere Arbeit fand, waren wie große Kasernen. Prägend die zunächst noch kaiserliche, später dann nationalsozialistische Soldatenwelt mit ihren Männlichkeitsbildern. Ein Indianer kennt keinen Schmerz – diesen blöden Spruch bekam ich noch ernsthaft als Jugendlicher zu hören. Und zu den Ritualen meines Großvaters gehörte bis in die siebziger Jahre hinein die morgendliche Wäsche mit kaltem Wasser. Abhärtungsrituale. Wenn man sich mit kaltem Wasser wäscht, bekommt man Haare auf der Brust, hat er mir mehr als einmal erklärt, um mich auch zu solchen Waschungen zu ermuntern.

Er war zweifellos gefangen in seiner Sozialisation. Was eine Lebenskrise mit sich bringt, ist das Herausfallen aus dem geordneten Lauf des Lebens, eine unsichere Position, der Verlust von Halt, ein Auseinanderfallen von Ich und Welt, ein Balanceakt, das Hinterfragen aller Selbstverständlichkeiten. All das war für ihn offenbar nicht vorgesehen. Und er hätte es selbst wohl auch niemals zugelassen. Zeitlebens hielt er an einem strengen protestantischen Glauben fest, der eine Form der Schicksalsergebenheit angenommen hatte; das Leben eine Prüfung, die gemeistert werden muss. Bis zu seinem Tod hing in den beiden Zimmern, die er im Haus meiner Eltern bewohnte, über dem Sofa, auf dem wir saßen und *Raumschiff Enterprise* guckten, eine große Stickarbeit; seine Frau, meine Großmutter, hatte sie angefertigt und auf einen recht pompösen Bilderrahmen ziehen lassen. Dort stand geschrieben: «Ein Haus von Liebe warm durchglüht / Wo wandellose

Treue blüht / Wo Frohsinn sich zum Glück gesellt / Das ist das Schönste auf der Welt.» Ausdruck eines Aufstiegsstrebens zum Kleinbürgerlichen hin; den bescheidenen Wohlstand eines wenn auch kleinen eigenen Hausstands konnten er und seine Frau sich erarbeiten. Und Ausdruck einer biedermeierlichen Idyllik, die durch eine Lebenskrise bedroht gewesen wäre.

Letztlich ist mein Großvater wohl dazu erzogen und vielleicht auch geradezu dressiert worden, Lebenskrisen mit Haltungs- und Charakterfragen zu verknüpfen. Krisen galten als weiblich; Frauen konnten Gefühle und Nerven zeigen, als Mann hatte man Haltung zu bewahren. Bis ins ganz hohe Alter war mein Großvater immer korrekt gekleidet, mit Anzughose, Unterhemd, zugeknöpftem Oberhemd und Weste. Bei Spaziergängen trug er, was ich als Kind nie verstanden habe, stets einen Mantel, auch im Hochsommer. Lebenskrisen waren zudem Ausdruck einer unerwünschten politischen Haltung: Sie mussten zwangsläufig dazu führen, dass die gesellschaftliche und religiöse Ordnung hinterfragt wurde. Das stand meinem Großvater nicht zu.

Diese Haltung gegenüber Lebenskrisen war für mich vielleicht sogar das Fremdeste an der Gestalt meines Großvaters, neben dem vielen, was fremd an ihm war. Dass ich ihn niemals mit Lebenskrisen in Verbindung bringen konnte, hat mir meinen Großvater seltsam und altertümlich erscheinen lassen, vielleicht mehr noch als seine barsche Ablehnung von Popmusik, Comics und Kaugummis, mit der er nie hinterm Berg gehalten hat (Lutscher, Bonbons und Eis durften wir Enkel allerdings am Westerländer Strandübergang kaufen und beim Kiosk auf seinen Namen anschreiben lassen; er hat dann abends, mit der Gießkanne von seiner Strandburg kommend, alles bezahlt). Wie hätte man mit jemandem, der nach außen hin so unberührt durch die Schrecken des 20. Jahrhunderts hindurchgegangen ist, ernsthaft über das reden können, was er in seinem Leben erfahren haben muss? Zeichen, dass das, was er gesehen und erlebt hatte, in ihm arbeitete, wären die Grundvoraussetzung gewesen. Ohne solche Krisensignale aber blieb die Vergangenheit unheimlich und irreal. Die schrecklichen Bilder, die man in den Medien und in der Schule über die Vergangenheit sah, und dieser so unberührte Großvater, das passte für mich schon als Jugendlicher unmöglich zusammen.

Eine Krise hätte ihm natürlich auch selbst einen Anlass bieten können, über sein Leben nachzudenken. Eine Lebenskrise war vielleicht also etwas, das immer fehlte. Aber wie viel wäre es auch verlangt gewesen! Mein Großvater hätte sich nicht nur mit seiner Herkunft und Sozialisation, sondern auch mit der Kriegsmaschinerie, deren Teil er gewesen war, und mit den Menschheitsverbrechen, die sie verantwortete, auseinandersetzen müssen. Er, der nie etwas hinterfragt hat, hätte sein ganzes Leben hinterfragen müssen. Man weiß ja, dass das viele Menschen seiner Generation und auch der Generation seiner Kinder (meines Vaters) nicht hinbekommen haben.

Bis heute stoße ich in Büchern auf Stellen, bei denen ich unwillkürlich an meinen Großvater denken muss. Interessanterweise weiß ich oft nicht sofort, warum er mir in den Sinn kommt.

Er stand mir zum Beispiel klar vor Augen, als ich, etwas verspätet, zum ersten Mal *Irrungen, Wirrungen* von Theodor Fontane gelesen habe. Dieser kleine, längst halb vergessene Roman, mit dem man heute allenfalls noch Schulkinder nervt, steckt, wie ich dabei feststellte, voller historischer Erfahrungen. Fontane erzählt darin von der unstandesgemäßen Liebe zwischen dem preußischen Baron Botho von Rienäcker und der aus einfachen Verhältnissen stammenden Magdalene Nimptsch, genannt Lene. Dieser Romeo-und-Julia-Aspekt der Handlung – sie soll bei Zeitgenossen für viel Entrüstung gesorgt haben, was heute nur noch schwer nachvollziehbar ist – hat mit meinem Großvater eigentlich gar nichts zu tun. Immerhin, er ist als Mitglied einer Einheit der leichten Kavallerie in den Ersten Weltkrieg gezogen, wobei allerdings sein Pferd, ein Schimmel, laut Familienüberlieferung gleich im ersten Winter erfroren ist. Zumindest ein Untergebener oder auch ein Bursche von Botho von Rienäcker hätte er also sein können. Aber es geht mir um etwas anderes.

Vor allem die Art und Weise, wie Fontane im vierzehnten Kapitel die Vermeidung einer Lebenskrise beschreibt, hat mich an meinen Großvater denken lassen. Es ist sein Pferd, von dem sich der Baron vor einer drohenden Lebenskrise bewahren, damit aber zugleich von seinem Lebensglück abbringen lässt. Der Ausgangspunkt ist klar: Botho und Lene lieben sich. Dann erhält Botho einen Brief von seiner Mutter, die ihm mehr als nur nahelegt, seine Cousine Käthe von Sellenthin zu heiraten, die mit ihrer Mitgift die Familie retten soll. Denn, wie der Erzähler anmerkt, «es stand nicht gut mit dem Rienäckerschen Vermögen, und Verlegenheiten waren da». Von den beiden Familien ist die Hochzeit mit Käthe schon lange vorbereitet worden.

Die Wahl zwischen Pflicht oder Neigung also. Botho reitet aus, um sich darüber klarzuwerden, wie er sich entscheiden soll. Eine klassische Szene. Das Leben in der eigenen Hand! Die großen klassischen Theatermonologe, in denen der Held über seine Existenz sinniert, schwingen mit. Eine in gewisser Weise sehr moderne Szene: Nur der Einzelne selbst kann entscheiden, was für ihn sinnvoll und richtig ist. Hin und her gehen denn auch Bothos Überlegungen. Dann aber kommt unverhofft die besagte Stelle: «Hier bog das Pferd, das er schon seit einer Viertelstunde kaum noch am Zügel hatte, wie von selbst in einen Seitenweg ein, der zunächst auf ein Stück Ackerland und gleich dahinter auf einen von Unterholz und ein paar Eichen eingefassten Grasplatz führte.»

Auf diesem Platz findet Botho einen Grabstein, auf dem der Name Ludwig von Hinckeldey steht. Offenbar ein mächtiger und bekannter Mann, der zwanzig Jahre zuvor nach einem sinnlosen Duell in den Tod gegangen ist – «einer Adelsvorstellung, einer Standesmarotte zuliebe», wie Botho in einem inneren Monolog anmerkt. In diesem Moment ist es entschieden: Botho wird Lene Lebewohl sagen und Käthe heiraten. Er kann als Einzelner doch nicht frei entscheiden. Denn: «Was predigt dies Denkmal mir? Jedenfalls das eine, dass das Herkommen unser Tun bestimmt. Wer ihm gehorcht, kann zugrunde gehn, aber er geht besser zugrunde als der, der ihm widerspricht.»

Nun dachte ich also erst einmal, mein Großvater wäre mir an dieser Stelle wegen des Pferds und des preußischen Settings eingefallen. Aber es war wohl doch eher die

Wendung «wie von selbst», mit der Fontane das Pferd in den Seitenweg abbiegen lässt. Dass der Baron überhaupt darüber nachdenken muss, wie er sich verhalten soll, das ist die erste Botschaft dieser Szene; auch sie wird im Jahr 1888, als das Buch erschien (ein Jahr vor der Geburt meines Großvaters), anstößig gewesen sein. Preußische Offiziere hatten von vornherein zu wissen, was zu tun ist. Für einen Moment blitzt in diesem Ausritt die Möglichkeit des ganz großen Dramas auf, das vielleicht mit einer Lebenskrise und erfolgreicher Selbstverwirklichung, aber zugleich mit einem gesellschaftlichen Skandal verbunden wäre. Die zweite Botschaft dieser Szene – und ihre tiefe, traurige Ironie – besteht darin, dass der Erzähler diese Möglichkeit sehr leicht als Schwärmerei abtun kann. Eine kurze Erinnerung an das Prinzip der Herkunft reicht aus, auch das Pferd stimmt zu (oder das Über-Ich, das zu Fontanes Zeiten noch gar nicht erforscht war; das Pferd wird schon auf unterschwellige Signale seines Reiters reagiert haben) – und der Wunschtraum platzt wie ein Luftballon. Die Chance, tatsächlich glücklich zu werden, war im Grunde nie wirklich greifbar.

Dass man mit dem sozialen Hintergrund meines Großvaters, eines einfachen Mannes mit kleinbürgerlichen Ambitionen inmitten gesellschaftlicher und politischer Stahlgewitter, immer *wie von selbst* in vorgezeichneten Lebensbahnen landet, solange man die ganz große Lebenskrise nicht riskieren will – das ist mir an dieser Szene klargeworden. Man findet schon ein Pferd, oder irgendetwas anderes, einen Umstand, was auch immer, das einen auf den rechten Weg zurückbringt.

Manchmal, wenn ich mir das Leben meines Großvaters

gewissermaßen mit zusammengekniffenen Augen anschaue, kann ich vermittelt durch diese Szene aber auch die psychische Arbeit erahnen, die hinter der Vermeidung persönlicher Krisen gestanden haben muss (und deren Spuren bei dem alten Mann, den ich dann kennengelernt habe, bereits getilgt und von den großen, schrecklichen Geschichten des 20. Jahrhunderts überschrieben worden waren). Die Chance, eine große, romantische Liebe auszuleben, wird es für ihn nicht gegeben haben – so etwas existiert wohl doch nur in Romanen –, aber dafür andere Versuchungen. So wird in den Familienerinnerungen ausdrücklich vermerkt, dass er einer derjenigen Männer war, die ihre Lohntüte stets gewissenhaft zu Hause abgeliefert haben, und zwar vollständig. Selbstverständlich war das offenbar nicht. Die Kneipen fanden sich gleich in der Nähe der Lohnbüros. Die Gelegenheit, ein zugleich krisenhafteres wie exzessiveres Leben zu beginnen, bot sich hier an. Ob mein Großvater beim Vorübergehen nicht zumindest gelegentlich daran gedacht hat, einmal den geraden Weg nach Hause zu verlassen und das geordnete Familienleben zu vergessen?

In einem Kostümfilm oder einer historischen Fernsehserie könnte man beide Geschichten vielleicht ganz gut im Sinn der üblichen Wechseldramaturgie zwischen Herrschaft und Dienerschaft parallel schneiden: Botho von Rienäcker, wie er an seinem Glück vorbeireitet, und mein Großvater, wie er die Ablenkungsangebote für kleine Leute ausschlägt. Eine Lebenskrise, die ihn in die Kneipen getrieben hätte, wäre für meinen Großvater zwar nicht gleich mit einem gesellschaftlichen Skandal verbunden gewesen wie bei dem Baron, aber doch auch mit der begründeten Angst vor dem sozialen Abstieg. So wie Botho in seine Standesverpflichtungen war mein Großvater in seine Familienverpflichtungen eingebunden. Mit einer ausgewachsenen Lebenskrise hätte er seine Rolle als Ernährer nicht mehr ausfüllen können. Als Alternative hätte es für ihn nur den Ausbruch gegeben: Suff, Halunkereien vielleicht – nicht aber die Chance auf Besinnung, darauf, sich und die an sich selbst gestellten Anforderungen in ein neues Verhältnis zu setzen, wie man das heute in einer Krise tut. Letztlich wurde er für seine Haltung ja auch belohnt. Der Weg von der Hütte am Waldrand bis in die städtische Zweizimmerwohnung samt Kleinfamilie war natürlich ein gesellschaftlicher Aufstieg.

Die Eheszenen, die Theodor Fontane in den auf diesen Ausritt folgenden Kapiteln schildert, ähneln in ihrer leisen Perfidie bereits sehr modernen Schilderungen stumm vor sich hin kriselnder Paare – etwa bei Schriftstellern wie Richard Yates oder Alice Munro –, die um ihr Unglück selbst gar nicht recht wissen oder es nicht wahrhaben wollen. Dabei ist die Zweckehe zwischen Botho und Käthe gar nicht mal besonders schlimm. Die beiden streiten sich nicht groß, und es gibt durchaus eine gemeinsame Ebene, auf der sie sich finden. Es ist nur so, dass Fontane diese Käthe als ein klein wenig zu laut und ein klein wenig zu oberflächlich beschreibt. Allein schon, wie sie mit «Ach, das ist zu komisch …» auf einen simplen Witz von Botho reagiert. Lene, seiner großen Liebe, wäre das nicht passiert.

Wie die Ehe meines Großvaters verlief, weiß ich nicht. Am Familientisch hieß es immerhin, sie sei «gut» gewesen.

So weit also der Versuch eines Enkels, sich in ein groß-
väterliches Bewusstsein einzufühlen. Man möchte ja doch
wissen, wo man herkommt. Zugleich ist es der Versuch,
sich in einen Umgang mit Lebenskrisen hineinzudenken,
der von therapeutischer Selbsterforschung und dem Satz
«Du musst Krisen auch als Chance betrachten» noch
gar nichts wusste. Als Nebenerkenntnis fällt ab, dass ich
meinem Großvater die Ungeheuerlichkeit, durch die Zeit
von Vernichtungskrieg und Holocaust gegangen zu sein,
ohne wenigstens *hinterher* mit einer Lebenskrise kämpfen zu müssen, wohl nur deshalb nachsehen kann, soweit
das überhaupt möglich ist, weil er schon fünfzig Jahre alt
war, als der Zweite Weltkrieg begann, und weil er wahrscheinlich von Kindesbeinen an in der Abwehr von Lebenskrisen trainiert worden war. Aber das ist eine andere
Geschichte.

Auch bei einem ganz anderen Buch musste ich über-
raschend an meinen Großvater denken: bei Katherine
Boos *Annawadi oder der Traum von einem anderen Leben*,
einer großen Reportage über einen Slum in Mumbai.
Die amerikanische Autorin hat Annawadi, so heißt dieser Slum, der zwischen großen Businesshotels nahe dem
Flughafen der indischen Metropole in einer matschigen
Senke liegt und aus einigen hundert windschiefen Hütten
besteht, über Jahre besucht und sich dort als teilnehmen-
de Beobachterin eingelebt. Der Schmutz, die Enge, die
korrupte Polizei. Und eine himmelschreiende alltägliche
Armut, angesichts derer man selbst einen Job als Latrinen-
putzer noch als Erfolgsgeschichte werten kann. Katherine
Boo schreibt das alles genau auf. Und so erhält man als

Leser einen Eindruck davon, wie das soziale Leben unter solchen Bedingungen funktionieren kann – gerade eben nicht als Chaos, sondern eher in einer Art sozialer Übergeregeltheit. Jeder Schritt jedes einzelnen Bewohners von Annawadi wird von den anderen Bewohnern genau registriert, kommentiert und bewertet. Für alles gibt es Regeln. Die soziale Hackordnung ist immens.

Schon während der Schilderung, wie man mit Großfamilien von zehn oder mehr Menschen in kleinen Hütten lebt, habe ich an meinen Großvater gedacht. Natürlich sind das Mumbai von heute und das Leben in einer Hütte am Waldrand Ende des 19. Jahrhunderts in Deutschland nicht wirklich vergleichbar. Aber ich führte mir die Härte und Enge der Verhältnisse im Slum vor Augen, um mir die frühe Lebenssituation meines Großvaters vorstellen zu können. Ein großes Aha-Erlebnis hatte ich schließlich, als Katherine Boo über die Glücksvorstellungen von Abdul, einer ihrer Hauptfiguren, berichtet.

Abdul ist Müllsammler, noch Teenager, neunundvierzig Kilogramm leicht, 1,55 Meter klein und der beste Mülltrenner des Slums. Da sein Vater früh erkrankte, ist es seine Aufgabe, die Familie zu ernähren. Er musste von der Schule gehen und lernen, zwischen verwertbarem und billigem Plastik zu unterscheiden und wertvolle Metalle auf Anhieb zu erkennen. Oft schläft er auf Stapeln von Müll, die er in seinem kleinen Lager sorgfältig aufgeschichtet hat. Glück besteht für ihn schlicht darin, dass einfach gar nichts geschieht: «Seiner Ansicht nach hingen in Annawadi Glück und Wohlstand nicht nur davon ab, was man machte und wie gut man das machte, sondern auch davon, dass man Unfällen und Katastrophen aus dem Weg ging.

Ein anständiges Leben, das war der Zug, unter den man nicht gekommen war, der Slumlord, den man nicht verärgert, die Malaria, die man sich nicht eingefangen hatte. Gut, er wäre schon gern aufgeweckter, aber andererseits war er sicher, eine für seine Lebensumstände fast ebenso wertvolle Eigenschaft zu besitzen. Er war *chaukanna*, wachsam. ‹Meine Augen sehen in alle Richtungen gleichzeitig›, so drückte er es auch aus.»

Einfach nur durchkommen, allem aus dem Weg gehen, was Probleme bereiten könnte, das ist eine Vorstellung von gutem Leben, die mit westlichen Ideen von Selbstverwirklichung gar nichts zu tun hat. Das Bild meines Großvaters, wie er mit seiner Zigarre einfach so im Sessel saß, fügt sich in diese Beschreibung eines jugendlichen Slumbewohners allerdings gut ein. Den großen Krisen seiner Zeit ohne bleibende Schäden entronnen zu sein, vielleicht reichte das in seiner Vorstellung ja wirklich schon zum persönlichen Glück. Katherine Boo beschreibt anschließend noch sehr eindrücklich, wie weit Abdul seine Wachsamkeit perfektioniert hat; er versucht, sich stets möglichst klein zu machen und anderen Menschen auszuweichen, um Schicksalsschlägen zu entgehen. In gewisser Weise gehörte dieses Sich-klein-Machen auch zu den Überlebenstechniken meines Großvaters: Er hat nie mehr vom Leben erwartet, als ihm allgemein zugestanden wurde. Die Ruhe, die damit einhergeht, von der Gefahr individueller Lebenskrisen abgeschottet zu sein – vielleicht gab es im Leben meines Großvaters auch nur diese eine Chance, glücklich zu werden. Ihm muss zum Ende seines Lebens hin geradezu schwindelig geworden sein angesichts der Überfülle an Möglichkeiten, die die moderne Zeit bereithält. Fernseher, Urlaubsreisen, Autos, Einfamilienhäuser mit schönen Gärten, die Mondlandung hat er auch noch erlebt. Für einen Menschen wie ihn, der sich angewöhnt hat, nicht nach rechts und links zu sehen und stattdessen über alle Zeiten hinweg verbissen an seinem kleinbürgerlichen Lebensentwurf festzuhalten, ist das alles vielleicht auch einfach zu viel gewesen.

In Sigmund Freuds klassischer Studie *Das Unbehagen in der Kultur*, bis heute einer der bedeutendsten Texte zum Thema Lebenskrisen, gibt es einen Gedanken, der diese Überlebenstechnik, Lebenskrisen durch ein Sich-klein-Machen auf Kosten von Glückserwartungen aus dem Weg zu gehen, gut festhält. Freud nennt drei Quellen, von denen her Leiden oder eben, übertragen auf unseren Fall, Lebenskrisen drohen: Die erste ist der körperliche Verfall, die zweite eine «übermächtige, unerbittliche» Außenwelt, die dritte sind Beziehungen zu anderen Menschen, wobei Freud darunter nicht nur Liebesbeziehungen, sondern im weiteren Sinn zwischenmenschliche Beziehungen sowie ihre gesellschaftlichen und politischen Institutionalisierungen versteht. In einem jener Sätze, bei denen einem wahre Erkenntnisschauer über den Rücken laufen können, merkt Freud zu Beziehungen an: «Das Leiden, das aus dieser Quelle stammt, empfinden wir vielleicht schmerzlicher als jedes andere; wir sind geneigt, es als eine gewissermaßen überflüssige Zutat anzusehen, obwohl es nicht weniger schicksalsmäßig unabwendbar sein dürfte als das Leiden anderer Herkunft.»

Von körperlichem Verfall ist mein Großvater lange verschont geblieben; ernstlich krank war er nie. In seinen Sozialbeziehungen habe ich ihn erst kennengelernt, als sie sich bereits im Wesentlichen auf das Umfeld der Familie beschränkt hatten. Aber eine übermächtige, unerbittliche soziale Außenwelt – das wird auf jeden Fall eine Grunderfahrung seines Lebens gewesen sein. Er muss sich wie ein Spielball äußerer Mächte, auf die er keinen Einfluss hatte, gefühlt haben. Weiter heißt es bei Freud: «Kein Wunder, wenn unter dem Druck dieser Leidensmöglichkeiten die Menschen ihren Glücksanspruch zu ermäßigen pflegen […], wenn man sich bereits glücklich preist, dem Unglück entgangen zu sein, das Leiden überstanden zu haben, wenn ganz allgemein die Aufgabe der Leidvermeidung die der Lustgewinnung in den Hintergrund drängt.» Leidvermeidung, bereits glücklich, dem Unglück entgangen zu sein – das gilt sicher auch für meinen Großvater.

Er hat sich, glaube ich, während er in seinem Sessel saß und auf unseren Garten schaute, lieber gar nicht erst gefragt, ob er glücklich war oder ist. Vielleicht ist ihm die Frage nicht einmal in den Sinn gekommen. Dass er mich, seinen Enkel, damit gut auf die neue Zeit vorbereitet hätte, kann man sicherlich nicht behaupten. Aber immerhin, zwei Grundeinsichten gab er mir doch mit auf den Weg. Zum einen, dass Lebenskrisen nicht schlicht als individuelle Symptome allgemeiner Krisen aufgefasst werden können; denn sonst hätte mein Großvater ja welche haben *müssen*. Zum anderen, dass ein selbstbestimmtes, intensives Leben – wie auch immer es genau aussehen mag – ohne Krisen womöglich nicht zu haben ist. Und so hat sich im Hinterkopf des Enkels mit der Anmaßung des Nachgeborenen wohl irgendwann eine Erkenntnis festgesetzt:

So möchtest du nicht leben! Der Preis, den man zu zahlen hat, wenn man es nur darauf anlegt, Lebenskrisen zu vermeiden, ist einfach zu hoch.

Durchkommen allein reicht nicht.

Dann lieber Lebenskrisen.

Kapitel 2

Krieg und Charakterfrage

«Ihr wisst ja gar nicht, was ich gelitten habe! Schlagt mich doch tot!»

Viel weiß ich wirklich nicht über Richard R. – nur dass er als Soldat der Deutschen Wehrmacht im Krieg gekämpft hat, als einer von Millionen, so wie mein Großvater und auch noch mein Vater und einer meiner Onkel. Und ich weiß, dass dieser Richard R. nach dem Zweiten Weltkrieg schwerwiegende psychische Probleme bekommen hat, sie führten dazu, dass eine psychiatrische Krankenakte angelegt wurde. Dort hat man auch diesen Aufschrei getreulich verzeichnet. Die Notiz war eines der Ergebnisse eines diagnostischen Gesprächs, in das die Angehörigen von Richard R. einbezogen worden waren. Seine Mutter hatte dem Psychiater vom Aufschrei berichtet. Während Richard R. seine Familie so angeschrien hatte, soll er den Aufzeichnungen zufolge geweint haben. Danach war er in ein brütendes Schweigen verfallen, ohne weitere Erklärungen zu seinen Erfahrungen im Krieg. Die Mutter hatte auch gar nicht weiter nachgefragt.

War Richard R. ein Mitläufer? War er ein Schlächter? Das weiß ich zum Beispiel schon mal nicht. Zu sehr will ich mich ihm und seinem Schmerz auch gar nicht empathisch nähern, als Soldat war er schließlich in jedem Fall Teil der nationalsozialistischen Mordmaschinerie. Ich weiß nur, dass sich nach dem Krieg viele solche Szenen abgespielt haben müssen. Für einen Moment wurde der Krieg zur Sprache gebracht – und sofort verschwand er wieder in allgemeiner Sprachlosigkeit.

Ich werde auf Überforderungskrisen, Sinnkrisen, Beziehungskrisen, Selbstoptimierungskrisen und Identitätskrisen in diesem Buch noch kommen, auf all das, was uns gegenwärtig in Atem hält. Die Krise ist heute zu einem Narrativ geworden – so nennt es die Kulturwissenschaft. Gemeint ist damit, dass beinahe jedes Phänomen als Krise begriffen werden kann, und das macht einen Unterschied ums Ganze aus. Narrative sind nicht einfach nur Geschichten; sie liegen vielmehr der Gesamtheit der Geschichten, die sich eine Kommunikationsgemeinschaft erzählt, zugrunde. In ihnen manifestieren sich die Interpretationsmuster, die von einer Gesellschaft geteilt werden und ihr Selbstverständnis bestimmen. Lebenskrisen sind so gesehen nicht deckungsgleich mit den Problemen der Menschen. Sie stellen Interpretationen dieser Probleme dar, dienen als gedankliche Schemata, begriffliche Codes, um sie zu fassen. Solche Schemata aber unterliegen wiederum dem geschichtlichen Wandel. Das Schema der Lebenskrise etwa hat es nicht schon immer gegeben, jedenfalls nicht in seiner heutigen Form.

Der ehemalige Wehrmachtssoldat Richard R. litt in einer Situation, in der das Narrativ der Lebenskrise noch fehlte. Es fehlte allgemein in der Nachkriegszeit (und im Fall meines Großvaters eben auch). Nicht dass man überhaupt keinen Begriff von Lebenskrisen gehabt hätte. Bei Trauerfällen und schweren Krankheiten wurden sie gewissermaßen verordnet. Es gab festgelegte, meist religiös grundierte Rituale, die vollzogen wurden, und Pastoren waren dafür zuständig, Trost zu spenden. Aber psychologische Krisen nach Gewalterfahrungen im Zweiten Weltkrieg – das musste erst einmal erfunden werden.

Lange Zeit habe ich geglaubt, die fünfziger Jahre seien steril und glatt gewesen. Als ich auf den Gedanken stieß, man könne sie im geschichtlichen Rückblick im Grunde einfach überspringen, habe ich seltsam dankbar erst einmal zustimmend genickt. *Abschied vom Bürgertum – Alternative Bewegungen in Deutschland von 1890 bis heute*, so heißt der kleine Band, in dem ich diese Ansicht fand, eine schöne, nur noch antiquarisch erhältliche Fleißarbeit eines Autors namens Christoph Conti. Die Boheme in München-Schwabing zu Beginn des 20. Jahrhunderts, Expressionismus und Dada, die Lebensreform-Bewegungen in der Weimarer Republik, die Wilden Zwanziger in Berlin, all das wird darin sorgfältig verzeichnet. Diese Zeitströmungen umgab eine gewisse aufregende Aura, etwas Interessantes. Und sie bildeten Lebenszusammenhänge, in denen Krisen immerhin ausgelebt werden konnten. Allerdings hatten ihre jeweiligen Protagonisten auf ihrer avantgardistischen Suche nach neuen künstlerischen Ausdrucks- und befreiten Lebensformen auch ziemlich viele davon: Geldsorgen, Liebeskummer, Beziehungs- und Identitätskrisen.

Als 1933 die Nationalsozialisten an die Macht kamen, brachen, so Conti, diese avantgardistischen Versuche radikal ab. Den Nazis stand der Sinn nach ganz anderen Gesellschaftsexperimenten, nach gewalttätigen nämlich, die sich an der Unterwerfung unter einen diktierten Kollektivwillen orientierten und nicht an der individuellen Entdeckung des Lustprinzips oder dem Ausleben kreativer Potenziale, die von der bürgerlichen Gesellschaft verschüttet worden waren. «In Ideologie und Praxis der Nationalsozialisten», schreibt Conti dazu, «lassen sich Spuren der alternativen Träume von einem besseren Leben wiederfinden, aber eben nur Spuren: Die Alternativbewegungen haben neben der Gemeinschaft immer auch Selbstverwirklichung des Einzelnen angestrebt, der Nationalsozialismus ordnete alles individuell Abweichende gewaltsam in die ‹Volksgemeinschaft› ein.» Das also ist Contis Begründung dafür, dass er in seiner Geschichte der alternativen Bewegungen in Deutschland die Nazizeit überspringt, und sie leuchtet durchaus ein. Aber auch die fünfziger Jahre lässt er komplett aus. Seine Darstellung setzt Mitte der Sechziger neu ein: Spannend wird es für Conti erst wieder mit den Hippies, die zunächst noch Gammler hießen.

Diese Haltung entsprach, wie gesagt, meinem Vorurteil, die fünfziger Jahre seien auch unter ihrer spießigen Oberfläche aus Normalität und Kleinfamilie ein durch und durch langweiliges Jahrzehnt gewesen. Und so habe nicht nur ich lange darüber gedacht. Wenn ich es mir recht überlege, bin ich mit der Vorstellung aufgewachsen, es habe vom Kalten Krieg und der Erfindung des Rock 'n' Roll abgesehen vor den gesellschaftlichen Aufbruchsbewegungen der sechziger Jahre nichts gegeben, was besonders spannend gewesen wäre. Als lohnendes Thema für den

historischen Rückblick sah man wohl höchstens das Nach-
beben des Zweiten Weltkriegs und des Nationalsozialismus an, über dessen mangelnde Aufarbeitung man sich
Gedanken machen und auch empören konnte.

Aber das stimmt natürlich nicht. Die fünfziger Jahre
waren im Hinblick auf soziale Experimente spannender,
als Contis Buch es vermuten lässt. Überhaupt sind sie für
mich mittlerweile schrundiger geworden, zerrissener, dadurch aber auch reizvoller. Der unmittelbare Impuls, sich
von der Capri-Trällerei und Nierentischgemütlichkeit
dieser Zeit abzugrenzen, der etwa die Achtundsechziger-
Generation umtrieb, ist allgemein einem neugierigeren
Blick gewichen. Als Beispiele lassen sich die Jugenderin-
nerungen des ausgewiesenen Intellektuellen Karl Heinz
Bohrer anführen, die unter dem Titel *Granatsplitter* nach
Kriegsende ansetzen, oder auch die so populäre US-ame-
rikanische Fernsehserie *Mad Men*, deren Vorgeschichte in
diese Epoche zurückreicht, die von den Kriegsfolgen und
alles andere als emanzipierten Geschlechterrollen geprägt
war. Wie die moderne westliche Gesellschaft wurde, was
sie ist, das wird jetzt im Spiegel dieser so fremden Zeit
erzählt.

Manche Eigenheiten der fünfziger Jahre erscheinen heute geradezu schockierend. Wie rigide etwa individuelle
Lebenskrisen geleugnet, abgewehrt, übertüncht und vor
allem auch psychiatrisch pathologisiert wurden, kann man
sich gut am Beispiel derer vergegenwärtigen, die im Zweiten Weltkrieg wie Richard R. als Soldaten gekämpft hatten
und nach dem Zusammenbruch des «Dritten Reiches»
ihre Gewalterfahrungen verarbeiten mussten – Erfahrun-

gen der erlittenen wie auch der selbst ausgeübten Gewalt. Dabei dürfen diese Männer keineswegs entschuldigt oder gar rehabilitiert werden – es geht vielmehr darum, ein treffendes Bild der Zeit zu zeichnen.

Die Mitte der Sechziger geborene Historikerin Svenja Goltermann ist für den neuen Blick auf die Nachkriegsgesellschaft eine gute Gewährsfrau. Für ihre 2009 erschienene Untersuchung *Die Gesellschaft der Überlebenden* hat sie vierhundertsechzig psychiatrische Krankenakten von deutschen Soldaten ausgewertet, die nach dem Ende des Zweiten Weltkriegs noch viele Jahre lang mit schweren psychischen Problemen zu kämpfen hatten. Vielen Darstellungen der späten Kriegs- und ersten Nachkriegsjahre, die gerade auch im deutschen Fernsehen häufig zur besten Sendezeit laufen, muss man den Vorwurf der Selbstviktimisierung machen – sie neigen dazu, die Täter nachträglich zu Opfern umzudeuten. Goltermanns Studie ist über diesen Verdacht erhaben. Ihr erklärtes Ziel ist es, die gesellschaftlichen Regeln zu rekonstruieren, die für den Umgang mit den Erfahrungen des Kriegs in den fünfziger Jahren galten. Dabei vermittelt sie zugleich wichtige Einsichten in das Verhältnis dieser Zeit zu Lebenskrisen. Aus ihrer Studie stammt auch die Szene mit Richard R. am Anfang dieses Kapitels.

Die Episoden und Gespräche, die Svenja Goltermann aus den Notizen in den Akten rekonstruiert, zeigen Überforderung und Hilflosigkeit. Aus einer Vielzahl solcher Szenen muss man sich die Nachkriegszeit zusammensetzen. Eine weitverbreitete Sichtweise wird damit gründlich revidiert: dass die Gewalterfahrungen nach Kriegsende – zwischen Wiederaufbau und Wirtschaftswunder,

Sehnsucht nach Normalität und Selbstentlastung – anfangs konsequent und erfolgreich verdrängt worden und die Traumata oft erst später zurückgekehrt seien. Goltermann zufolge wurden Erfahrungen von Gewalt und auch Schuldgefühle nach dem Krieg keineswegs verdrängt, vielmehr waren sie in der deutschen Nachkriegsgesellschaft allgegenwärtig – nur hat man damals noch keine angemessene Form gefunden, um sie zu thematisieren.

Richard R. ist für Svenja Goltermann kein Einzelfall. «Das Unvermögen, über den Krieg an der Front und in den besetzten Gebieten zu sprechen», schreibt sie, «offenbarte sich in vielerlei Gestalt: Auf Seiten der Heimkehrer schloss es aggressive Töne ebenso mit ein wie hilfloses Weinen und barsche Zurückweisung, bei den Daheimgebliebenen Distanziertheit ebenso wie gereizte Ungeduld oder aufopferungsvolle Fürsorge.» Was bei den Gefühlsausbrüchen der Betroffenen eigentlich vor sich ging, woher ihr hilfloses Weinen kam und welche Erfahrungen in ihrer Psyche arbeiteten und rumorten, verstand man nicht.

Worauf die Historikerin hinauswill: Eine Vorstellung davon, dass Gewalterlebnisse bei Menschen bleibende psychische Probleme verursachen können, fehlte in der Nachkriegszeit noch. Sie setzte sich erst in den sechziger und siebziger Jahren durch. Oft brachten Angehörige, so Goltermann, das auffällige Verhalten der Heimkehrer nicht einmal mit Kriegserfahrungen in Verbindung – was uns heute so vorkommen muss, als hätten sie nicht eins und eins zusammenzählen können. Hinzu kam die Unsicherheit zu entscheiden, was nach dem Krieg und dem Zusammenbruch des Naziregimes noch erzählt werden durfte und was nicht mehr. Goltermann spricht in diesem Zusammenhang von einer Veränderung der «Sagbarkeitsregeln»: Wer während des Kriegs heldisch tun musste, hatte danach besonders gut aufzupassen, um die neuen, von Entnazifizierung und Reeducation gesetzten Regeln nicht zu übertreten.

Und so scheint es geradezu typisch, dass Krisen in Gesprächen angeschnitten wurden – und dann in der Luft hängen blieben. Zwar haben Gewalterfahrungen, die sich daraus ergebenden psychischen Krisen und auch Krisen des Selbstbilds die Menschen nach dem Krieg umgetrieben; sie waren allerdings, um einen soziologischen Begriff zu verwenden, an das gemeinschaftliche Sprechen nicht anschlussfähig. Hinzu kommt etwas, das manche Betroffene und auch viele ihrer Nachkommen, während das Wissen um die psychischen Auswirkungen von Gewalterfahrungen heute Allgemeingut ist, noch immer nicht gerne hören: Die allgemeine Verunsicherung hatte natürlich auch mit dem Ende des nationalsozialistischen Regimes und der Hinfälligkeit des Lebensrahmens zu tun, den es gesetzt hatte. «Tatsächlich lässt sich», schreibt Goltermann, «aus den Erinnerungsfragmenten der Kriegsteilnehmer oft noch einige Jahre nach Kriegsende entnehmen, wie groß der innere Halt durch den Glauben an den Nationalsozialismus für sie einst gewesen sein musste. Er strahlte immer noch aus. Und doch schloss es nicht aus, dass sich ein und derselbe Mensch im Bewusstsein der gesamten Verbrechen kaum mehr selbst in die Augen sehen konnte.»

Die Nachkriegszeit erscheint in der Studie *Die Gesellschaft der Überlebenden* nicht als heile Wirtschaftswunderwelt, sondern als eine tief bedrückte historische Phase. Die Menschen befanden sich damals, so Goltermann, auf einem «Suchgang nach einem Selbstbild, mit dem man leben konnte [...]. Entgegen dem äußeren Anschein glich für viele das Leben in der Nachkriegszeit [...] einer inneren Zerreißprobe, eine neue innere Balance musste erst einmal gefunden werden.»

Vielleicht wurde ja deshalb der *Faust* in der legendären Inszenierung von Gustaf Gründgens aus dem Jahr 1957 zur ikonischen Theaterinszenierung der fünfziger Jahre. Die Menschen fanden sich offenbar wieder in dem Satz: «Zwei Seelen wohnen, ach! in meiner Brust.» In solchen Bildungserlebnissen konnten sie ihre eigene Identitätssuche nachfühlen. Worte für diese Suche zu finden, das blieb dabei aber den Künstlern und außergewöhnlichen Persönlichkeiten vorbehalten. In Goethes *Torquato Tasso* ist die Fähigkeit, eigene Krisen nachvollziehbar zu artikulieren, oder in den Worten des Klassikers: «zu sagen, wie ich leide», ein Geschenk des Himmels an das Genie. Nur das Genie kann, so eine Grundthese der deutschen Kulturreligion, seine Leiden angemessen zum Ausdruck bringen. Daran haben sehr lange sehr viele deutsche Leser, Klassikerverehrer und Theaterbesucher geglaubt. In der Realität war das Artikulationsdefizit aber natürlich keineswegs nur auf das mangelnde Ausdruckstalent der Betroffenen zurückzuführen. Das Problem lag weniger bei den Sendern der Botschaft als bei ihren Empfängern: Dem sogenannten einfachen Menschen, dem sprichwörtlichen Otto Normalverbraucher, hörte man noch lange nach dem Zweiten Weltkrieg einfach nicht zu.

Die Gesellschaft der Überlebenden öffnet in vielem die Augen. Nachvollziehbar wird zum Beispiel, warum die hitzigen Debatten der vergangenen Jahre über die deutschen Kriegsopfer, etwa in Bezug auf den alliierten Luftkrieg gegen deutsche Großstädte oder die Versenkung des Kreuzfahrtschiffs *Wilhelm Gustloff*, bei der neuntausend Menschen starben, so oft als Tabubruch inszeniert werden. Neben den erlittenen Traumata brechen sich hier grundlegende Unsicherheiten und Kränkungen Bahn, für die es lange Zeit keine akzeptierte Form der Auseinandersetzung gegeben hat. Die Unfähigkeit, über Lebenskrisen zu sprechen, konnte bei den Betroffenen leicht den Eindruck eines Tabus hervorrufen, auch wenn es ein solches gar nicht gab. Das Schweigen über den Krieg resultierte jedenfalls nicht aus einem gesellschaftlichen Verbot, die deutschen Opfer zu thematisieren. Schwierig bis unmöglich war es vielmehr, offen darüber zu reden, dass man überhaupt unter den psychischen Auswirkungen von Gewalt litt.

Nach dem Krieg muss es unzählig viele Menschen gegeben haben, die mit einer Lebenskrise zu kämpfen hatten. Für Psychiater und Nervenärzte herrschte Hochbetrieb. Seltsame Phänomene mussten bewertet und eingeordnet werden: regelmäßig wiederkehrende Angstzustände, Depressionen, unkontrolliertes Zittern. Für die Zitternden gab es sogar eine eigene Bezeichnung, sie wurden «Kriegsschüttler» genannt – man kannte diese Verhaltensauffälligkeit schon aus dem Ersten Weltkrieg. Andere Phänomene waren schwieriger einzuordnen.

Meist suchten die Betroffenen oder ihre Angehörigen die Ärzte nicht nur auf, um sich helfen zu lassen. Sie brauchten Bescheinigungen ihrer Leiden. Psychiater waren als Gutachter tätig, die prüften, ob dem Patienten der Status eines Kriegsopfers zustand – und damit auch die zugehörige Versorgungsleistung durch den Staat. Sehr häufig fielen diese Gutachten negativ aus. Das galt auch für die Verfolgten des Naziregimes, die sich eine Wiedergutmachungsleistung erstreiten wollten. Viele Antragsteller stießen auf Beton. Dass Krieg und Verfolgung langfristige negative Folgen für die Psyche haben können, wurde von den meisten Fachärzten bestritten. Das Verhalten der Patienten wurde mit einer «Schwäche des Willens» oder einer «Flucht in die Krankheit» erklärt.

Woher rührt diese Ignoranz? Der Psychologe Christian Pross sprach 1988 in einer Studie über die «Wiedergutmachung» von einem regelrechten «Kleinkrieg gegen die Opfer», der von Seiten der Psychiater in der Nachkriegszeit geführt worden sei. Und nicht nur er weist darauf hin, dass nach dem Krieg oft gerade die Ärzte für die Prüfung der Ansprüche zuständig waren, die sich während des Kriegs darum bemüht hatten, psychisch auffällige Soldaten so schnell wie möglich als geheilt zu entlassen, damit sie wieder in ihren Einheiten eingesetzt werden konnten. Tatsächlich bestand unter Psychiatern eine große personelle Kontinuität zwischen NS- und Nachkriegszeit.

Die Probleme, die diese Kontinuität mit sich brachte, sieht auch Svenja Goltermann, und doch akzentuiert sie die Problemlage noch einmal anders. Personelle Kontinuitäten genügen ihr als Erklärungsansatz für das Unverständnis, auf das die Kriegsopfer vielerorts stießen, nicht. Schließlich, so Goltermann, habe man zur gleichen Zeit auch in vielen anderen Ländern keine Verbindung zwischen Kriegserlebnissen und psychischen Auffälligkeiten hergestellt. Selbst die Leiden der Holocaust-Opfer hatten nicht nur in der Bundesrepublik Deutschland, sondern auch in Westeuropa, den USA und sogar Israel keinen Platz im öffentlichen Bewusstsein. Von diesem Befund aus schlägt Goltermann einen Bogen zurück bis in den Ersten Weltkrieg. Schon damals habe sich europaweit die fatale Überzeugung gebildet, dass der Krieg selbst als die eigentliche Ursache für langandauernde psychische Beschwerden nicht in Betracht komme. Die «herrschende Lehre» der damaligen Psychiatrie, die Goltermann herausarbeitet, ging davon aus, dass erstens psychische Störungen nicht durch äußere Ursachen hervorgerufen werden können, also auch nicht durch den Krieg; und dass zweitens der menschlichen Belastungsfähigkeit auch im Fall furchtbarster Erfahrungen kaum Grenzen gesetzt sind. Stattdessen sprach man von anlagebedingten Hysterien und «funktionalen Leiden». Die kranken Männer wollten, so nahm man an, halt nicht an die Front zurück. Nicht dass man ihnen unterstellte, sie würden bewusst simulieren. Sie retteten sich angeblich unbewusst in die Krankheit.

Erbliche Belastung, innere Abwehr gegen den Kriegsdienst, gemütslabile Konstitution – auf diese drei Punkte bringt auch der Historiker Philipp Rauh, Mitarbeiter am Institut für Geschichte und Ethik der Medizin in Erlangen, die damals vorherrschenden Erklärungsansätze für psychische Probleme nach Kriegseinsätzen. Psychische Krisen wurden auf heute kaum vorstellbare Art und Weise auf den Betroffenen zurückgespiegelt: Man wertete sie als ein Zeichen dafür, dass bei ihm irgendetwas nicht stimmen konnte. Über den soldatischen Drill wurde diese

Sicht tief in das Bewusstsein der Weltkriegsteilnehmer eingesenkt. Dass es eine normale und im Grunde vollkommen gesunde Reaktion sein kann, auf Gewaltexzesse wie die des Zweiten Weltkriegs mit Krisensymptomen zu reagieren – dieses Wissen musste sich erst durchsetzen.

Wie hartnäckig sich die damalige Sichtweise gehalten hat, zeigt sich in ihrem späten Echo, das man noch bei Helmut Schmidt heraushören kann. Von ihm soll das Bonmot «In der Krise beweist sich der Charakter» stammen. So ähnlich werden die Psychiater wohl auch gedacht haben – mit der praktischen Folge, dass sie den Menschen, die in der allgemeinen Krise keine Härte zeigten, absprachen, normal zu sein. Eine harsche Grenzziehung dieser Art schwingt in Schmidts Ausspruch zumindest noch mit. Die Möglichkeit, Krisen als Symptome für Missstände der Gesellschaft zu werten und kritisch zu hinterfragen, warum es überhaupt dazu kommen musste, wird hier von vornherein ausgeschlossen. Lebenskrisen gelten als Problem des Einzelnen, nicht der Gesellschaft.

So unverständlich und unmenschlich diese «herrschende Lehre» heute auch scheint (allein schon der Begriff löst bei mir, während ich ihn hinschreibe, einen leichten Grusel aus) – sie galt fast ein halbes Jahrhundert lang und über alle politischen Systeme hinweg. Festgeschrieben hat man sie auf einer Fachtagung der Kriegspsychiatrie im Jahr 1916, wo sie von Koryphäen ihrer Zeit wie Robert Gaupp oder Karl Bonhoeffer vertreten wurde, die sich gegen den Neurologen Hermann Oppenheim durchsetzten, der die Gegenposition eingenommen und durchaus eine Verbindung zwischen Gewalterfahrungen und seelischen

Erkrankungen angenommen hatte. Tradiert über Aus-
bildungswege und Verfahrensnormen, behielt die Lehre
noch bis weit in die fünfziger Jahre hinein ihre Gültigkeit.
Es gab Ausnahmen, Gegenmeinungen und unterschiedliche praktische Auslegungen, aber die Vorstellung, dass
die gesunde menschliche Psyche fähig ist, jede noch so
schlimme Erfahrung unbeschadet zu verarbeiten, setzte
den Rahmen, in dem fortan gedacht wurde.

Hoch spannend ist es zu beobachten, in welch komplizierten Bewegungen sich die Gesellschaft allmählich aus
dieser Sichtweise herausgearbeitet hat. Auf individueller
Ebene war da nicht viel zu machen. Natürlich wandten
sich Betroffene gegen ihre Psychiater, auch mochten diese
von der Hartnäckigkeit seelischer Leiden noch Jahre nach
Kriegsende überrascht gewesen sein. Meist aber prallten
Einzelfälle am Gedankenrahmen der «herrschenden Lehre» ab, der im Wesentlichen intakt blieb. Die Psychiatrie
selbst, schreibt Goltermann, gehörte keineswegs zu den
Schrittmachern der Veränderung.

Aber der Rahmen, in dem die Psychiatrie agierte, veränderte sich, wenn auch nur langsam. Zunächst setzten
sich in anderen medizinischen Disziplinen, etwa in Teilen
der Inneren Medizin, psychosomatisch orientierte Erklärungsmuster durch, die nun auch soziale Krankheits-
umstände berücksichtigten. Dabei war man zumindest
offen dafür, erlittene (sowie, wenn es auch nicht ausdrücklich thematisiert wurde, ausgeübte) Gewalt als Krank-
heitsursache zu werten. Kriegsopfer konnten nun in den
Begründungen ihrer Klageschriften, mit denen sie gegen
abschlägige Bescheide juristisch vorgingen, auf ihre Ge-
walterfahrung verweisen. Die für Kriegsopferrenten und

Entschädigungszahlungen zuständigen staatlichen Behörden waren gezwungen, sich über die Gültigkeit des psychiatrischen Wissensstands zu verständigen. Und die Psychiatrie verlor allmählich die uneingeschränkte Interpretationshoheit über psychische Krankheiten und Krisen.

Ab Mitte der fünfziger Jahre vermehrten sich zudem Klagen aus dem Ausland auf die Anerkennung psychischer Leiden im Zuge der Verfolgung durch das Naziregime. Ein, so Goltermann, komplexer Aushandlungsprozess unter Behördenvertretern, Juristen, Psychiatern und anderen Ärzten kam in Gang, das Auswärtige Amt schaltete sich ein. Die Anerkennung individueller Lebens- und Leidenskrisen wurde so auch zu einer Frage der Diplomatie. Von großer Bedeutung war bei alldem die Rechtsprechung: Durch Grundsatzurteile und Änderungen des Bundesentschädigungsgesetzes hebelten Deutschlands höchste Gerichte Schritt für Schritt die restriktive Politik aus, und die immer noch rückwärtsgerichteten psychiatrischen Fachkontroversen wurden zum Teil obsolet. Ein Begriff von Krankheit begann sich durchzusetzen, der nicht mehr ausschließlich an körperlichen Schäden orientiert war, sondern auch die subjektive Empfindung, krank zu sein, einbezog – das lässt sich auch aus den Urteilsbegründungen ablesen. «Trotzdem», schreibt Sonja Goltermann, «kann keine Rede davon sein, dass die Anerkennung psychischer Leiden damit zu einer generellen Interpretation […] geworden wäre.» Immerhin, zu einer möglichen Interpretation wurde sie durchaus.

Der gesellschaftliche Selbstverständigungsprozess, der die «herrschende Lehre» kippte, war mit einem verbissenen Kampf um die Anerkennung individueller Lebenskrisen verbunden. Nicht immer hatten diejenigen, die diesen Kampf führten, rein redliche Beweggründe. Manchen ging es aus verletzter soldatischer Ehre heraus wohl nur darum, ungeachtet der Frage nach Kriegsverbrechen und Kriegsschuld nachträglich gesellschaftlichen Respekt zu erheischen. Dabei wäre doch eine Reflexion über die Mordmaschinerie, in die sie eingebunden gewesen waren, viel dringlicher gewesen. Aber auch psychische Krisen, die sich aus genau dieser Reflexion ergaben, wurden nicht anerkannt, und so war es schwer, zwischen den verschiedenen Fällen zu differenzieren. Zuvor musste überhaupt einmal ein Weg gefunden werden, mit schweren Lebenskrisen umzugehen. Im Einsatz für diese Suche trafen sich die Opfer und die Täter des Kriegs – eine schlimme Ironie der Geschichte.

Der Kampf um das Recht auf eine Lebenskrise barg nach dem Krieg viele Gefahren. Schnell wurden Betroffene als Erschleicher von Entschädigungsleistungen abgetan oder landeten gleich als pathologische Fälle in den Akten (und den psychiatrischen Anstalten). Psychisch gesunde Menschen, so meinte man schließlich, haben keine Lebenskrisen, und ich halte es für gut möglich, dass auch dieses Dogma bis heute nachwirkt – man muss sich nur ansehen, mit welchem Einsatz Lebenskrisen in Fallbeispielen und Selbstverständigungsbüchern verteidigt und vertreten werden. Schnell stößt man auf Formen eines Bekenntniszwangs. Manchmal wirkt es, als müssten bei der Anerkennung von Krisen noch immer hohe Hürden überwunden werden. Gesellschaftliche Erfahrungen haben eine lange Halbwertszeit.

Die kriegsbedingten Krisen waren Vorreiter im Kampf für die Anerkennung von Lebenskrisen, denn hier waren in der Regel nicht nur Familienangehörige, sondern zugleich viele gesellschaftliche Institutionen betroffen. Auf dem Spiel stand schlicht auch Geld, aber natürlich war das nicht alles: Es ging um das Selbstbild des Menschen. Herauskämpfen musste sich die Nachkriegsgesellschaft nicht nur aus psychiatrischen Lehren, die sich in den Stahlgewittern des hochtechnisierten Massenkriegs gebildet hatten, auch die kulturellen Muster einer Obrigkeitsgesellschaft, in der Ärzte, Juristen und Behördenvertreter entschieden, wann eine psychische Krise vorlag und wann nicht (unabhängig davon, was der Betroffene empfand), mussten erst abgestreift werden.

Und nicht zuletzt: Es mussten, um es noch einmal deutlich zu machen, eine Form und eine Sprache gefunden werden, damit über individuelle Krisen überhaupt geredet werden konnte. Bis in die intimen Gespräche unter Eheleuten hinein war das in vielen Fällen nicht möglich.

Kapitel 3

Humphrey Bogarts Verzweiflung

Es gibt einen Satz, der die innere Dynamik, die in den fünfziger Jahren in Bezug auf Lebenskrisen geherrscht hat, gut auf den Punkt bringt. Ich habe ihn in *Casablanca* gefunden. Sieht man sich diesen Hollywoodklassiker zum wiederholten Mal an – was ich alle zwei, drei Jahre einmal tue, an Abenden, an denen ich nichts Besseres vorhabe, oder an Wochenendnachmittagen, wenn ich mir eine leicht sentimentale, vorsichtig regressive Auszeit vom Betrieb der Welt gönnen will –, stößt man sowieso zuverlässig auf längst weltberühmte Sätze. «Verhaften Sie die üblichen Verdächtigen» ist einer davon. Natürlich der unvermeidliche Trinkspruch: «Ich schau dir in die Augen, Kleines.» Oder auch, sofern man *Casablanca* auf Englisch sieht: «Play it again, Sam.» Eine Wendung, die so eigentlich gar nicht im Film vorkommt, sondern aus einer Parodie von und mit Woody Allen stammt. Im Original sagt Ingrid Bergman als Ilsa zu Sam, dem Barpianisten, nur: «Play it, Sam. Play *As Time Goes By*», also ohne das «again». Aber dieser Satz hat sich so eng mit dem Original verbunden, dass man es schon automatisch mithört. Man hakt diese Dialogstellen gewissermaßen innerlich ab, in einer Frequenz, die nur noch Goethes *Faust* und manche Stücke von Schiller oder Shakespeare zulassen. Klassiker funktionieren über dieses Wiedererkennen bestimmter Stellen. Gerade *Casablanca* hat unseren Schatz der geflügelten und auch ein bisschen abgenudelten Standardfilmzitate entscheidend bereichert. Weniger bekannt, aber doch sehr einprägsam ist ein weiterer Satz, der mir jedes Mal wieder aufs Neue zu denken gibt, auch wenn er erst einmal leicht chargenhaft oder zumindest well-made-play-mäßig hingedrechselt erscheint. Es ist der Satz, den ich meine. Er fällt während des komplizierten Happy Ends oder auch Nicht-Happy-Ends, das diesem Klassiker seinen bittersüßen Abschluss gibt. Die Liebenden kommen ja letztlich nicht zusammen, und trotzdem herrscht am Schluss des Films eine nahezu geläuterte Stimmung.

Man wird sich gleich erinnern. Großes Finale. Eine der berühmtesten Szenen der Filmgeschichte. Wir befinden uns auf dem Flughafen, der Flieger, der Ilsa Lund und ihren Mann Victor Laszlo nach Lissabon und damit aus dem Einflussgebiet Nazideutschlands bringen wird, steht bereits im Hintergrund bereit (es war in Wirklichkeit ein perspektivisch verkleinertes Modell, die Szene wurde im Studio gedreht; damit man das auf der Leinwand nicht bemerkte, wurden als Komparsen Kleinwüchsige engagiert, die um das Modell herumliefen). Im Vordergrund muss Humphrey Bogart als Richard Blaine, genannt Rick, seiner großen Liebe Ilsa – und ein bisschen auch sich selbst – erklären, warum er sie und ihren Ehemann Victor Laszlo mit Hilfe seines Visums nach Lissabon fliegen lässt und selbst nicht mitkommt, obwohl er und Ilsa sich doch lieben.

Die Szene einer Entsagung. Schwierig. Um sie plausibel erscheinen zu lassen, brauchte es einige Tricks. Tatsächlich bereitete diese Dialogstelle den Drehbuchautoren große Probleme, wie man aus Äußerungen der Beteiligten weiß. Es gab verschiedene Entwürfe; darunter auch Varianten, in denen Victor stirbt oder Ilsa bei Rick bleibt. Bis kurz vor Drehtag wussten die Schauspieler nicht, welcher der beiden Männer Ilsa Lund begleiten würde, die Drehbuchautoren und der Regisseur Michael Curtiz wussten es selbst noch nicht. In der Fassung, die schließlich gedreht wurde, bekam Rick ein ganzes Arsenal an rhetorischen Kniffen mit, um das, was er Ilsa und sich zumutet, zu begründen.

Erst einmal erklärt er Ilsa, dass ihr Ehemann als Symbol des Widerstands im Krieg wichtiger ist als ihr privates Glück. Rick sollte bekanntlich für Ilsa mitdenken – was aus heutiger Geschlechtersicht natürlich heikel klingt –, und das tut er nun auch tapfer. Er sagt ihr, sie würde es bereuen, wenn sie nicht an der Seite dieses Mannes bliebe, «vielleicht nicht heute, vielleicht nicht morgen, aber bald und dann für den Rest deines Lebens» – noch so ein berühmtes Zitat, das auch schon ziemlich gut ist. Man vernimmt hier keineswegs den selbstvergessenen Appell an ein den Umständen geschuldetes Pflichtgefühl, geschweige denn eine Lehrstunde in Patriotismus. Vielmehr erinnert Rick seine Geliebte an die Stimme ihrer eigenen Überzeugung.

Aber all das berührt noch nicht die innersten Gefühle der beiden, und so haben die Dialogschreiber die Szene noch ein paar Windungen weitergedreht. Um sich und Ilsa die Entscheidung leichter zu machen, bietet Rick als

Trost die Erinnerung an das Glück der einst gemeinsam in Frankreich verbrachten Zeit an: «Wir haben immer noch Paris.» Das ist, was Rick betrifft, nicht nur Sentimentalität. Beide brauchten das Hin und Her in Casablanca, um die Pariser Verliebtheit wieder neu zu entdecken; das abrupte Ende ihrer damaligen Affäre hatte sie überschattet.

Und dann fällt eben dieser *eine* Satz. Rick sagt, während die Kamera in Großaufnahme auf Ilsas Gesicht hält, um ihre Reaktion zu studieren: «Es braucht nicht viel, um zu verstehen, dass die Probleme dreier Menschen in dieser verrückten Welt völlig ohne Belang sind.»

Redet man so unter Liebenden, bei einer durch die Umstände aufgezwungenen Trennung? Bestimmt nicht. Man könnte Ricks Ausspruch leicht für einen in die Szene geschmuggelten allgemeinen Seufzer halten, für einen begleitenden Off-Kommentar über den Lauf der Welt.

Im amerikanischen Original klingt er schon weit weniger nach einem bitteren Kalenderspruch als in der deutschen Übersetzung: «But it doesn't take too much to see that the problems of three little people don't amount to a hill of beans in this crazy world.» Als Einleitung nuschelt Humphrey Bogart hier noch ein «I'm no good at being noble» vorweg.

Ein weit gespannter Satz. Er bietet so viele Aspekte, dass er jedes Mal, wenn ich die Szene sehe, in einem anderen Licht schillert. In der kühlen, emotional runtergekochten Einstiegswendung «Es gehört nicht viel dazu zu verstehen, dass …» höre ich meinen Großvater, der stets unhinterfragt nach der Maxime gelebt hat, individuelle Probleme würden nicht zählen. Das ist die eine Seite. Auf der anderen Seite spricht Rick direkt aus, was für meinen Großvater so selbstverständlich war, dass er wohl nicht einmal darüber nachdachte. Schon das ist ein Unterschied ums Ganze. Wer etwas ausspricht, macht es handhabbar, reflektierbar, auch bestreitbar. Und so ahnt man schon, wenn man diesen Satz zum ersten Mal hört, dass es entgegen seiner Aussage vielleicht doch nicht so einfach zu verstehen ist, warum individuelle Probleme nicht zählen sollen.

Ob persönliche Probleme von Belang sind, ist natürlich eine der Grundfragen im Umgang mit Lebenskrisen überhaupt – damals wie heute. Und sie bringt bereits mitten im Krieg auf den Punkt, was in den fünfziger Jahren bereits angelegt war, aber erst noch ausgearbeitet werden musste. Ignoranz gegenüber Lebenskrisen in der Nachkriegszeit. Kampf gegen Lebenskrisen, indem man versuchte, bessere Lebensbedingungen zu schaffen. Aber auch der Kampf für die Anerkennung von Lebenskrisen. Diese Phänomene mündeten in eine gesellschaftliche Auseinandersetzung um die Frage, ob und auf welche Weise individuelle Probleme von Belang sein konnten.

Ersetzt man in Ricks Aussage das Wort «verrückt» beziehungsweise «crazy» durch «absurd», stößt man auf ein Motiv, das die Literatur, das Theater und die Philosophie in den vierziger und fünfziger Jahren lange und intensiv beschäftigt hat. Das absurde Theater, der Existenzialismus, die weltweit einsetzende Rezeption der Werke Franz Kafkas, der zum zentralen literarischen Bezugspunkt, zur Inspirationsquelle und zum unerreichbaren Vorbild ganzer Generationen von Schriftstellern aufstieg und dessen

Romane und Erzählungen als Parabeln über die Stellung des Menschen in einem sinnentleerten Kosmos gelesen wurden – das alles entstand und vollzog sich, so sublimiert auch immer, nach dem Krieg unter dem Eindruck, in einer verrückten Welt zu leben. Eingebunden in ein massentaugliches Hollywood-Melodram, formuliert Rick eine Erfahrung, an der sich die Intellektuellen abgearbeitet haben.

Sieht man einmal vom melodramatischen Tenor des Films ab, hat Rick dann nicht sogar etwas von einem Sisyphos mit Hut und Trenchcoat? Schließlich beschäftigt ihn neben der großen Liebeskrise auch eine Sinnkrise. Sie wird zwar filmisch nicht breit ausgemalt, aber doch mit vielen Bemerkungen angedeutet. 1935 hat Rick Waffen nach Äthiopien geschmuggelt, das damals im Krieg gegen das faschistische Italien stand. 1936 hat er in Spanien gegen die Faschisten gekämpft. Beides rechnet ihm noch in der Exposition des Films der französische Polizeichef Captain Renault vor, um zu beweisen, dass Rick unter seiner zynischen Schale sentimental ist. Dieser entgegnet darauf trocken, er sei in beiden Fällen bezahlt worden. Worauf Renault erwidert: Die Sieger hätten besser bezahlt. Noch so eine klassische Szene. Als die deutsche Wehrmacht 1940 in Paris einmarschiert, steht Ricks Name auf der schwarzen Liste der Gestapo. Er wird also in der Zwischenzeit auch im Widerstand gegen das «Dritte Reich» tätig gewesen sein. Bisher fand er sich jedenfalls immer auf der Seite der Verlierer wieder. Und dennoch, am Schluss des Films bricht Rick erneut in den Kampf auf, so wie Sisyphos sich dem griechischen Mythos zufolge immer wieder von neuem anschickte, den Stein den

Berg hinaufzuwuchten, auch wenn er dazu verdammt war, hilflos mitansehen zu müssen, wie er dann unweigerlich wieder den Berg hinunterrollte.

Solche Gedankenfiguren, so abstrakt sie sind, boten nach dem Zweiten Weltkrieg eine Form, mit deren Hilfe sich das weitverbreitete Gefühl der Sinnlosigkeit fassen ließ. Statt die Sinnkrise auszuleben, wurde sie damit zumindest in eine Geschichte gebannt. Immerhin eine Möglichkeit, intellektuell Haltung zu bewahren.

Männer, die unter schwierigen Umständen hart bleiben und Haltung bewahren, das waren die Paraderollen des Stars Humphrey Bogart. So gesehen entspricht die Casablanca-Episode in Ricks Leben jenen berühmten Momenten, die Albert Camus in seiner modernen Neufassung des Sisyphos-Mythos am meisten reizten: der Augenblick des Schreckens und der Ernüchterung, der sich mit der Erkenntnis einstellt, dass alle Anstrengung vergebens war; dann aber auch der Augenblick des erneuten Anlaufs. Camus schreibt: «Und nun sieht Sisyphos, wie der Stein im Nu in jene Tiefe rollt, aus der er ihn wieder auf den Gipfel wälzen muss. Er geht in die Ebene hinunter. Auf diesem Rückweg, während dieser Pause, interessiert mich Sisyphos.» So wie mich an Rick in *Casablanca* interessiert, auf welchem Weg er wieder den Willen zum Widerstand findet. Ich will es mit dieser philosophischen Aufladung nicht übertreiben, nur eins noch: Die geläuterte Stimmung ganz am Ende könnte man als populäre filmische Umsetzung der legendären letzten Sätze von Camus' nahezu zeitgleich, 1942 nämlich, entstandenem Essay ansehen. «Der Kampf gegen Gipfel», heißt es dort, «vermag ein Menschenherz auszufüllen. Wir müssen uns Sisyphos als einen glücklichen Menschen vorstellen.» Sollten die individuellen Probleme in unserer verrückten Welt wirklich nicht von Belang sein, gäbe es also zumindest noch andere, größere Probleme, die wir angehen können. Ein Mittel zur Depressionsvermeidung, das in Ricks Fall zu wirken scheint. Zumindest gelöst wirkt er am Schluss ja tatsächlich.

Zu den fünfziger Jahren gehört auch, dass deutsche Zuschauer die für das Verständnis des Films so wichtigen Anspielungen auf das Kriegsgeschehen erst verspätet wahrnehmen konnten. Als *Casablanca* 1952 in die deutschen Kinos kam, fehlten viele Stellen der Originalfassung, unter anderem die bis heute ergreifende Szene, in der Victor Laszlo in Ricks Café eine Art Sangeswettstreit initiiert und sich dabei mit der Marseillaise gegen die von deutschen Besatzungssoldaten geschmetterte *Wacht am Rhein* durchsetzt. Auch viele andere Szenen um Major Strasser, den ranghöchsten deutschen Besatzungsoffizier, wurden geschnitten. Ein im Rückblick geradezu irritierend klarer Fall von Zensur. So schnell wollte das westliche Nachkriegsdeutschland offenbar nicht zu seiner Vergangenheit stehen.

Die ungekürzte Fassung strahlte die ARD, komplett neu synchronisiert, erst am 5. Oktober 1975 aus. Mag sein, dass ich den Film an diesem Tag zum ersten Mal gesehen habe. Vom Alter her könnte es hinkommen, es war fünf Tage vor meinem zwölften Geburtstag. Sicher weiß ich es nicht.

Nicht nur diese mutwilligen Kürzungen zeigen, dass die deutsche Nachkriegsgesellschaft dem Film noch lange nicht gewachsen war. Auch der damalige Umgang mit Lebenskrisen zeigt es. Major Strasser sagt an einer Stelle des Films zu Ilsa: «Vielleicht haben Sie bereits festgestellt, dass in Casablanca ein menschliches Leben wenig zählt.» Dabei bildet das Schicksal der Kriegsflüchtlinge und Emigranten, die sich in Casablanca treffen, um dort oft vergeblich auf eine Möglichkeit zu warten, in die USA zu kommen, den allgegenwärtigen Hintergrund des Geschehens. Die Behauptung, die Probleme einzelner Menschen seien nicht von Belang, haben die Drehbuchautoren also gut vorbereitet und begründet, bevor sie Rick am Schluss ausspricht. Der Satz ruft den Kontext eines weltumspannenden und vor allem von deutscher Seite aus besonders perfiden und menschenverachtenden Kriegs auf. Doch lässt sich diese Feststellung über den Film und den Krieg hinaus in die fünfziger Jahre verlängern.

Emotionale Überforderung, beredtes Verschweigen, innere Unruhe unter der Oberfläche der Normalität – vielleicht ist das, was ich selbst aus dieser Gefühlswelt geerbt habe, daran schuld, dass mir neben meinem Satz noch eine weitere Szene aus *Casablanca* immer wieder nahegeht: Rick sitzt nachts allein in seinem Café und ist tief verzweifelt, in einer Art und Weise, die für einen Mann in der damaligen Zeit sehr ungewöhnlich erscheint. Durch das überraschende Zusammentreffen mit Ilsa sind die seelischen Wunden, die schon vernarbt waren, wieder aufgeplatzt. Einschlägiger Satz: «Von allen Kaschemmen der ganzen Welt kommt sie ausgerechnet in meine.» Sam, der Barpianist, setzt sich zu ihm. Rick will das Lied noch einmal hören. Und während Sam also *As Time Goes By* spielt, übermannen Rick die Erinnerungen, die Rückblende auf das Glück in Paris setzt ein, Ricks Kopf schlägt auf den Tisch, und er stößt dabei das Schnapsglas um.

Sentimental? Schon. Aber diese Szene fängt mit den filmischen Mitteln der Zeit eben auch die Situation eines Menschen ein, der eine Lebenskrise allein durchzustehen hat. Und sie ist eine Art Gegenstück zu dem Fontane'schen Pferd, auf das ich im ersten Kapitel meinen Großvater gesetzt habe. Lebenskrisen aus dem Weg gehen, ein Pferd für sich entscheiden lassen, das geht nun nicht mehr. Man muss da schon durch. Die Frage ist nur: wie?

Die Darstellung eines Mannes in der Lebenskrise, dieser Aspekt hat mich schon als Jugendlicher an *Casablanca* besonders interessiert. Rick mag eine Performance bieten, bei der man sich heute eines nostalgischen Lächelns nur schwer erwehren kann. Diese harten Drinks und zynischen Sprüche! Dazu dieser Gefühlspanzer, für den in der amerikanischen Populärkultur der dreißiger und vierziger Jahre des 20. Jahrhunderts der Begriff «hard-boiled» erfunden wurde und der, so wie Bogart ihn anlegt, den darunter steckenden weichen und verletzten Seelenkern eher sichtbar macht als tatsächlich verbirgt. Man durchschaut das alles ganz leicht, schon als Jugendlicher, aber beeindruckt ist man doch.

Von der Mischung aus Talking Cure und Arbeit am eigenen Leben, die wir heutigen DVD-Gucker längst als notwendige Reaktion auf Lebenskrisen verinnerlicht haben, ist Rick noch weit entfernt. Weder verarbeitet er die beiden für ihn krisenauslösenden Faktoren ordentlich, noch achtet er in seiner schwierigen Situation wenigstens auf sich selbst, was doch heutzutage die Minimalanforderung wäre. Weiter als die Nachkriegsgesellschaft mit ihrem Schweigeabkommen und ihrer Oberflächennormalität ist der Film allerdings dennoch. Als Jugendlicher habe ich Ricks Verhalten wahrscheinlich als eine zwar in Hollywood-Manier überhöhte und verdichtete, aber eigentlich auch ganz realistische Darstellung eines allgemein üblichen Umgangs mit emotionalen Problemen und Niederlagen verstanden. Das Trinken, die Versuche zu vergessen, die Zynismen: So verhalten sich also Erwachsene, wenn sie in einer Krise sind! Sonst erzählte einem ja keiner was.

In gewisser Weise befanden sich Lebenskrisen in meiner Jugend noch auf einer Stufe mit Sex. In der Gesellschaft standen die Zeichen bereits auf Liberalisierung und Befreiung, aber die eigenen Eltern waren noch keine Achtundsechziger. Ebenso wie die Tatsache, dass es Sex gibt, verbargen sie ihre Lebenskrisen vor den Kindern. Andererseits will man als Kind natürlich genauso wenig über die Krisen der eigenen Eltern wie über ihren Sex wissen. *Casablanca* zeigte immerhin schon einmal, dass es überhaupt Gefühle und psychische Krisen gibt, die man nicht einfach mit einem Handstreich wegwischen kann. Sonst hätte man als Jugendlicher ja glatt denken können: Erwachsene haben so was nicht. Und sieht man genau hin, gibt der Film sogar eine Form vor, mit Lebenskrisen umzugehen. Rick erinnert sich nach der Wiederbegegnung mit Ilsa, er wiederholt die Krise in der Rückblende und arbeitet sie dann insofern durch, als er «für beide» denkt, eine klare Haltung einnimmt und sie in meinem Satz auch artikuliert. Erinnern, wiederholen, durcharbeiten, das ist der klassische Dreischritt der Psychoanalyse.

Genau diese Möglichkeit, über eine Rückblende mit der Vergangenheit abschließen zu können, fehlte auf deutscher Seite. Wie hätte ein solcher Abschluss auch gelingen sollen? Nach diesem Krieg. Nach dem Holocaust. Das welthistorisch Schlimmste, was hätte passieren können, wäre gewesen, dass die Deutschen den Krieg auch noch gewonnen hätten. Nachträglich aus der Niederlage Sinn herauszupressen, war ein Ding der Unmöglichkeit. Auch wenn es manche alten NS-Seilschaften auf ihren Kameradschaftsabenden sicherlich versucht haben.

«Es braucht nicht viel, um zu verstehen, dass die Probleme dreier Menschen in dieser verrückten Welt völlig ohne Belang sind.» Eine Sache bleibt noch zu klären: Warum redet Rick von den Problemen *dreier* Menschen? Er bezieht offenbar Victor Laszlo mit ein, obwohl es doch im Liebescode – und dieser Abschied ist bei aller Entsagung eben auch eine Liebesszene! – um die Exklusivität zweier Perspektiven geht, die miteinander kommunizieren. So unscheinbar diese kleine Wendung wirkt, sie beinhaltet doch einen Clou.

Was Rick Ilsa und sich selbst abverlangt, ist der Abschied von der Aussicht, sich zusammen in eine Romeo-und-Julia-Romantik zu flüchten. Wir beide gegen den Rest der Welt – das geht hier eben nicht. Ilsa ist schließlich immer noch mit Victor Laszlo verheiratet und auch emotional an ihn gebunden; von daher rührt auch ihre eher passive Haltung im letzten Drittel des Films, sie möchte einfach der Entscheidung aus dem Weg gehen. Und auch Rick denkt offenbar, dass dieser Mann es nicht verdient hätte, mitten im Krieg von seiner Frau verlassen zu werden.

Alles in allem steckt in dieser Wendung also: Es wäre naiv, würden Rick und Ilsa annehmen, sie könnten ihre Probleme im Handstreich auf Kosten des Dritten lösen. Genauso wie vor dem Krieg können sie sich auch vor Victor Laszlo nicht einfach davonstehlen.

Dieses «dreier Menschen» erstaunt mich jedes Mal. Verbunden ist damit nämlich eine sehr wichtige und angesichts der Zeitumstände, in denen der Dialog geschrieben wurde, geradezu atemberaubend hellsichtige Einsicht. Der Film kam 1942 in die Kinos, im Dezember 1941 waren die USA in den Zweiten Weltkrieg eingetreten. In dieser Szene wird deutlich, dass Rick und Ilsa sowieso erst einmal den Feind besiegen und den Krieg gewinnen müssen – und dabei noch nicht einmal darauf hoffen dürfen, zumindest *nach dem Krieg* sofort miteinander glücklich sein zu können. Ginge es Rick nur um die Probleme zweier Menschen, wäre nach dem Sieg alles klar: Von allen Kriegspflichten befreit, könnten er und Ilsa, sofern sie den Krieg überlebt haben, als Paar zusammen sein. Dass von den Problemen dreier Menschen die Rede ist, bedeutet dagegen, dass die Schwierigkeiten der beiden durch den Sieg im Krieg nicht allesamt gelöst sind. Die Dreierkonstellation bleibt schließlich bestehen. Rick macht zwar klar, dass die zwei ihre Probleme im Krieg hintanstellen müssen, er sagt aber nicht, dass man sie vergessen sollte. Er stellt sie auf Wiedervorlage, das allerdings auf unbestimmte Zeit.

Damit ist der Satz im Grunde schon raus aus dem Weltkriegs-Melodram und drin in einer modernen Fernsehserie, in der sich die Figuren über viele Folgen hinweg aneinander abarbeiten. Vom heutigen Stand der Möglichkeiten aus gesprochen: Was nach dem Krieg anstünde, wäre eine eingehende Problembearbeitung zu dritt. Man weiß, wie heikel und kompliziert so etwas ist. Es wäre Zeit für Beziehungsgespräche, lange Spaziergänge, emotionale Selbstzweifel, Trauerarbeit, vielleicht eine Trennungs-mediation – das ganze Arsenal an Psychotechniken, mit denen man heute ernsthafte Beziehungsprobleme angehen kann. Genau diese Dinge fehlen Rick und Ilsa aber in jener «verrückten Welt», die ihre Probleme noch nicht einmal anerkennt. Und auch die Nachkriegsgesellschaft wird noch lange brauchen, um solche Angebote selbstverständlich bereitzustellen.

Darin liegt das so einleuchtend Bittere dieser Stelle. Denn selbst wenn Rick, Ilsa und Victor emotional erwachsen genug sein sollten, um verantwortungsvoll mit ihrer Situation umzugehen – die Welt ist es offenbar noch nicht. Oder auch nicht *mehr*. Die US-amerikanischen Screwball-Comedys der späten dreißiger Jahre etwa hatten hinter aller Komik eine viel aufgeschlossenere Haltung gegenüber komplizierten emotionalen Angelegenheiten. Der Zweite Weltkrieg hat die Emanzipation der Frau in bestimmten Bereichen zwar noch vorangetrieben – Frauen mussten und konnten anstelle der kämpfenden Männer viele Funktionen in der Industrie übernehmen –, nach dem Krieg wurde die Zeit aber wieder auf traditionellere Rollenmuster zurückgedreht.

Es ist erheiternd, sich den coolen Humphrey Bogart in therapeutischen Situationen vorzustellen. Manchmal mache ich mir den Spaß und denke mir die Grundzüge des Sequels *Casablanca 2* aus. Der Weltkrieg ist zu Ende, die Nazis sind glücklich besiegt, vielleicht gibt es einen neuen Gegner, möglicherweise ist es auch Major Strasser, der doch überlebt hat, ein paar Getreue um sich sammelt und sich rächen will; aber erst einmal treffen sich Rick, Ilsa und Victor beim Paartherapeuten in New York wieder.

Man muss sich darüber nicht unbedingt lustig machen. Sosehr gerade die Schlussszene von *Casablanca* immer wieder persifliert worden ist – in einer sehr witzigen Version der *Muppet Show* sieht man Kermit im Trenchcoat auf Miss Piggy einschreien, die ihn nicht versteht, weil die Flugzeugmotoren zu viel Lärm machen –, Ricks Satz funktioniert bis heute, allen zeitgenössischen Rollenzuschreibungen und Fokussierungen auf den Mann zum Trotz.

Manchmal kommt mir als Negativfolie sogar die so schreckliche Sportpalastrede von Joseph Goebbels in den Sinn, und ich kann dann gar nicht anders, als die tiefe Menschlichkeit dieses Filmschlusses zu bewundern, die mein Lieblingssatz geradezu zum Leuchten bringt.

Auf der einen Seite ein menschenverachtendes System, das, um die letzten Kräfte im Endkampf zu mobilisieren («Wollt ihr den totalen Krieg?»), neben all den Verbrechen, die es begangen hat, auch noch die Privatwelten und die privaten Bedürfnisse von Millionen Menschen endgültig delegitimiert (dass die nationalsozialistische Gesellschaft keinen Sinn für individuelle Lebenskrisen hatte, ist ja noch das mindeste, was sich sagen lässt, und in der bundesrepublikanischen Nachkriegsgesellschaft wirkte diese Ignoranz noch lange nach). Auf der anderen Seite eine Gesellschaft, der mitten im Krieg irgendwo auch klar war, wie verrückt alles zuging und worum es im Leben eigentlich gehen müsste – um die Probleme der einzelnen Menschen nämlich.

Aber natürlich, das eine ist die Staatspropaganda einer Diktatur, das andere ist Hollywood.

Der Film endet folgendermaßen: Das Flugzeug startet, Victor Laszlo und Ilsa fliegen davon, Rick und der französische Polizeichef Captain Louis Renault gehen in den Morgennebel, der ihr weiteres Schicksal im Krieg verhüllt, es ist noch die Rede vom «Beginn einer wunderbaren Freundschaft» (ein weiteres dieser berühmten Zitate), dann folgt der Abspann.

Neben der Tatsache, dass Ilsa und Rick jetzt um ihr Dilemma immerhin wissen und dieses Wissen teilen – das hat, während Paris ihnen Augenblicke des Glücks gebracht hat, Casablanca ihnen gebracht –, und neben der Einsicht, dass, wie die Dinge nun einmal liegen, mehr einfach nicht drin ist, hallt von meinem Satz ausgehend noch etwas nach. Letztlich hat er, auch wenn das von den Drehbuchautoren wahrscheinlich gar nicht intendiert war, sogar eine Art utopischen Drall. In dieser verrückten Welt, *this crazy world*, müssen sich Rick und Ilsa zwar eingestehen, dass die Probleme dreier Menschen nicht zählen; indem sie dennoch auf ihren Problemen beharren, gehen sie jedoch gleichzeitig über den Krieg und seine Umstände hinaus. Beide lehnen sich, so vermittelt auch immer, gegen die Verrücktheit der Welt auf und arbeiten womöglich an einer Welt, in der die Probleme Einzelner sehr wohl zählen. Vielleicht ist es dieser vorsichtig utopische Nachhall, der mir an diesem Satz am meisten zu denken gibt. Jedenfalls liegt genau hierin, hinter dem nostalgischen

Schmunzeln, das einen beim *Casablanca*-Gucken überfällt, und hinter aller *As-Time-Goes-By*-Rührseligkeit, die das alles natürlich auch hat, bis heute ein wichtiger Aspekt dieses Films: Eine nicht verrückte Welt wäre erst eine, in der die Probleme jedes Einzelnen von Bedeutung sind.

Zugegeben, sehr strahlend klingt das erst einmal nicht. Wird sonst in Hollywood und überhaupt in den Produkten unserer Populärkultur nicht eher darum gekämpft, dass die Probleme *aufhören*, und zwar, wie es in *Herr der Ringe* vor der finalen Schlacht gegen die Heere von Mordor heißt, «ein für alle Mal»? Dafür liefert die kleine, ambivalente Utopie, die man auf diesen Satz aufbauen kann, ein gutes Stichwort, um das zu fassen, was dann nach dem Zweiten Weltkrieg in Bezug auf Lebenskrisen tatsächlich geschehen ist: Die Probleme der Einzelnen sind inzwischen ja wirklich «von Belang». Es gibt heutzutage viel bessere Möglichkeiten, sie zu bearbeiten, sie erhalten viel höhere Aufmerksamkeit, und die Gesellschaft geht differenzierterer mit ihnen um.

Wir schauen euch in die Augen, Lebenskrisen! Das spendet, wenn man die DVD wieder in die Videothek bringt oder nach dem Schauen den Laptop zuklappt, auf eine gewisse Art Trost. Aber so weit wie wir war man in den fünfziger Jahren noch lange nicht. Zunächst musste die Gesellschaft noch einmal ganz anders an Lebenskrisen herangehen.

Kapitel 4

Der normale Ausnahmezustand

Dass individuelle Probleme nach dem Krieg weiterhin überhaupt nicht zählen sollten, kann man zwar nicht sagen, aber Ricks Behauptung, die Probleme dreier kleiner Menschen seien in unserer verrückten Welt ohne Belang, behält Gewicht. Von Belang waren Probleme der Einzelnen schließlich vorerst nur auf nicht individuelle Art und Weise. Der Aufbau- und Neugestaltungswille, der sich nach 1945 in Deutschland erstaunlich schnell und deutlich zeigte, richtete sich durchaus auch auf persönliche Lebenskrisen: Man wollte ihren Voraussetzungen und Auslösern entgegenwirken und sie im Prinzip ganz abschaffen. Und wenn ich es richtig sehe, stellte man sich vor, dass dies auch tatsächlich restlos gelingen könnte.

Mit solchen Machbarkeitsvorstellungen bin ich zum Teil noch aufgewachsen. Vor allem zwei Projekte, mit denen man in den fünfziger Jahren individuellen Lebenskrisen auf den Leib rücken wollte, ragten bis in meine Jugend hinein: technische Zukunftsszenarios und Fußgängerzonen.

Ich kann mich noch gut an ein Buch erinnern, das um das Jahr 1970 erschienen sein muss und noch ganz von den utopischen Ideen der fünfziger Jahre befeuert wurde. Autor und Titel sind mir leider entfallen, ich weiß nur noch, dass ein erstaunlich dicker Mensch namens Herman Kahn, der als Zukunftsforscher firmierte, den Spiritus Rector abgab. Das Buch sollte zeigen, wie man sich die Welt im Jahr 2000 vorzustellen hatte. Schließlich herrschte Arbeitsteilung: Die düsteren Zukunftsvisionen fanden sich in B-Movies mit ihren fehlgeschlagenen wissenschaftlichen Experimenten wieder; die helleren Szenarien wurden auf Hochglanz gedruckt.

In der Welt, die dieses Buch zeigte, trugen die Menschen Kleidung aus Kunstfasern, sie aßen künstliche Nahrung und lebten in riesigen Hochhäusern, um die herum künstliche Parks angelegt worden waren. Künstlichkeit war überhaupt das große Ding. Die Menschheit hatte die Abhängigkeit von der Natur und auch die Fron der Arbeit, so die Idee dahinter, überwunden. Große Roboter sammelten auf dem Meeresboden Rohstoffe ein; aus irgendeinem Grund, ich weiß wirklich nicht, warum, hat sich das Wort «Manganknollen» tief in mein Gedächtnis eingegraben. Und selbstverständlich sollte auch der Mond längst besiedelt sein. Eine hochtechnisierte Rundum-glücklich-Versorgung. Zu Lebenskrisen gab es keinen Anlass mehr.

Solche technischen Szenarien hatten durchaus etwas Kindgerechtes. Ich weiß noch, mit welcher Begeisterung und sogar Ehrfurcht wir die moderne Errungenschaft eines Müllschluckers betrachteten, der im Westerländer Apartmenthaus, in dem meine Eltern eine Wohnung gekauft hatten, installiert worden war. Nur lässt sich am Beispiel genau dieses Müllschluckers auch etwas über die Entzauberung der technischen Zukunftsvisionen erzählen: Er kann gut als Menetekel dafür herhalten, dass neue Erfindungen zwar bekannte Probleme lösen, aber auch neue, bis dahin nicht da gewesene Probleme verursachen können.

Den Müll konnte man mit der Installation tatsächlich bequem entsorgen, auch aus den oberen Stockwerken. Allerdings war es bald verboten, den Müllschlucker während der Mittagszeit zu benutzen; auf seinem Weg in den Keller rumpelte der Abfall zu laut durch die Rohre, zu laut zumindest für Urlaubsreisende, die sich eine Siesta gönnen wollten. Es stank bald unappetitlich aus den Öffnungen. Irgendwann kam wohl auch Ärger mit Ungeziefer hinzu, so genau wollte man das als Hausbewohner schon gar nicht mehr wissen. Spätestens als die Mülltrennung obligatorisch wurde, war die Idee auch konzeptionell hinfällig. Man hätte verschiedene Müllschlucker nebeneinander gebraucht, für Restmüll, Biomüll, Leichtverpackungen und am besten auch noch für Glas und Altpapier. Aber da war der Müllschlucker in unserem Apartmenthaus schon längst zugeschweißt, zur Sicherheit war sogar ein Metallschild mit der Aufschrift «Nicht benutzen!» daran befestigt worden. Nun musste man seinen Abfall wieder zu Fuß in den im Keller gelegenen Müllraum tragen.

Im Kleinen beschreibt die Geschichte um den Sylter Müllschlucker eine Kurve, die man im Großen auch bei ganz anderen Technologien beobachten konnte. Kernkraftwerke zum Beispiel sind zwar noch nicht endgültig zugeschweißt worden, aber als reinen Segen begreift sie niemand mehr. Mein Buch aus den Siebzigern hatte für das Jahr 2000 eine Transrapid-ähnliche Hochgeschwindigkeitsbahn eingeplant; auch da hat es bekanntlich Schwierigkeiten gegeben. Und was wurde eigentlich aus den verheißungsvollen Manganknollen der Tiefsee?

Auch die neuen Fußgängerzonen büßten irgendwann ihre moderne Aura ein, spätestens ab den achtziger Jahren galten sie sogar als Inbegriff westdeutscher Piefigkeit. Dabei waren sie ursprünglich in Visionen eingebunden, die ausdrücklich auf optimale Lebensqualität, ein Leben ohne Lebenskrisen, ausgerichtet waren. Die Zerstörungen des Kriegs hatten die Stadtplaner in Westdeutschland als Chance wahrgenommen, Pläne zu verwirklichen, die zum Teil bereits jahrzehntelang in ihren Schubläden bereitgelegen hatten. Als Ideal für den Aufbau diente die Idee der Stadtlandschaft, die darauf abzielte, den Gegensatz zwischen Stadt und Land zu überwinden. Die neuen Städte sollten gesünder, übersichtlicher und menschengerechter werden, maßgeblich war das Konzept einer aufgelockerten und klar gegliederten Stadt. Das hatte auch einen gesellschaftspolitischen Hintergrund: Die Ablehnung der geschlossenen Bauweise und die Forderung nach offenen Räumen wurden als Notwendigkeit im Zuge des demokratischen Neuanfangs verstanden.

Licht und frische Luft für alle Menschen statt enge Hinterhöfe und rußverhangene Horizonte. Das hatte etwas Verheißungsvolles, galten die Städte doch als Brutstätte vieler Probleme und als Hort eines krisenhaften, entfremdeten Lebens. Bedenkt man, wie menschenfeindlich die europäischen Städte einmal eingerichtet waren, ist das auch kein Wunder. Vor der Erfindung der modernen Kanalisation mussten sie zum Himmel gestunken haben. Es gab Sitzungen des britischen Parlaments, die abgebrochen werden mussten, weil es von der nahegelegenen Themse her zu sehr nach Fäkalien stank. Ströme, die durch Großstädte flossen, dienten als Abwasserkanäle. Und mit der Industrialisierung begannen die Städte auch noch vehement zu wachsen. Beengte Wohnverhältnisse, Kohleheizungen, Industrieanlagen direkt neben oder sogar mitten in Wohngebieten. Vom Berliner Zeichner Heinrich Zille ist der Satz überliefert: «Man kann mit einer Wohnung einen Menschen töten wie mit einer Axt.»

Die Fußgängerzonen, dachte ich als Jugendlicher, erschlagen dafür mit Langeweile. Historisch betrachtet ist dieser Gedanke natürlich sehr ungerecht. Fußgängerzonen waren, wie gesagt, zentraler Bestandteil der – nimmt man die alten, stinkenden Städte zum Maßstab – fortschrittlichen Konzepte von offenen Städten mit vielen Grünzonen und funktionaler Trennung zwischen Arbeits- und Wohnvierteln, mit Riegelbebauungen und großzügigen Verkehrsflächen. In der Weimarer Republik war all das noch ein linkes Projekt, das Bauhaus war ein wichtiger Impulsgeber. Nach dem Zweiten Weltkrieg wurden diese Ideen, verknüpft mit der Vorstellung einer umfassenden Amerikanisierung, gesellschaftlicher Mainstream. Und auch wenn heutzutage liebevoll restaurierte Jugendstilviertel als innerstädtische Wohnquartiere bevorzugt werden, würde man den stadtplanerischen Reformprojekten der Nachkriegszeit doch immer noch darin zustimmen, dass die Städte damals nicht nur wiederaufgebaut, sondern auch neu gestaltet werden mussten.

Es gab in den fünfziger Jahren also sehr redliche Ansätze, die Probleme der Menschen anzugehen und damit ihren

Lebenskrisen vorzubeugen; wie denn auch anders, in einer Demokratie? Gerade diese Ansätze standen programmatisch für das Ziel, die neue Bundesrepublik Deutschland zu einem modernen, demokratischen und weltoffenen Land zu machen. Und man muss zugeben: Genau damit hatte der neue Staat auch überwältigenden Erfolg.

Selbst der sonst so überaus nüchterne Gesellschaftshistoriker Hans-Ulrich Wehler wundert sich. Noch zu Beginn des fünften Bands seiner *Deutschen Gesellschaftsgeschichte* zählt er die drängenden sozialen Probleme unmittelbar nach dem Zweiten Weltkrieg auf: brutale Vertreibung und verzweifelte Flucht von vierzehn Millionen Menschen, Zerstörung zahlreicher Städte im Bombenkrieg, Massenevakuierung von sechs Millionen Stadtbewohnern, Trauer um nahezu zehn Millionen Tote. «Das erstaunlichste Phänomen» besteht für ihn nun darin, «dass die befürchtete Radikalisierung ausblieb – anders formuliert: dass die gesellschaftliche und innenpolitische Stabilisierung verblüffend schnell alle Risiken überwand». Alliierte Sachkenner, etwa die Presse- und Bildungsoffiziere vor Ort, hätten, so Wehler weiter, mit einer dreißigjährigen Gefahrenzone gerechnet, bis die Verhältnisse wieder einigermaßen geordnet und das Gift des Nationalsozialismus aus den Köpfen verschwunden sein würden. Aber: «Statt einem Horrorszenario beizuwohnen, konnte man bereits zehn Jahre nach dem Kriegsende die Bundesrepublik als gefestigtes, leistungsfähiges Gemeinwesen auf dem Weg nach oben beobachten.»

Nur hatte dieser Weg nach oben auch eine Schattenseite. Wehler hält fest, dass die «abgründigen Dimensionen des Zivilisationsbruchs», als den man den Holocaust verstehen muss, «nie wortwörtlich ‹bewältigt› werden» können, auch wenn das die Formel von der «Vergangenheitsbewältigung» suggeriere. Und da war noch etwas: So schnell und erfolgreich das Gemeinwesen der Bundesrepublik Deutschland nach dem Krieg eine Art Normalität herstellen konnte, so naiv stand es aus heutiger Sicht noch Lebenskrisen gegenüber. Individuelle Probleme, die sich nicht durch eine verbesserte Versorgung oder eine effizienter und angenehmer eingerichtete Lebenswelt in den Griff bekommen ließen, waren in der Tat nicht von Belang.

Und doch wurden in den Fünfzigern die Grundlagen für eine Veränderung gelegt. Neben dem Kampf *gegen* Lebenskrisen setzte eine Art kultureller Kampf *für* Lebenskrisen ein – dafür, sie nun endlich anzuerkennen. Dieser zweite Kampf, in vielem ein Ergebnis der Westbindung der Bundesrepublik, hatte gewichtige Folgen. Zusammen mit den Bemühungen der durch Gewalterfahrungen psychisch versehrten Kriegsteilnehmer sorgte er allmählich für eine vollkommen andere Situation.

Richtungsweisendes kam nach dem Krieg vor allem aus den USA: die Lässigkeit der G.I., Coca-Cola, der Rock 'n' Roll, die Jeans, das Fernsehen, Hollywood, die Vorortsiedlungen. Und so auch die entscheidenden Stichworte für einen neuen Umgang mit Lebenskrisen. Erste Vorstellungen von Traumata durch Gewalterfahrungen wurden, wie in Kapitel zwei beschrieben, entwickelt. Daneben richtete man die Aufmerksamkeit auf ein in seiner Bedeutung erst jetzt erkanntes Phänomen: den Stress, den man nun als eine sowohl die körperlichen Funktionen

(Adrenalinausschüttung) als auch das Bewusstsein tangierende Anstrengung verstand, die mit menschlichen Anpassungsleistungen an gesellschaftliche Veränderungen einhergeht. Das Wissen darum, dass eine Veränderung der Lebensumstände für einen Menschen Anstrengung bedeutet, musste sich erst allmählich durchsetzen.

Wichtig für die Anerkennung individueller Lebenskrisen war jedoch etwas noch Grundlegenderes: Lebenskrisen mussten vom Status befreit werden, in irgendeiner Weise Ausdruck eines psychischen Defizits oder gar einer Krankheit zu sein. Hierfür musste die Gesellschaft ein neues Bild der menschlichen Persönlichkeit zeichnen, das nicht mehr militärisch geprägt und auf Durchhaltefähigkeit ausgerichtet war. Wenn man so will: ein weicheres und auf Empathie beruhendes Bild.

Entscheidende Anstöße gab dabei Erik H. Erikson, ein inzwischen fast schon vergessener Held im Kampf für die Anerkennung von Lebenskrisen. Beinahe vergessen ist nur sein Name, seine Thesen und Begriffe sind es ganz und gar nicht. Der Psychoanalytiker ist das Paradebeispiel eines Theoretikers, dessen Denken so sehr zum Allgemeingut wurde, dass er als Persönlichkeit dahinter weitgehend verschwunden ist. Die Rede von der Identität einer Person, von der Suche nach dieser Identität und auch deren Krisen geht auf sein Werk *Childhood and Society* zurück, das Erikson 1950 veröffentlichte. Vorangegangen waren vielfältige psychologische und ethnologische Arbeiten, eine Zeitlang lebte er mit Sioux-Indianern zusammen. 1957 erschien die deutsche Übersetzung des Buchs, *Kindheit und Gesellschaft*. Auch heute so alltägliche Begriffe wie der des Urvertrauens, das ein Säugling entwickeln soll, und Vorläufer des Konzepts einer Midlife-Crisis gehen auf Erikson zurück.

Die Erfahrung, dass die eigene Identität für einen Menschen zum Problem werden kann, musste Erik H. Erikson selbst machen. Er wurde 1902 in Deutschland geboren, das «H.» ist seinem Namen bezieht sich auf den Stiefvater, einen jüdischen Kinderarzt, nach dem er Erik Homberger hieß, bevor er den Namen Erikson annahm. Seinen leiblichen Vater hat er nie kennengelernt. Schon 1933 emigrierte Erikson von Wien über Kopenhagen in die USA. Im Exil lernte er Anna Freud kennen, die die Lehren ihres Vaters in Hinblick auf die psychische Entwicklung von Kindern ausgebaut hatte, und unterzog sich bei ihr einer Psychoanalyse. Erikson selbst arbeitete in den USA unter anderem mit der Anthropologin Margaret Mead zusammen. 1939 wurde er amerikanischer Staatsbürger.

Seinen zeitweiligen Weltruhm verdankt Erikson vor allem einer Auftragsarbeit. 1950 wurde eine Gruppe US-amerikanischer Experten für Kinderentwicklung damit beauftragt, für eine Konferenz des Weißen Hauses eine Übersicht der aktuellen Theorien zur geistigen Gesundheit von Kindern vorzubereiten. Diese Expertengruppe fragte wiederum bei Erikson an, ob er zusammenfassen und erläutern könne, was er in *Kindheit und Gesellschaft* zu diesem Thema geschrieben hatte. Erikson sagte zu. Das Ergebnis war *Wachstum und Krisen der gesunden Persönlichkeit*, ein in der deutschen Übersetzung knapp siebzigseitiger Text, den man mit gutem Recht zu den folgenreichsten Aufsätzen der jüngeren Geistesgeschichte zählen kann. In unserem Zusammenhang sind vor allem die Thesen zur Identität interessant, die Erikson dort erläutert hat.

Eriksons Kerngedanke besteht darin, dass Lebenskrisen in der Entwicklung jedes Menschen nicht nur notwendig angelegt sind, sondern sich diese Entwicklung gerade *durch* und *in* diesen Krisen vollzieht, vom Säuglings- zum Erwachsenenalter und noch bis ins hohe Alter hinein. Nach der Pathologisierung von Lebenskrisen durch eine Psychiatrie, die sich gedanklich noch im Kriegszustand befand, kann man den Unterschied gar nicht stark genug machen: Für Erikson ist es gerade das Merkmal einer «gesunden Persönlichkeit», dass sie im Lauf ihrer Entwicklung «innere und äußere Konflikte» durchmacht, «aus denen sie immer wieder mit einem gestärkten Gefühl innerer Einheit, einem Zuwachs an Urteilskraft und der Fähigkeit hervorgeht, ihre Sache ‹gut zu machen›, und zwar gemäß den Standards derjenigen Umwelt, die für diesen Menschen bedeutsam ist».

Innere Konflikte und die damit verbundenen Krisen sind für Erikson also kein Ausdruck von charakterlichen Defiziten oder sonstigen Anomalien, sie sind vielmehr ganz normal. Mit diesem Gedanken, den Erikson in die Regierungsdiskussion eingespeist hat und der im Lauf der Jahre ins Allgemeinwissen eingesickert ist, hat dieser deutsche Emigrant, der eigentlich Künstler werden wollte, an die gepanzerten Vorstellungen von einem psychologischen Normzustand, dem Krisen fremd sind, einen Sprengsatz gelegt.

Erikson geht von einem «inneren Wachstum» aus, das er in acht Phasen unterteilt. Zuerst durchläuft jeder Mensch vier Kindheitsphasen, in der erst Urvertrauen, dann Autonomie (laufen lernen), Initiative und «Werksinn» erworben werden müssen. All diese Phasen stellen jeweils eine neue Herausforderung für das Kind dar: «Jedes Stadium wird zu einer Krise», schreibt Erikson, «weil das einsetzende Wachstum und Bewusstwerden einer wichtigen Teilfunktion Hand in Hand geht mit einer Verschiebung der Triebenergie und zugleich das Individuum in diesem Teil besonders verletzlich macht.» Die Identitätsbildung beschreibt Erikson von der Geburt an als ein psychisches Drama, das erst mit dem Tod sein Ende findet. Auf die vier Kindheitsphasen folgt die so wichtige Pubertätsphase, in der jeder Mensch seine «Ich-Identität» entwickelt. Darauf folgen zwei Erwachsenenphasen: Die erste richtet sich auf Berufsfindung und Familiengründung, die zweite ist die Familien- und Ehephase. Die achte und letzte Phase bezeichnet Erikson als «reifes Erwachsenenalter», in der es gilt, Weisheit zu erwerben und sich vor «Welt-Ekel» zu hüten.

Dieses Modell scheint heute in manchen Punkten überholt. Genau im Übergang zwischen zweiter Erwachsenenphase und reifem Erwachsenenalter wird in den Weiterentwicklungen dieser Theorie die Midlife-Crisis verortet werden, und überhaupt ist der genaue Zuschnitt der einzelnen Phasen Veränderungen unterworfen. Inzwischen unterteilen wir etwa das Erwachsenenalter anders und unterscheiden in der Altersphase zwischen den sogenannten Goldenen Jahren und der Pflegephase. Zudem haben sich die Lebensläufe so weit ausdifferenziert, dass manche Menschen sich auch noch mit fünfzig in der Phase der Berufsfindung und Familiengründung befinden – noch oder auch *wieder*, etwa nach einer Trennung, dem freiwilligen oder dem unfreiwilligen Abbruch der Karriere. Bei der Einteilung der Entwicklungsphasen erweist sich Erikson als Kind seiner Zeit: Er war stark am damals herrschenden Modell der Kleinfamilie orientiert.

Auch was seine Vorstellung von innerem Wachstum betrifft, war er seiner Zeit verhaftet. Dazu Erikson: «Man kann sagen, dass die Persönlichkeit in Abschnitten wächst, die durch die Bereitschaft des menschlichen Organismus vorherbestimmt sind, einen sich ausweitenden sozialen Horizont bewusst wahrzunehmen und handelnd zu erleben; einen Horizont, der mit dem nebelhaften Bild der Mutter anfängt und mit der Menschheit endet – oder doch mit jenem Ausschnitt der Menschheit, der für das spezielle Leben dieses Menschen zählt.» Diese Vorstellung eines sich stetig weitenden Horizonts leuchtet für die Kinder- und Jugendphasen auch heute noch ein, für die späteren Phasen nicht mehr. Inzwischen müsste das Modell auch Brüche und Umwege in der Biographie einbeziehen können. Eine gradlinige Entwicklung, vom Säugling bis ins hohe Alter – dieser Rahmen ist zu eng für heutige Patchwork-Lebensläufe.

Entscheidend ist jedoch Eriksons Grundidee, die eine neue Perspektive auf Lebenskrisen überhaupt eröffnet. Sein Aufsatz liest sich, zumal aus heutiger Sicht, wie ein prinzipielles, sich aus psychoanalytischen Begriffen speisendes, aber nicht auf diese beschränktes Plädoyer für die Anerkennung der zentralen Bedeutung von Lebenskrisen. Erikson liefert einen Rahmen, in dem individuelle Probleme von Belang sein können. Im Übrigen sprengt der Aufsatz auch jede Art von autoritärer Erziehung, jedenfalls in ihren rigiden Formen, wie sie in den fünfziger Jahren noch verbreitet waren. Zu einer Zeit, als in deutschen Schulen die körperliche Züchtigung noch gang und gäbe war – an

Grundschulen war sie tatsächlich noch bis 1970 weit verbreitet –, schreibt Erikson Sätze wie die folgenden: «Die Anwesenheit eines Säuglings übt eine ständige, hartnäckige Herrschaft über das äußere und innere Leben aller Mitglieder eines Haushalts aus. Und da diese Hausgenossen sich umstellen müssen, um sich seiner Gegenwart anzupassen, müssen auch sie als Individuen und als Gruppe wachsen. Man kann also sagen, dass ein Kind ebenso sehr seine Familie beherrscht und erzieht wie umgekehrt die Familie das Kind. Eine Familie kann kein Kind erziehen, ohne auch von ihm erzogen zu werden. Sein Heranwachsen besteht aus einer Serie von Herausforderungen an sie, seinen neu sich entwickelnden Möglichkeiten zu sozialer Interaktion dienstbar zu sein.»

Das sind Sätze, die bis in die Gegenwart mit ihren neuen Vätern und Müttern hineinreichen. Man erkennt, dass die Aufmerksamkeit für Lebenskrisen eine neue, intersubjektive Sicht auf das menschliche Miteinander bedingt.

Auch auf populärkulturellem Gebiet kamen die wichtigen Impulse aus den USA. Im Kino wurde der Vater-Sohn-Konflikt beliebt, ein gutes Vehikel, um Lebenskrisen zu behandeln. Söhne, die anders leben wollten als ihre Väter, aber nicht recht wussten, wie sie das genau anstellen sollten, stießen dabei auf Väter, die mühsam um ihre Autorität ringen mussten. Spätestens mit *Rebel Without a Cause* (deutscher Titel: *... denn sie wissen nicht, was sie tun*) standen Orientierungskrisen junger Erwachsener in der Populärkultur ganz oben auf der Agenda. Eine rasend schnelle – und dann durch einen Autounfall tragisch beendete – Weltkarriere wie die James Deans, der in diesem Film die Hauptrolle spielt, fußte darauf, dass er die Lebenskrisen junger Männer so glaubwürdig und ausdrucksstark darstellen konnte. Ein ganz neuer Typus des Helden entstand: Er war nicht mehr forsch, smart, draufgängerisch, sondern eher grüblerisch und verletzlich. Die Riege altbekannter Hollywoodstars wurde durch eine Gruppe junger Schauspieler aufgemischt, die sich in ihrem Spiel vor allem um Authentizität bemühten. Dabei setzten sie um, was sie nach der Methode des *Method Acting* gelernt hatten. Das Actor's Studio in New York, an dem man diese Methode lehrte, wurde schnell zur Legende. Der Kern dieser damals innovativen Schauspiellehre besteht darin, sich möglichst weitgehend mit der dargestellten Figur zu identifizieren, um sich so etwa ganz in ihre Lebenskrisen einfühlen zu können. Neben James Dean trat als Star eines solchen neuen Typs vor allem Marlon Brando hervor.

Ähnliche Veränderungen waren auch in der Literatur zu beobachten. 1951 erschien das Buch, das die literarischen Koordinaten auf Jahrzehnte verschieben sollte: *Der Fänger im Roggen* von J. D. Salinger.

Der Roman erzählt von einer Lebenskrise am Übergang von der Pubertät zum jungen Erwachsenenalter: Holden Caulfield, der Ich-Erzähler, muss das Internat, auf das ihn seine Eltern geschickt haben, wegen schlechter Schulnoten verlassen und schlägt sich, anstatt seinen Eltern davon zu erzählen, heimlich drei Tage lang als Ausreißer in New York durch. Der überragende Erfolg des Romans setzte bald ein: Zehn Millionen Exemplare wurden bis 1963 weltweit verkauft, inzwischen liegt die internationale Auflage bei etwa sechzig Millionen Büchern. Aber nicht nur an diesen beeindruckenden Zahlen lässt sich der Erfolg des Buchs ablesen. J. D. Salinger wurde zu einem Mythos der US-amerikanischen Gegenwartsliteratur, wozu er selbst dadurch beigetragen hat, dass er sich bis zu seinem Tod im Jahr 2010 beharrlich allen Foto-, Porträt- und Interviewanfragen verweigerte. Sein Roman setzte indes den Maßstab für das Identifikationsangebot, das Literatur bereitstellen kann: Jahrzehntelang haben sich unzählige Leser in diesem Buch wiedergefunden.

Es zeigt sich darin ein interessantes Paradox der modernen Populärkultur: Die Figur des Außenseiters wird mit dem *Fänger im Roggen* mehrheitsfähig. Holden Caulfield sieht sich selbst als *Outsider* an, er fühlt sich fremd in der Gesellschaft, die er beobachtet. Und er befindet sich auch objektiv auf einer Außenseiterposition oder droht zumindest, dort zu landen: Sein Verweis vom Internat ist durchaus als gesellschaftliches Scheitern zu verstehen. Nun stattete Salinger diese Außenseiterposition jedoch mit viel Legitimität und auch Kraft aus – das erst macht den zentralen Dreh des Romans aus, der wohl wesentlich zu seinem Erfolg beigetragen hat. Es ist der Außenseiter, der der Gesellschaft den Spiegel vorhält und ihr entgegenschleudern kann, verlogen, unecht und spießig zu sein.

Der *Fänger im Roggen* erzählt damit nicht nur von der Krise eines Außenseiters – sondern von einer Krise der Gesellschaft. Salinger nimmt die Lebenskrise seiner jungen Hauptfigur zum Anlass, die Welt der Erwachsenen grundsätzlich zu hinterfragen. Das englische «phony», das er seinem Ich-Erzähler in den Mund legt, war in den USA lange Zeit ein geflügeltes Wort. Die «crazy world», von der Humphrey Bogart in *Casablanca* spricht, ist in diesem Slang-Begriff zu literarischen Ehren gekommen. Überhaupt kann man den Roman als eine auf den aktuellen Stand der Umgangssprache gebrachte und etwas weiter ausgearbeitete Version des Satzes aus *Casablanca* verstehen.

Ich habe den *Fänger im Roggen* Anfang der Achtziger im Deutschunterricht zum ersten Mal aufgeschlagen. Wir sprachen über Ausschnitte der Übersetzung von Annemarie und Heinrich Böll. Damals las ich den Roman sofort als Generationenroman der Achtundsechziger – ich habe ihn wohl mit Theodor W. Adornos Diktum «Es gibt kein richtiges Leben im falschen» kurzgeschlossen, das ich ungefähr zur selben Zeit kennengelernt haben muss. Wie viel der Roman aber auch mit dem Zweiten Weltkrieg zu tun hat, ist mir erst allmählich klargeworden; es ist auf den ersten Blick auch nicht ersichtlich.

J. D. Salinger hat während des Kriegs als Soldat in Deutschland gekämpft, und es gibt viele Hinweise darauf, dass er dabei ein Trauma erlitt. Bei der Landung in der Normandie am D-Day gehörte er zu einer der ersten Einheiten, die an Land gingen. Im Hürtgenwald erlebte er eine der schlimmsten taktischen Niederlagen der Alliierten im Zweiten Weltkrieg. Und er war dabei, als das Konzentrationslager Dachau befreit wurde. Bereits die Kurzgeschichten, die er vor dem *Fänger im Roggen* geschrieben hat – unter dem Titel *Neun Erzählungen* sind sie dann gesammelt erschienen –, lassen sich als Suche nach einer literarischen Form verstehen, um die Kriegserlebnisse zu fassen. Salingers Geschichten erzählen von Gefühlskälte und Verunsicherung hinter der Fassade des angeblich Normalen, bei ihren männlichen Figuren sind Alkoholismus und nervöses Zittern die Regel. In der Erzählung *Ein idealer Tag für Bananenfische* erschießt sich ein Mann ohne jede Vorwarnung selbst. Brütendes Schweigen und plötzliche Ausbrüche – man fühlt sich an das Verhalten des deutschen Soldaten Richard R. aus dem zweiten Kapitel erinnert.

Die Umgebung der Figuren – mondäne New Yorker Wohnungen, Stadtvillen, Urlaubsorte in Florida und ein Kreuzfahrtschiff – steht in diesen Geschichten noch unangetastet und in sich ruhend da; nur dass die Figuren sich bereits seltsam fremd in ihr vorkommen. Für den *Fänger im Roggen* hat J. D. Salinger die Krisenbeschreibung radikalisiert: Die Fremdheit der Hauptfigur wird nicht mehr subtil inszeniert, sondern dient als Motor einer Philippika gegen die Einrichtung der Gesellschaft.

In einer Szene setzt sich Holden Caulfield etwa mit den Kriegserlebnissen seines älteren Bruders auseinander. In der eigenen Armee, so dessen grundlegende Erfahrung, «gibt es praktisch genauso viele Ärsche wie bei den Nazis». Holden zieht folgendes Fazit: «Ich schwör's euch, sollte jemals wieder Krieg sein, dann greifen sie mich am besten gleich raus und stellen mich vor ein Erschießungskommando.» Und etwas später heißt es: «Jedenfalls bin ich irgendwie froh, dass sie die Atombombe erfunden haben. Wenn je wieder Krieg ist, dann setz ich mich ganz oben drauf. Dazu melde ich mich freiwillig, das schwöre ich bei Gott.» Bis auf diese groteske Spitze treibt J. D. Salinger also die Beschreibung des Krisengefühls in der Nachkriegsgesellschaft.

Vom *Fänger im Roggen* aus lassen sich mit Blick auf Lebenskrisen zwei Linien nachzeichnen. Die erste führt zurück in die Geschichte der Literatur. Schließlich wäre es viel zu kurz gedacht, würde man die Außenseiterposition, die im Roman eher durch die Wahl des Ausdrucks, durch die Schilderung von Wahrnehmungen und Gedankenkombinationen markiert als einfach nur behauptet wird, allzu direkt aus den Weltkriegserfahrungen Salingers herleiten. Der *Fänger im Roggen* steht in einer breiten literarischen Traditionslinie, die gegenüber gesellschaftlichen und politischen Ereignissen ein Eigenrecht hat. Die Bedeutung literarischer Außenseiter und Lebenskrisler für den Kampf um die Anerkennung von Lebenskrisen ist gar nicht hoch genug einzuschätzen. Lebenskrisen sind nicht nur Symptome äußerer Krisen, es steckt auch etwas Aktives darin: Ich erzähle mir mein Leben und mein Verhältnis zur Welt als krisenhaft. Und diese Krisenbeschreibungen haben wiederum ihre eigene Geschichte.

Ich habe Holden Caulfield zum Beispiel immer als eine auf amerikanische Verhältnisse übertragene Variante des stets leicht kränklichen, gleichsam von Geburt an von einer Lebenskrise umschatteten Lübecker Kaufmannssohns Johann Buddenbrook, genannt Hanno, verstanden, wie ihn Thomas Mann in seinem berühmten ersten Roman beschreibt. Als habe Salinger, der Deutschland und die deutsche Literatur gut kannte, die *Buddenbrooks* mit dem Roman *Die Abenteuer des Huckleberry Finn* gekreuzt, in dem Mark Twain das klassische Muster einer aus der Ich-Perspektive erzählten Ausreißer- und Coming-of-Age-Geschichte in die Weltliteratur eingeführt hat.

Die alltägliche Sprache, die Odyssee eines Ausreißers

als Anlass für Alltagsabenteuer und Gesellschaftsschilderung – die Verknüpfungsmöglichkeiten zwischen dem *Fänger im Roggen* und *Huck Finn* liegen auf der Hand. Im Fall der *Buddenbrooks* sieht das anders aus: Der mondäne New Yorker Hintergrund Holden Caulfields hat mit der von Arbeitsethik und Triebunterdrückung geprägten Lübecker Kaufmannswelt Hanno Buddenbrooks gar nichts gemein. In einem Punkt aber treffen sich die beiden Figuren dann eben doch: in der gesteigerten Aufmerksamkeit für ihre Umwelt, die von dem Gefühl herrührt, in der Welt, in die man hineingeboren wurde, fremd zu sein. Sowohl Holden als auch Hanno nehmen die Künstlichkeit und Oberflächlichkeit der Erwachsenenwelt wahr, in die sie bald eintreten sollen. Was im *Fänger im Roggen* «phony» heißt, klingt in den *Buddenbrooks* so: «Aber der kleine Johann sah mehr, als er sehen sollte, und seine Augen, diese schüchternen, goldbraunen, bläulich umschatteten Augen beobachteten zu gut. Er sah nicht nur die sichere Liebenswürdigkeit, die sein Vater auf alle wirken ließ, er sah auch – sah es mit einem seltsamen, quälenden Scharfblick –, wie furchtbar schwer sie zu machen war, wie sein Vater nach jeder Visite wortkarger und bleicher, mit geschlossenen Augen, deren Lider sich gerötet hatten, in der Wagenecke lehnte, und Entsetzen im Herzen erlebte er es, dass auf der Schwelle des nächsten Hauses eine Maske über ebendieses Gesicht glitt, immer aufs Neue eine plötzliche Elastizität in die Bewegungen ebendieses ermüdeten Körpers kam …»

Die Welt des Vaters wird offenbar nur mit Mühe aufrechterhalten und ist durch gesellschaftliche Zwänge bestimmt. Der Außenseiter Hanno kann das Künstliche daran sehen und lehnt es für sich ab. Holden steht in derselben Linie: Auch er beobachtet zu genau, auch er sieht mehr, als er sehen soll. Nur drückt er seine Abneigung bösartiger, abständiger, rotziger aus. Seine Wahrnehmungen und auch seine Sprache sind wie mit einem Schutzpanzer überzogen. Und erzählt wird nicht mehr nur aus der Außenperspektive, der Erzähler ist in Holden gleich ganz hineingeschlüpft und schildert die Welt der Erwachsenen mit seinen Augen.

Manchmal denke ich: Vielleicht hätte Hanno Buddenbrook, hätte er den *Fänger im Roggen* gelesen, nicht an Typhus sterben müssen. Dieser Tod wird von Thomas Mann klar mit seinen Krisenwahrnehmungen verknüpft: Hanno entscheidet sich in der Tiefe seines Unbewussten gegen ein Leben, wie es der Vater führt. Hätte er Holden kennengelernt und sich wie er erst einmal in eine Antihaltung gerettet, wer weiß: Vielleicht hätte er Gleichgesinnte gefunden. Fühlt man sich im eigenen Außenseitertum von anderen Menschen wahrgenommen und akzeptiert, sieht auch die eigene Lebenskrise schon ganz anders aus.

Hier liegt die zweite Linie, die man vom *Fänger im Roggen* aus ziehen kann: Sie führt in die reale Lebenswelt der Jugendlichen in der damaligen Zeit. Der hintergründige Kampf um die Anerkennung von Lebenskrisen beschränkte sich schließlich nicht auf psychologische Theorien und popkulturelle Neuerungen. Und er ging auch über den Kampf der Kriegsversehrten, den ich im zweiten Kapitel beschrieben habe, hinaus. Vielfältig verknüpft waren die entscheidenden Verschiebungen in den fünfziger Jahren – die Würdigung der Bedeutung psychischer Krisen für die Entwicklung der menschlichen Persönlichkeit, der sich verschärfende Generationenkonflikt, die Kritik an der gesellschaftlichen Normalität, die Aufwertung der Außenseiterperspektive – mit Änderungen im Verhalten der Jugendlichen, die die Spielregeln der Übergangsphase zwischen Jugendlichkeit und jungem Erwachsenenalter radikal umkrempeln sollten.

Vieles kam dabei zusammen. In den USA war etwa bereits in den zwanziger Jahren das sogenannte *Dating System* entwickelt worden. Junge Menschen, die sich zuvor nur unter Aufsicht der Eltern oder deren Agenten wie Tanten, Pastoren, Brüder oder Nachbarn treffen konnten, auf Familienfesten, während des Gottesdienstes oder auf Tanzfesten der Gemeinde, hatten sich unbeaufsichtigte Orte erkämpft, an denen nach den neuesten Musikstilen getanzt wurde. Die neue Musik wurde wiederum in großem Maßstab medialisiert. Radiosender wurden gegründet, Plattenstudios entstanden. Die allmähliche Liberalisierung der Sexualität kam hinzu. Um es abzukürzen: Die Pubertät nach heutigem Verständnis nahm Gestalt an und verbreitete sich rasend schnell in den Industriestaaten der westlichen Welt.

Dabei hat sie, unter anderem, so ziemlich alle Rahmenbedingungen, die bislang für Lebenskrisen galten, über den Haufen geworfen. Die Pubertät wirkte wie ein Brandbeschleuniger, materielle und theoretische Entwicklungen griffen dabei ineinander. Die entwicklungspsychologischen Thesen von Erik H. Erikson lieferten die Erklärung: Es handelte sich im Fall der Pubertät um eine für den Aufbau der gesunden Ich-Persönlichkeit notwendige Identitätskrise. Die in den Wohnzimmern aufflammenden Diskussionen führten dazu, dass Eriksons Thesen populär wurden: Die Eltern wollten ihre Kinder verstehen und griffen nach jedem gedanklichen Strohhalm. Zwar brauchten viele Erzieher, Pastoren und Familienpolitiker noch lange, um es einzusehen, aber die Pubertät wurde damals zur ersten Lebenskrise überhaupt, die gewissermaßen obligatorisch war und nicht länger gerechtfertigt werden musste.

Der *Fänger im Roggen* verlieh dem Aufbegehren gegen die Erwachsenenwelt, das mit der Pubertät einherging, Legitimität. Jugendlichen Lesern wurden die Gründe, warum sie so skeptisch auf die Welt der Älteren schauten – warum sie ihnen so *phony* vorkam –, im Buch vor Augen geführt. Am griffigsten hat es der amerikanische Literaturkritiker Louis Menand ausgedrückt: Der «*Fänger im Roggen*», sagte er, «gives reason to chemistry» – er versorgt die, wie man inzwischen längst weiß, teilweise schlicht hormonell bedingten Verhaltensmuster der Jugendlichen mit einem gedanklichen Überbau.

Psychologen wie Erik H. Erikson und Schriftsteller wie J. D. Salinger bereiteten den Boden, und Millionen von Jugendlichen in der ganzen (westlichen) Welt tanzten darauf, pflegten ihre Sinn- und Identitätskrisen, lernten, sich als Außenseiter zu begreifen, und ließen sich von Älteren nichts mehr sagen. Mit der Pubertät sind Lebenskrisen in der Mitte der Gesellschaft angekommen. Wahrscheinlich fühlte sich von da an merkwürdig und irgendwie ausgegrenzt, wer bei sich *keine* pubertären Krisensymptome feststellen konnte.

Lange Zeit versuchte man noch, die Jugendlichen mit repressiven Maßnahmen unter Kontrolle zu halten. Das gelang immer weniger, und stattdessen geschah unmerklich etwas anderes: Die Gesellschaft selbst öffnete sich. Ein eingehenderes Verständnis für die psychischen Entwicklungsstadien des Menschen begann sich durchzusetzen; Jugendlichen wurden neue Handlungsmöglichkeiten eröffnet, Freiräume für Lebensexperimente wurden geschaffen; schließlich mussten Eltern mehr oder minder schmerzhaft einsehen, dass eine Lebenskrise wie die Pubertät nicht endgültig gelöst werden kann, sondern von jedem einzelnen Jugendlichen, mal mehr, mal weniger intensiv, durchlebt und ausgehalten werden muss.

Fast möchte man sagen: Die Lebenskrisen hatten den Kampf gewonnen.

Kapitel 5

Lebenskrisen, Revolution, Protest (I)

Anfang der Siebziger stellt Jürgen Habermas – während er längst auf dem Weg ist, über die akademischen Kreise hinaus zum Starphilosophen und intellektuellen Leitstern der Bundesrepublik Deutschland aufzusteigen – eine interessante Frage. Sie wird für seine Theoriebildung noch wichtig werden, aber nicht nur das. Sie trifft auch einen Nerv der Zeit. Habermas fragt: «Was heißt heute Krise?»

Die Betonung liegt dabei auf dem «heute». Es zeigt Dringlichkeit an. Etwas hat sich tiefgreifend verändert. Der bisherige Begriff von Krise reicht nicht mehr aus, wenn man über die Gegenwart nachdenken will, so wie es sich Jürgen Habermas vorgenommen hat und mit ihm eine ganze Generation von Philosophie- und Soziologiestudenten, für die «Gesellschaft» zum zentralen Bezugspunkt des Denkens geworden ist. Ein begriffliches Update ist notwendig.

Es ist viel geschehen. Stabilität, Normalität, das waren die Leitbegriffe der Nachkriegszeit. Jetzt haben sie ausgedient, nicht nur für die Studenten, sondern auch für die Mehrheit der Bevölkerung. Gesellschaftlicher Aufbruch, mehr Demokratie wagen, so lauten jetzt die Schlagworte.

Mit Willy Brandt steht zum ersten Mal ein Sozialdemokrat an der Spitze der Bundesrepublik Deutschland, als Jürgen Habermas seine Frage stellt. Zuvor sind die Jahre 1967 und 1968 über die Bundesrepublik hinweggerauscht, die heroischen Jahre des Protests. Die antiautoritäre Bewegung ist entstanden. Von Revolution war ernsthaft die Rede, während der großen Unruhen im Mai 1968 in Paris, aber auch auf den Titelblättern der großen deutschen Zeitungen und Zeitschriften. Zugleich hat sich die Mode geändert, das Freizeitverhalten, das Selbstverständnis der Menschen. Man hat mit Bewusstseinserweiterung, Haar- und Rocklängen und sexueller Befreiung experimentiert, immer größere Teile der Bevölkerung haben die Veränderungen aufgegriffen. Rock- und Popmusik sind vom Freizeitvergnügen zu bestimmenden Sozialisationsinstanzen aufgestiegen, die dabei helfen, sich von den Eltern und anderen Älteren abzugrenzen. Im Zweifel glaubt man eher den Sängern der angesagten Bands als den eigenen Lehrern und Erzeugern (Letzteren glaubt man sowieso gar nichts in dieser Zeit). Die Doors fordern dazu auf, zur anderen Seite durchzubrechen – *Break on Through (To the Other Side)* –, wo auch immer sich diese andere Seite befinden soll.

Aufbruchszeit also. Dabei wird soziologisches Wissen in die Gesellschaft gepumpt. In ihren Seminaren lernen die Studenten, dass Individualität gesellschaftlich hergestellt wird, und sie tragen dieses Wissen in die Welt hinaus. Daneben diskutieren sie über Utopien, darüber, wie ein ganz anderes Leben möglich wäre, ohne Ausbeutung und ohne Entfremdung.

Ein Leben ohne Krisen, das scheint jetzt zumindest

denkbar – wenn, ja wenn sich nur die Gesellschaft grundlegend ändern würde. Populär wird Karl Marx' Vorstellung vom «Reich der Freiheit», das erst da beginnt, «wo das Arbeiten, das durch Not und äußere Zweckmäßigkeit bestimmt ist, aufhört». Arbeiten, das war die Selbsttherapie der fünfziger Jahre. Jetzt will man mehr: Sex, Selbstbestimmung, Lebenssinn. Gern beruft man sich auch auf jene handfeste Beschreibung einer befreiten Gesellschaft, in der es jedem Menschen möglich sein soll, noch einmal Marx, «heute dies, morgen jenes zu tun, morgens zu jagen, nachmittags zu fischen, abends Viehzucht zu treiben, nach dem Essen zu kritisieren, wie ich gerade Lust habe, ohne je Jäger, Fischer, Hirte oder Kritiker zu werden». So ein Leben ohne Arbeitsteilung, Identitätszwang und falsche Bedürfnisse – ohne bürgerliche Zwänge also – hat etwas Verheißungsvolles. Der Mythos des Musikfestivals in Woodstock 1969 etwa gründet vor allem darauf, dass man in ihm den Vorschein einer solchen befreiten Gesellschaft zu erkennen glaubt. Er wirkt bis heute: Auf Woodstock und die Vorstellungen, die damit verbunden werden – Gemeinschaft, Glück, Leben im Hier und Jetzt –, wird jeder Nachgeborene neidisch sein.

Es hat aber auch schon einen schweren Aufbruchskater gegeben, enttäuschte Erwartungen. Der Student Benno Ohnesorg ist 1967 auf einer Demonstration gegen den Besuch des Schahs von Persien in Berlin erschossen worden. Der Studentenführer Rudi Dutschke wurde ein paar Monate später von drei Kugeln lebensgefährlich getroffen, er wird 1979 an den Spätfolgen sterben. Theodor W. Adorno, der große intellektuelle Stichwortgeber der Studentenbewegung, ist an einem Herzinfarkt gestorben.

Andreas Baader, Gudrun Ensslin und Ulrike Meinhof haben sich auf den Weg in den Terrorismus gemacht. Die deutschen Sicherheitsbehörden geben bereitwillig den Gegenpart. Fieberhaft werden sie modernisiert. Eine Eskalationsspirale setzt ein, die bis zur Entführung der Lufthansa-Maschine Landshut und der Ermordung von Hanns Martin Schleyer, Vorsitzender des Bundesverbands der Deutschen Industrie, im sogenannten Deutschen Herbst 1977 führen wird.

Das also ist die Zeit, in der die Krise zum zentralen Kampfbegriff aufsteigt und dabei zu schillern beginnt. Bereits mit den Studentenunruhen ist er ins Zentrum der Debatten gerückt. Dass sich die kapitalistische Gesellschaft in einer schweren Krise befinde, ist eine der Hauptthesen der rebellierenden Studenten. Sie dient ihnen zur Legitimation der Proteste, neben der Forderung nach Aufarbeitung des Nationalsozialismus und der Kritik an personellen Kontinuitäten zwischen Nazizeit und damaliger Gegenwart.

Zugleich aber muss umgekehrt die Rede von der gesellschaftlichen Krise legitimiert werden. Sie ist in diesen Jahren der Vollbeschäftigung schließlich keineswegs offensichtlich: Wirtschaftswunder, einsetzende Bildungsreform, neue Aufstiegschancen – bei den Arbeitern bekommen die Studenten mit ihren Revolutionshoffnungen eine Abfuhr.

Genau an diesem Punkt werden Philosophen wie Theodor W. Adorno und Max Horkheimer interessant. Theoreme wie die des «falschen Bewusstseins» sollen erklären, warum die Mehrheit der Bevölkerung in den Augen der studentischen Gesellschaftstheoretiker gegen ihre eigenen Interessen handelt. Gedankenfiguren werden entwickelt, die suggerieren, man müsse den herrschenden Verhältnissen gleichsam die Maske herunterreißen, die angebliche Normalität entlarven, um die Wahrheit der Krise dahinter zum Vorschein zu bringen.

Ob man von einer gesellschaftlichen Krise ausgeht oder nicht, ist in diesen Jahren eine hochpolitische Frage. Jedes Krisenszenario wird eingebunden in ein komplexes politisches Gesamtbild. Linke und Linksradikale haben ein paar Jahre lang nichts anderes mehr vor Augen als die Krise der Gesellschaft. Auf der konservativen Seite gibt es zwei Lager. Die Anhänger des einen bewerten bereits die Idee, die Bundesrepublik könne sich in einer Krise befinden, als ungehörig und aufrührerisch. Im Gegenteil neigen sie zur Ansicht, die Studenten würden sich nicht an die gesellschaftlichen Spielregeln halten und eine Krise zuallererst herbeireden. Die Anhänger des zweiten Lagers gehen einen Schritt weiter. Sie erkennen durchaus eine Krise der Gegenwart, aber ganz anderer Art als die der Studenten. Für sie ist das Auftreten der rebellierenden jungen Erwachsenen ein Anzeichen für den Verfall tradierter Sitten, die den Menschen bislang Halt gegeben haben. Sie begreifen den Menschen im Allgemeinen als in einer Krise befindlich, weil er sich von Kirche, Vaterland und Familie abgewendet hat.

Mit dem Aufstieg des Krisenbegriffs, das ist dabei entscheidend, rücken die Probleme der Menschen in den Mittelpunkt der Aufmerksamkeit – allerdings nur in ihrem gesellschaftlichen Zusammenhang. Die Protagonisten der Studentenunruhen folgen im Wesentlichen dem Muster eines Kampfs *gegen* Lebenskrisen, wobei sie davon ausgehen, dass diese sich in Wohlgefallen auflösen würden, sobald die gesellschaftlichen Verhältnisse erst einmal von Grund auf neu gestaltet sind. Bemühungen um die Anerkennung von Lebenskrisen, wie sie etwa von Erik H. Erikson ausgegangen sind, stoßen bei den harten Politkadern dagegen auf wenig Verständnis. Psychologie gilt ihnen als Trick des Klassenfeinds, der von den wahren Problemen der Gesellschaft ablenken will, oder einfach nur als «bürgerliche Kacke» (so hat sich, zugegeben, erst während meines Studiums in den achtziger Jahren ein Übriggebliebener der noch vorhandenen K-Gruppen über Psychologie geäußert; ich glaube, eine solche Abwertung hätte auch aus dem Jahr 1968 stammen können).

In den philosophischen Seminaren der Kritischen Theorie in Frankfurt wird immerhin versucht, Freud und Marx zusammenzudenken. Die zunehmende Vergesellschaftung des Menschen und Imperative wie die Forderung nach Profitmaximierung und Effizienzsteigerung, die bis in die letzten Winkel des Bewusstseins kriechen, gelten hier als Auslöser von Lebenskrisen.

Trotz alldem haben die Jahre der Studentenproteste und des Aufbruchs den aufgeklärten Umgang mit Lebenskrisen natürlich vorangebracht. Entscheidende Weichenstellungen fallen in diese Zeit. Auch wenn ich keineswegs glaube, dass man durch den Hinweis auf gesellschaftliche Verhältnisse alles erklären kann: Auf die naive Idee, jeder sei für seine Krisen ausschließlich selbst verantwortlich, darf man seitdem nicht mehr zurückfallen. Dass gesellschaftliche und sozialpsychologische Tatsachen zu beachten sind, wenn man sich und seine Krisen verstehen will, ist seit 1968 klar, und das ist gut so. Außerdem wurde in dieser Zeit Freud letztlich dann doch als – wenn auch noch umkämpfter – Klassiker des menschlichen Selbstverständnisses etabliert.

Leicht hatte es derjenige, der in diesen Jahren eine Lebenskrise durchzustehen hatte, sicherlich dennoch nicht. Ich denke sogar, dass man sich mit einer Krise gerade in dieser Zeit sehr einsam vorgekommen sein muss.

In seinem längeren Essay *Erfahrungshunger*, einem 1980 erschienenen, viel zu wenig beachteten Klassiker der bundesrepublikanischen Bewusstseinsgeschichte, befasst sich der Autor Michael Rutschky mit den Lebenskrisen der späten sechziger und siebziger Jahre. Unter anderem erzählt er eine sehr aufschlussreiche Geschichte.

R. studiert Soziologie, und er hat während des Studiums große Schwierigkeiten: «Irgendetwas lähmt ihn, wenn er ein Buch liest; die Lähmung wird stärker, wenn er eine Seminararbeit zu schreiben hat: Dann fühlt er den Stoff als ein riesiges Gebirge, das nicht von der Stelle zu bringen ist, von dem er immer nur kleine Brocken herumtragen kann; am schlimmsten aber wird es, wenn er die Arbeit im Seminar vortragen muss: dann spricht er, am ganzen Körper schwitzend, so leise und stockend, dass alle unruhig werden – vor allem wird es der Professor.»

Lampenfieber, Hemmungen bis hin zur Blockade, Versagensängste: psychische Probleme, die sich im Lauf des Studiums schnell zu einer handfesten Krise auswachsen können. Bekommt man sie nicht in den Griff, droht das Scheitern auf ganzer Linie, steht der bisherige Lebensplan komplett in Frage. Es kann gut sein, dass man sich mit der Aussicht konfrontieren muss, nicht nur sich selbst, sondern auch die Eltern gründlich zu enttäuschen. R. diskutiert seine Schwierigkeiten, so erzählt Rutschky weiter, mit den Mitgliedern seiner WG, die sich, wir sind schließlich noch im Jahr 1968, Kommune nennt. Anstatt dass sich diese nun aber mit seinen konkreten Problemen auseinandersetzen, wird R. gehörig der Kopf gewaschen: Es seien die verinnerlichten «bürgerlichen Normen», so bekommt er zu hören, die ihn davon abhalten würden, «seine Biographie als Reflex der gesellschaftlichen Verhältnisse zu erkennen». Er nehme «seine Schweißausbrüche im Seminar wahr, statt das Seminar zu verstehen als eine der Agenturen, über die der Mechanismus der bürgerlichen Konkurrenz vermittelt wird».

Die eigenen Krisensymptome als Reflex der gesellschaftlichen Verhältnisse. Genau das meine ich mit «sich einsam vorkommen». Was konkret in R. vorgeht, interessiert niemanden. Stattdessen wird sein Verhalten sofort eingeordnet, bewertet und letztlich delegitimiert. R.s Gesprächspartner wissen von vornherein Bescheid und verkünden ihr Wissen mit unerschütterlichem Selbstbewusstsein. Man wirft ihm «falsches Bewusstsein» vor.

Auch als Nachgeborener kann ich mir gut vorstellen, wie solche WG-Diskussionen abgelaufen sein mögen. Es gab während meiner Unizeit in den achtziger Jahren durchaus noch Nachzügler solcher Debatten. Wie einige Mitglieder der Gruppe sich geradezu gefreut haben werden, ihr angelesenes soziologisches Grundwissen anbringen zu können. Wie man argumentativ Unterlegenen wie R. das Gefühl vermittelt hat, nicht auf der Höhe des Diskussionsstands zu sein. Wie Mitbewohner bestimmte Rollen ausagiert haben: Möglicherweise gab es zwei Anführer oder auch Anführerinnen, die sich in der Härte ihrer Argumentation

überbieten wollten, um jeweils die Alpha-Position zu erstreiten. Die erste Führungsriege der Grünen, Petra Kelly,
Joschka Fischer, Jutta Ditfurth, ist, denke ich mir, aus späteren, sicher noch ähnlichen Debatten geradezu gestählt
hervorgegangen. Vielleicht werden auch typische Oppor-
tunisten am Tisch gesessen haben, Menschen, die erst
erspüren, woher der Wind weht, um sich dann umso ent-
schlossener der hegemonialen Meinung anzuschließen.

Und es gab Menschen wie den Studenten R. – Menschen, die Probleme hatten. Die vielleicht in eine Krise
rutschten. Und denen nun vom kollektiven Gruppen-
Über-Ich auch noch ein schlechtes Gewissen eingeredet
wurde. Sowohl der Gruppendruck als auch der Bekennt-
niszwang müssen 1968 unglaublich groß gewesen sein. In
solchen im Grunde harmlosen Gesprächssituationen – als
Material für die Geschichte um den Studenten R. dienten
Michael Rutschky übrigens Selbstaussagen des späteren
RAF-Terroristen Jan-Carl Raspe – zeigt sich auch schon
die Neigung zu Sektiererei und zur Bildung immer neuer
Gruppierungen, die nach 1968 die deutsche Linke bestimmt hat. Bist du für uns oder gegen uns? Wenn du
deine Schweißausbrüche nicht als Ausdruck deiner bürgerlichen Sozialisation erkennen kannst, gehörst du nicht
zu uns! Es ging wohl meistens vor allem darum, die eigene Meinung durchzudrücken. In Gerd Koenens Buch
Das rote Jahrzehnt kann man gut nachlesen, was daraus
jenseits solcher WG-Gespräche im Großen und Ganzen
folgte: ständig neue Fraktionen, gegenseitige Verratsvor-
würfe, Ausschließungsverfahren – und immer wieder die
Frage, ob der jeweilige Standpunkt nun Teil der Lösung
oder Teil des Problems sei.

Doch kehren wir noch einmal zu R. und seiner drohenden oder bereits akuten Unikrise zurück. Keineswegs besteht das Problem in der Kommune darin, dass über die gesellschaftlichen Hintergründe der individuellen Schwierigkeiten gesprochen wird – natürlich nicht. Das Problem besteht vielmehr darin, dass man in der WG offensichtlich glaubt, mit der Entlarvung der gesellschaftlichen Verhältnisse und ihren Auswirkungen sei die Arbeit bereits getan. Dabei fängt sie doch hier erst an! Sollte man nicht versuchen, R. aufzuzeigen, wie er mit seinen Symptomen umgehen und der Krise entgehen könnte? Das Gespräch aus *Erfahrungshunger* kann durchaus als Beispiel für die vielen, vielen endlosen Debatten der damaligen Zeit dienen. Die großen Erzählungen von der Überwindung der bürgerlichen Gesellschaft haben individuelle Krisengeschichten einfach geschluckt.

«Die Kommune», so Rutschky, «ist nicht der Versuch einer kleinen Gruppe, ihren Mitgliedern – diesen namentlichen Mitgliedern – das Leben zu erleichtern, dem Studenten R. zum Beispiel die Konfrontation mit dem Seminarpublikum und dem Professor.» Stattdessen herrsche eine «Sehnsucht nach dem Schematismus» vor. «Man kann sagen: Klassenkampf des Proletariats wurde zum Leitbegriff eines Interpretationsschemas, in dem viele unterzukommen, das viele in ihrem Verhalten zu praktizieren, dem sie ihre Lebensgeschichte im Nachhinein unterzuordnen versuchten.» Die Erzählung über den Studenten R. zeigt, wie nahtlos diese Unterordnung vonstattenging. Das Argumentationsschema, so fasst Michael Rutschky zusammen, ließ keine Lücken «für Bewegungen der sozialen Realität, auf die es doch gerade ankommt». Und zwar gerade auch dann ankommt, kann man hinzufügen, wenn es um den Umgang mit individuellen Lebenskrisen geht. Wäre doch ganz schön, denkt man sich heute, würden die WG-Mitglieder R. nicht nur mit Gesellschaftsanalyse, sondern zum Beispiel auch mit Hinweisen auf Entspannungstechniken oder Selbsthilfegruppen versorgen. Als einzige Perspektive nennen sie R. – also Jan-Carl Raspe – die Zerstörung der bürgerlichen Konkurrenzmechanismen. Es wäre vermessen, von einem solchen Detail aus den Weg in den deutschen Terrorismus erklären zu wollen. Immerhin: In Diskussionen wie dieser wurden gangbare Alternativen jedenfalls nicht aufgezeigt.

Und andersherum? War es notwendig, dass Teile der deutschen Linken bis in den Terrorismus gingen und schließlich mit ihren Ansätzen, auch das Problem individueller Lebenskrisen radikal zu lösen, mit aller Gewalt scheiterten, damit Lebenskrisen aus sich selbst heraus und jeweils dem Einzelfall angemessen besprochen werden konnten? Nein, das glaube ich nicht. Und was Entspannungstechniken und Selbsthilfegruppen betrifft – Hilfsmittel, die heute fast schon selbstverständlich mit Achtundsechzig verbunden werden –, so muss man sich klarmachen, dass sie sich erst in den siebziger Jahren auf breiter Front durchgesetzt haben, nicht zuletzt oft gegen den erbitterten Widerstand von Achtundsechzigern der ersten Stunde, die darin nur Entpolitisierung und kompromisslerisches Abfinden mit den Verhältnissen sehen wollten.

So weit also der Zeithorizont, vor dem Jürgen Habermas seine Frage stellt. *Was heißt heute Krise?* lautet der Titel seines Aufsatzes, den er in der Intellektuellenzeitschrift *Merkur* veröffentlicht. Untertitel: *Legitimationsprobleme im Spätkapitalismus*. Ein sehr akademischer Text, der sich in Teilen wie das Diskussionsprotokoll eines philosophischen Oberseminars liest, aber er fasst vieles zusammen. Schon zu Beginn dieses hinsichtlich Lebenskrisen so bewegten wie seltsamen Jahrzehnts gibt der Aufsatz die Richtung vor, in die sich alles entwickeln wird.

Bevor sich Habermas jedoch an ein Update des Krisenbegriffs macht, klärt er, was bis dahin «Krise» hieß. Eine gute Gelegenheit, die Geschichte des Begriffs einzuholen.

Grundlegend ist der medizinische Begriff der Krise, sein Gebrauch reicht bis in das alte Griechenland zurück. Ihn erwähnt Habermas daher auch als Erstes. Eine Krise in diesem Sinn bezeichnet eine Entscheidungssituation, sie stellt jenen Moment eines Krankheitsverlaufs dar, in dem es, so Habermas, «auf Leben und Tod geht». Interessant ist dabei das Verhältnis von objektivem Krankheitsverlauf und subjektivem Empfinden des Patienten. Die Abweichung des Organismus von seinem Sollzustand, dem Gesundsein, «kann beobachtet und notfalls anhand von Indikatoren gemessen werden», das subjektive Empfinden dagegen ist zunächst einmal nur ein Symptom unter anderen. «Dennoch würden wir», hält Habermas fest, «sobald es medizinisch um Leben und Tod geht, nicht von einer Krise sprechen, wenn der Patient nicht in diesen Vorgang mit seiner ganzen Subjektivität verstrickt wäre.» Entscheidend ist das Gefühl des Kranken, vollkommen ausgeliefert zu sein. Er erfährt sich der Krankheit gegenüber zur Ohnmacht verurteilt. Ihm ist zeitweise die Möglichkeit genommen, «ein Subjekt im vollen Besitz seiner

Kräfte zu sein», und erst «die Lösung der Krise bringt für das verstrickte Subjekt eine Befreiung».

Schon in den wenigen Anmerkungen wird deutlich, wie wichtig dieser Bedeutungshintergrund bis heute ist. Eine Entscheidungssituation, die subjektive Verstrickung, das Gefühl, ausgeliefert zu sein, die Lösung als Befreiung – all das schwingt unwillkürlich noch heute mit, wenn wir von einer Krise reden. Man erkennt aber auch, dass wir uns im alltäglichen Gebrauch oft nicht an eine trennscharfe Begriffsbestimmung halten. Zum Beispiel sprechen wir nicht nur in Entscheidungssituationen, sondern oft schon bei ungünstigen Entwicklungen von einer Krise. Der Historiker Reinhart Koselleck, der den Begriff der Krise minuziös durch die Jahrhunderte hindurch verfolgt hat, beklagt denn auch rundheraus einen inflationären Gebrauch und eine Verwässerung des Begriffs. In seinem Aufsatz *Einige Fragen an die Begriffsgeschichte von «Krise»* attestiert er uns Heutigen eine «diffuse Redeweise». Da ist sicher etwas dran.

Man kann sich aber auch fragen, was den Krisenbegriff für die aktuellen Debatten so attraktiv macht. Offenbar ist das Moment einer Entscheidungssituation so tief darin eingelassen, dass man ihn nur aufrufen muss, um sofort ein ganzes Arsenal an alarmierenden Vorstellungen mit anklingen zu lassen: Es geht um Leben und Tod! Maßnahmen müssen getroffen werden! Hier und jetzt kommt es darauf an, das Richtige zu tun! Derart gewichtige Feststellungen und Forderungen, die wie von selbst ein Ausrufezeichen nach sich ziehen, werden automatisch mitgesagt, wenn von einer Krise die Rede ist. Dass wir so oft von Krisen sprechen, muss also gar nicht heißen, dass wir den alten, genauer bestimmten medizinischen Begriff vergessen haben. Eher könnte man denken, dass wir ihn allzu gut beherrschen und auf alles Mögliche anwenden. Man weiß eben, wie unmittelbar der Begriff als Alarmsignal funktioniert (selbst wenn sich drei Viertel aller ausgerufenen Krisen hinterher als unbedeutend herausstellen), und setzt ihn gezielt ein.

Im Anschluss referiert Habermas den Krisenbegriff der klassischen Ästhetik «von Aristoteles bis Hegel». Auf den ersten Blick wirkt das sehr bildungsbürgerlich. Tatsächlich aber hat gerade die Dramentheorie viel und folgenreich über Krisen nachgedacht. Krise meint hier ebenfalls einen Wendepunkt, diesmal in Form eines schicksalhaften Prozesses. Wichtig ist dabei, dass die Katastrophe nicht von außen über den Helden hereinbricht, sondern vielmehr in der «Struktur des Handlungssystems und in den Persönlichkeitssystemen der Helden selbst angelegt» sein muss. Eine Krise in diesem Sinn steht also für einen fundamentalen Konflikt, und zwar einen, den man nicht einfach lösen, dem man aber auch nicht aus dem Weg gehen kann. Habermas: «Das Schicksal erfüllt sich in der Enthüllung widerstreitender Normen, an denen die Identität der Beteiligten zerbricht, wenn diese nicht ihrerseits die Kraft aufbringen, ihre Freiheit dadurch zurückzugewinnen, dass sie die mythische Gewalt des Schicksals zerbrechen.»

Nun sind die Zeiten der klassischen Tragödie lange vorbei. Wer heutzutage pathetisch von Helden und Schicksal spricht, läuft Gefahr, sich lächerlich zu machen. Und doch ist auch dieser dramatische Krisenbegriff, ohne dass es uns recht bewusst wäre, längst in unseren Alltag und unser Selbstverständnis eingewandert. Als großer Popularisierer wirkte Sigmund Freud: Um die frühkindlichen psychischen Dramen zu beschreiben, bezog er sich auf die griechische Tragödie. Am bekanntesten ist dabei wohl der Ödipuskonflikt, mit dem Freud die laut seiner Lehre für jedes Kleinkind ganz normale libidinöse Besetzung der Mutter und die Konkurrenzgefühle gegenüber dem Vater in einem Bild verdichtet hat. König Ödipus, der den Vater tötet und mit der Mutter schläft – mehr als diese Grundmotive kennt man kaum noch von Sophokles' Tragödie. Man weiß höchstens noch, dass Ödipus am Ende des Dramas blind durch die Welt läuft. Die beiden Grundmotive aber kennt wirklich jeder. Sigmund Freud konnte sich daher aus diesem allgemein geteilten Bilderfundus bedienen, als er die Krisen, die in den klassisch-antiken Theaterstücken für die großen Helden reserviert sind, auf jedermann übertrug.

Erik H. Erikson hat diese Übernahme des ästhetischen Krisenbegriffs in den Alltag noch ausgebaut. Das Kleinkind muss lernen, unabhängig zu sein, möchte aber auch noch Geborgenheit spüren und gehalten werden. Der Pubertierende versucht, sich selbst zu finden, muss sich dazu aber von seiner Herkunft lösen und vor allem von den Eltern abgrenzen. Was Erikson als die obligatorischen Konflikte der menschlichen Entwicklung beschreibt, ist dem dramatischen Krisenbegriff nachgebildet. Ein innerer Konflikt, an dem die eigene Identität zerbricht, was wiederum dazu antreibt, eine neue, weiter gefasste Identität aufzubauen: In gewisser Weise arbeiten in den heutigen Entwicklungskrisen immer noch die alten Griechen. (Und es wäre, am Rande notiert, wirklich interessant zu wissen, ob Chinesen, Inder oder Afrikaner, die mit einem komplett anderen geistesgeschichtlichen Hintergrund sozialisiert worden sind, auch komplett andere Lebenskrisen durchleben; aber das wäre ein Thema für ein eigenes Buch.)

Dringlichkeit verleiht dem Aufsatz *Was heißt heute Krise?* vor allem der dritte Krisenbegriff, auf den sich Habermas bezieht: der marxistische. Marx war, wie oben angedeutet, natürlich heiß in jenen Jahren. Nicht nur bei den Studenten und in den akademischen Zirkeln, etwa für die Vertreter der Kritischen Theorie, die mit Marx die deutsche idealistische Philosophie vom Kopf auf die Füße stellen wollten und als deren Fortführer sich Habermas sieht; nicht nur in den Intellektuellenkreisen New Yorks, wo die Marx-Lektüre zum Lifestyle des *Radical Chic* dazugehörte – sondern auch ganz konkret und umfassend im Ost-West-Konflikt, der die Welt in eine marxistische und eine nicht marxistische Hälfte teilte. Es konnte im alltäglichen Umfeld passieren, dass einem bei der bloßen Erwähnung bestimmter Ausdrücke wie «Kapitalismus» entgegengehalten wurde: Dann geh doch nach drüben, wenn es dir hier nicht passt! Gemeint war natürlich, dass man doch hinter den Eisernen Vorhang, in die DDR, ziehen könne.

Karl Marx hat, so Habermas, zum ersten Mal einen «sozialwissenschaftlichen Begriff von Systemkrise» entwickelt. Kapitalistische Gesellschaften können Marx zufolge stetig technische Produktivkräfte entfalten, und sie werden dabei immer komplexer. Diese Komplexitätssteigerung etabliert und verschleiert jedoch zugleich ein Gewaltverhältnis. Zudem ist sie in sich widersprüchlich, weil sie, wiederum Habermas, «auf jeder neuen Stufe der Problemlösung neue und vermehrte Probleme erzeugt».

Ökonomisches Wachstum nimmt also prinzipiell einen krisenhaften Verlauf.

Bis dahin ist das klassische Marx-Exegese, wie sie zur ideellen Unterfütterung der Studentenproteste in unzähligen *Kapital*-Lesezirkeln betrieben worden ist. Der Gedanke, dass das kapitalistische System immer neue, und zwar immer schwerwiegendere Probleme schafft, treibt bis heute politische Proteste an, die sich formieren, wenn etwa die Vertreter der führenden Wirtschaftsnationen sich zu ihren internationalen Gipfeln treffen. Habermas fragt sich in seinem Aufsatz nun allerdings, ob dieses «selbstdestruktive Entwicklungsmuster» tatsächlich noch gilt und woran man die damit verbundenen Probleme aktuell festmachen kann. Schließlich hat sich der Kapitalismus seit Marx' Zeiten weiterentwickelt. Mit einer Verelendung der Massen, wie sie noch mit den großen Wirtschaftskrisen der zwanziger und frühen dreißiger Jahre des 20. Jahrhunderts einherging, ist in der Bundesrepublik Deutschland Anfang der Siebziger nicht mehr zu rechnen, mit einem totalen Systemzusammenbruch auch nicht (dass er wieder möglich erscheint, machte den Schock aus, der die Finanzkrise des Jahres 2009 begleitete).

Was Habermas in den marxistischen Krisenbegriff einbeziehen will, ist die Realität dessen, was er «Spätkapitalismus» nennt; wir würden heute eher von «rheinischem Kapitalismus» sprechen. Staatliche Investitionsprogramme mildern, wenn es darauf ankommt, die gröbsten Schwankungen, die sich auf den freien Märkten ergeben. Löhne und Gehälter werden zwischen Gewerkschaften und Arbeitnehmerverbänden im Wesentlichen auf gleicher Augenhöhe ausgehandelt. Mit solchen Maßnahmen ist es in der alten Bundesrepublik gelungen, den Klassengegensatz, wie Habermas es formuliert, «latent» zu halten. Anders, als es der orthodoxe Marxismus voraussagte, kam er also nicht in einer großen Krise zum Ausbruch.

Das hat Folgen. Dem Klassenkampf des Proletariats, dem Leitschema, dem viele Vertreter der Achtundsechziger-Generation gefolgt sind, fehlt damit die materielle Grundlage. Habermas bleibt mit dieser Einschätzung konsequent auf einer Linie, die er bereits zuvor eingeschlagen hat. Der Hoffnung auf eine Revolution, die von den radikalen Kadern der Revolte gehegt wurde, hat er schon 1968 eine Abfuhr erteilt. Anlässlich der Besetzung der Frankfurter Universität im Juni 1968, die auf die Verabschiedung der Notstandsgesetze im Deutschen Bundestag reagierte, warf er den Wortführern der damals viel beachteten studentischen Protestaktion «Infantilismus» vor, weil «einige führende Akteure den virtuellen Vorgang einer Universitätsbesetzung mit einer faktischen Machtübernahme» verwechselt hätten. In einem unmittelbar darauf verfassten umfangreichen Zeitungskommentar meint man zu spüren, dass Habermas geradezu sauer wird: «Die Verwechslung von Realität und Wunschphantasie hat [...] zur Folge, dass anstelle der allein gebotenen Strategie massenhafter Aufklärung die Taktik der Scheinrevolution tritt.»

Ein Schuss vor den Bug. Habermas wirft den harten Politkadern der Achtundsechziger Weltfremdheit vor und bescheinigt ihnen, sich kindisch zu benehmen. Neben allen theoretischen Differenzierungen und der unterschiedlichen Einschätzung der politische Lage merkt man diesem Text auch an, dass sein Autor älter ist als die protestierenden Studenten. Habermas ist 1929 geboren, im Jahr 1968 geht er also stark auf die vierzig zu. Einem beliebtem Spruch zufolge trauten die Studenten niemandem über dreißig. Habermas wiederum versucht, ihnen beinahe väterlich ins Gewissen zu reden: Das würdevolle Unternehmen der gesellschaftlichen Aufklärung ist für ihn mit kindischen Aktionen schlichtweg nicht zu bewerkstelligen.

Scheinrevolution. Ein härteres Verdikt lässt sich inmitten des Getümmels und der Unruhen kaum vorstellen. Auch wenn es viele Studentenvertreter sicher erst einmal von sich gewiesen haben werden – es entfaltete Spätwirkungen. In den siebziger Jahren sind viele Vertreter der Achtundsechziger-Kader in massive Lebenskrisen geraten. Sie mussten die Revolutionshoffnung endgültig begraben und beklagten nicht selten sogar einen Backlash, ein konservatives Zurückschrauben der Hoffnungen auf Veränderung. Die politischen und gesellschaftlichen Entwicklungen waren oft mit Kompromissen verbunden, die sie nur als Verrat an den Idealen der Revolte werten konnten. Manche sahen aber auch ein, dass sie in den späten sechziger Jahren falschen Vorstellungen aufgesessen waren. Die in den Siebzigern unter Linken weitverbreitete Melancholie – Schriftsteller ziehen sich in die sogenannte Neue Innerlichkeit zurück, von der trendsetzenden Theatertruppe der Berliner Schaubühne wird Anton Tschechow als Autor großer, trauriger Endzeitspiele entdeckt – lässt sich als Trauerarbeit lesen.

Jürgen Habermas schlägt einen anderen Weg ein. Die Wunschphantasie der studentischen Kader besteht für ihn 1968 vor allem darin, dass sie tatsächlich glauben, die

Klassengegensätze in Deutschland würden zum Ausbruch einer Revolution führen. Er selbst plädiert dagegen für die Strategie «massenhafter Aufklärung». Nüchtern die Lage analysieren, realistisch sein, das gehört für ihn dazu. Folgt man ihm darin, muss man wie er feststellen: Es geht im Fall der Proteste gar nicht um Ökonomie. Es sind ja auch nicht die Arbeiterkinder, die auf die Barrikaden gehen, wie sie es nach orthodox-marxistischem Verständnis tun müssten, sondern die Bürgerkinder. Was sie zum Protest antreibt, fasst Habermas 1968 in einem Artikel für die *Frankfurter Rundschau* folgendermaßen zusammen: «Unverständnis dafür, warum das Leben des einzelnen trotz des hohen Stands der technologischen Entwicklung nach wie vor durch das Diktat der Berufsarbeit, durch die Ethik des Leistungswettbewerbs, durch den Druck der Statuskonkurrenz, durch Werte der possessiven Verdinglichung und der angebotenen Surrogatbefriedigungen bestimmt ist, warum, mit einem Wort, der ‹Kampf ums Dasein›, die Disziplin der entfremdeten Arbeit, die Tilgung von Sinnlichkeit und ästhetischer Befriedigung aufrechterhalten werden [...].»

Es lohnt sich, diesen Satz genau zu lesen. Habermas macht hier deutlich, dass die Studenten gar nicht groß mit Revoluzzerideen herumzuspielen bräuchten, um eine gesellschaftliche Systemkrise zu diagnostizieren. Im Grunde müssten sie nur den *tatsächlichen* Ursachen ihrer Revolte nachgehen. Schließlich leben sie in einer reichen, technisch hoch entwickelten Gesellschaft – und werden doch dem Arbeitsdiktat, Leistungsdruck, Statuskonkurrenz und Verdinglichung ausgesetzt und mit Ersatzbefriedigungen ruhiggestellt. Da kann doch was nicht stimmen!

So entschieden Habermas den Achtundsechzigern also die Revolution wegnimmt, so konsequent greift er zugleich deren Infragestellung des gesellschaftlichen Systems in seinem Denken auf. Er vermittelt den Studenten, dass sie die orthodox-marxistische Argumentationsgrundlage gar nicht bräuchten, um ihre berechtigten Anliegen vorzubringen. Er hat verstanden, und zwar auch die Studenten (besser als diese sich selbst verstanden haben) – das ist es, was er ihnen 1968 sagen will.

«Was heißt heute Krise?» Indem Habermas diese Frage stellt, zieht er aus dem Protestverhalten der jungen Generation gesellschaftstheoretische Konsequenzen. Dabei begründet er den sozialwissenschaftlichen Begriff der Systemkrise, den er von Marx übernimmt, neu. Er soll jetzt über die ökonomische Basis, also Wirtschaftskrisen, hinausgehen. Zur neuen, zeitgemäßen Bestimmung einer gesellschaftlichen Grundlagenkrise führt Habermas den Begriff der Legitimationskrise ein: Die spätkapitalistische Gesellschaft hat demnach nicht einfach nur zufällig und zeitweilig Probleme, sich der Loyalität ihrer Mitglieder zu versichern; sie hat prinzipielle, zwangsläufige, notwendige Probleme. Diese unausweichlichen Legitimationskrisen der Gesellschaft drücken sich wiederum in Sinn- und Motivationskrisen ihrer Mitglieder aus, womit auch diese etwas Zwangsläufiges bekommen.

Sinnkrisen, Motivationskrisen – entgegen der Auffassung, diese würden nur vom Wesentlichen ablenken, wie sie in der WG-Debatte um den Studenten R. vertreten wird, erfahren Lebenskrisen nun also eine Aufwertung. Sie gelten nicht mehr lediglich als Reflexe der herrschenden Verhältnisse, die man durchschauen muss, um die gesellschaftlichen Strukturen zu erkennen. Zwar bleiben sie auf die gesellschaftliche Situation bezogen, sie gewinnen aber auch an Eigenständigkeit. Zugleich ist nicht mehr von vornherein klar, was Krisen und zumal Lebenskrisen bedeuten. Sie müssen beobachtet, untersucht und gedeutet werden. Anders als in der Kommune des Studenten R. bewegt man sich nicht mehr in einem Bereich sicher geglaubter Wahrheiten, sondern ist mittendrin im großen gesellschaftlichen Spiel der Interpretationen. Für Menschen, die dieses mitspielen, eröffnen sich neue Möglichkeiten. Würde der Student R. seine Schweißausbrüche nicht als unbewussten Reflex des bürgerlichen Konkurrenzmechanismus werten, sondern als Symptom einer schweren Motivationskrise, könnte er sie als Ausdruck des Protests begreifen.

Den Segen von Jürgen Habermas hätte er. Motivationskrisen entstehen Habermas zufolge dann, «wenn zwischen den normativen Strukturen, die heute noch eine gewisse Kraft haben, und dem politisch-ökonomischen System keine hinreichende Übereinstimmung besteht». Wie kritisch sich dieses Verhältnis von normativen Strukturen, dem politisch-ökonomischen System und den wirkmächtigen Gegenkulturen Anfang der siebziger Jahre ausnimmt, zeigen für Habermas «einige Verhaltenssyndrome, die sich unter den Jugendlichen in zunehmendem Maße verbreiten». Da wäre zum einen der «Rückzug als Reaktion auf eine Überforderung der Persönlichkeitsressourcen»; auf dieser Seite sieht Habermas «Hippies, Jesus-People, Drogen-Subkultur, Phänomene der Untermotivation in Schulen usw.». Zum anderen beobachtet er den «Protest infolge einer autonomen Ich-Organisation, die unter gegebenen Bedingungen nicht konfliktfrei stabilisiert werden kann»; auf dieser Seite stehen für Habermas «Studentenbewegung, Schüler- und Lehrlingsrevolten, Pazifisten, Womens' Lib».

Dass Habermas um entscheidende Jahre älter ist als die Vertreter der Achtundsechziger-Generation, erkennt man auch an der Art und Weise, wie er die Fraktionen der Gegenkultur aufzählt. Er beobachtet die gegenkulturellen Entwicklungen interessiert, allerdings auch aus einigem Abstand. Ob sich die Jugendlichen und jungen Erwachsenen in seiner Beschreibung der «Verhaltenssyndrome» wiedergefunden und verstanden gefühlt haben? Wohl kaum. Dass sich etwa die Hippie-Bewegung auf einen Rückzug aus Überforderung reduzieren lässt, kann man bezweifeln. Zumindest in ihrer Teilnehmerperspektive hatten Hippies sicherlich nicht nur das gemeinschaftliche Ausleben von Motivationskrisen im Sinn, sondern auch positive Antriebe: Ihr Ziel war die gesellschaftliche Befreiung. Die vielfältigen Spielarten der Gegenkultur weisen für Habermas jedenfalls darauf hin, dass «spätkapitalistische Gesellschaften durch Legitimationszerfall gefährdet sind». Der Student R. könnte sich die für ihn passende Gruppe – ob er sich nun mit den Hippies vor den Überforderungen durch die Gesellschaft zurückziehen oder mit politischen Studentenkadern eine konfliktfreie Ich-Organisation einklagen will – sogar aussuchen.

Na ja, würde, hätte, könnte. Natürlich sind diese Überlegungen letztlich nur hypothetisch. Theoretisch mag es zwar möglich sein, sich die Rahmenerzählung des eigenen Lebens auszusuchen und das Für und Wider verschiede-

ner möglicher Erklärungen für die eigenen Verhaltensauffälligkeiten abzuwägen. Praktisch ist man jedoch nie frei
genug, das auch tatsächlich zu tun. Wir sind zu sehr einge-
sponnen in die Interpretationsmuster, die uns umgeben.
Und so kann sich auch der Student R. nicht aus den in
seinen Kreisen herrschenden Grundideen der Selbstinter-
pretation lösen. Immerhin aber beginnen in den Siebzigern die neuen, undogmatischen Muster, die Habermas
anbietet, im Selbstverständnis der Menschen zu arbeiten.

Kapitel 6

Lebenskrisen, Revolution, Protest (II)

Ich war überrascht, als ich die frühen Habermas-Texte noch einmal gelesen habe. Zum Teil funktionieren sie wie ein Zeitloch, das einen zurück in die siebziger und frühen achtziger Jahre katapultiert. Erstaunlich genau zeichnen sie die Interpretationsmuster vor, mit denen ich aufgewachsen bin. Die Vorstellung einer um sich greifenden Motivationskrise hat ja in den Jahren, die auf den Aufsatz folgten, noch großen Aufwind erfahren.

No Future! Spätestens mit diesem Schlachtruf der Punk-Ära bekam die Motivationslosigkeit in der zweiten Hälfte der Siebziger ein passendes kulturelles Symbol. Wer nicht mehr an eine Zukunft glaubt, wird auch keinen Antrieb mehr finden, sich für die Gesellschaft zu engagieren. Irgendwann kam dann der Begriff der Null-Bock-Generation auf, zu der ich mich, wie ich einschlägigen Artikeln im *Spiegel*, im *Stern* oder auch in der *Zeit* entnahm, auch selbst zählen sollte. So ganz konnte ich das nicht von mir weisen. Über dem Bett, in dem ich als Spätpubertierender schlief, hing, mit Klebestreifen an der Raufasertapete befestigt, ein DIN-A4-Zettel, auf den ich mit Filzstiften in entschiedenen Großbuchstaben «Alles zum Kotzen!» geschrieben hatte. Ein ziemlich rüder und dumpfer Satz, im Kern aber nichts anderes als ein pubertätsgerechter Ausdruck für die Legitimationskrise der Gesellschaft und eine damit verbundene Verweigerungshaltung.

Um mit Habermas zu sprechen: Das normative Potenzial der etablierten gesellschaftlichen Strukturen lag damals wirklich am Boden. Die Welt war irgendwo immer noch crazy: Zwei Supermächte, die in einem wilden Rüstungswettlauf danach strebten, die Erde nicht nur zwei- oder dreimal mit Atomraketen vernichten zu können, sondern gleich ein dutzend Mal und mehr. Eine Gesellschaft, die alles tat, um das Wirtschaftswachstum zu sichern, das sowieso in eine Umweltkatastrophe münden musste (der aufsehenerregende Bericht des Club of Rome über die Grenzen des Wachstums erschien 1972), und die auch noch auf Atomkraft setzte und damit die Menschheit auf Jahrtausende dem unübersehbaren Risiko der Verstrahlung aussetzte. Zumindest in meinen Augen trug das wenig zur Legitimation der gesellschaftlichen Verhältnisse bei.

Wahrnehmen konnte Habermas Anfang der Siebziger aber auch das frühe Aufblühen der Alternativgesellschaft. Von selbstverwalteten Theatern und Literaturverlagen ist im Aufsatz bereits die Rede. Im Verlauf der siebziger Jahre entwickelte sich eine komplexe Szene von linken Buchläden und Reiseläden, roten Druckereien und Kfz-Werkstätten über Ökoläden und Biobäckereien bis hin zu alternativen Kinos, Arztpraxen und Tageszeitungen. Eine eng vernetzte, aber komplett ausdifferenzierte Gegengesellschaft entstand. Habermas hat ihre Frühformen im Blick, weil sie aus seiner Sicht die Legitimation der Gesellschaft in Frage stellten, was sie ja auch tatsächlich explizit taten. Dass sie zugleich die Möglichkeiten, in der Gesellschaft zu leben, entscheidend erweiterten, dass durch sie die Gesellschaft bunter, lockerer, vielfältiger wurde, war für ihn noch nicht abzusehen.

Ich selbst konnte mir mein Leben auf zwei unterschiedliche Weisen erzählen. Zum einen verstand ich es tatsächlich als eine Form des Protests, als Nachgeborener der Achtundsechziger-Revolte war das naheliegend. Einer meiner Lehrer, der eigentlich ganz okay war, formulierte sein pädagogisches Ziel einmal folgendermaßen: Er wolle «brauchbare Mitglieder der Gesellschaft» aus uns machen. Er meinte damit politisch interessierte, engagierte Bürger, im Grunde also nichts Schlechtes. Für uns ließ er sich damit aber schon zu sehr auf das gegenwärtige System der Bundesrepublik ein. Ein «brauchbares Mitglied der Gesellschaft» wollte niemand werden. Dann lieber Sand im Getriebe der Welt sein, nach einem bekannten Vers von Günter Eich, über den wir im Deutschunterricht gesprochen hatten.

Ich konnte mir mein Leben aber auch anders erzählen – irgendwie als Suche nach einem Glück, das darin bestand, nicht in der Mainstream-Gesellschaft mitmachen zu müssen. Hin und wieder habe ich dieses Glück tatsächlich erfahren. Es gab ja Alternativen zur Aussicht, «brauchbar» zu werden. Aus besetzten Häusern wurden um 1980 herum alternative Kulturzentren, wo man Konzerte besuchen oder auch einfach nur herumhängen konnte. Die sozialen Bewegungen fanden sich allmählich in der Partei der Grünen zusammen. Es gab reichlich Angebote, mitten in der Gesellschaft zu leben und sich doch als Außenstehender zu begreifen. So verband sich der Mangel an Motivation in Bezug auf die Mehrheitsgesellschaft mit einem halb realen, halb immer nur angedachten Engagement im Alternativbereich. Und wenn auch dieses Engagement zu Krisen führen konnte, weil man innerhalb alternativer Orte einer anstrengenden Gruppendynamik ausgesetzt war oder Schwierigkeiten hatte, von der jeweils tonangebenden Gruppe überhaupt wahrgenommen zu werden: Es war immer das Bewusstsein da, dass normal zu werden die viel größere Lebenskrise nach sich gezogen hätte. Normal werden – das kam überhaupt nicht in Frage.

Die Frage, wie sich Krisen begrifflich fassen lassen, beschäftigt Jürgen Habermas noch in seinem gesellschaftstheoretischen Hauptwerk, der *Theorie des kommunikativen Handelns*, die er 1981 in zwei einschüchternd umfangreichen Bänden vorgelegt hat (tatsächlich beschäftigt sie ihn bis heute: In einer Legitimationskrise sieht er derzeit Europa).

Die Begründung für seine These, die Systemkrise des Spätkapitalismus sei ihrem Wesen nach eine Legitimationskrise, ist im *Merkur*-Aufsatz noch ziemlich verwickelt und abstrakt. Etwas vereinfacht lässt sie sich auf folgenden Widerspruch bringen: Auf der einen Seite muss sich der Staatsapparat, wie Habermas ihn nennt, in immer mehr gesellschaftliche Bereiche einmischen, um die Wirtschaft am Laufen zu halten, inklusive Leistungswettbewerb und täglichen Kampf ums Dasein in der Konkurrenzgesellschaft. Diese «Expansion der Bereiche staatlicher Planung» stellt jedoch «kulturelle Selbstverständlichkeiten» in Frage und schwächt diejenigen Traditionen, die bislang sinnstiftend waren, etwa die historisch gewachsenen

Strukturen der Universität, der Familie oder der Dorfgemeinschaft. Das hat eine einschneidende Folge: «‹Sinn›
ist eine knappe und immer knapper werdende Ressour-
ce.» Auf der anderen Seite steigen ausgerechnet in dieser
Situation, in der Loyalität nicht mehr durch tradierte Sinn-
Ressourcen hergestellt werden kann, die Ansprüche der
Bevölkerung. Die Befriedigung ihrer basalen Bedürfnisse
reicht nicht mehr aus, um sie bei der Stange zu halten. Ge-
fordert wird Partizipation (ein heute sehr aktueller Begriff
für die Teilhabe der Bevölkerung am politischen Prozess)
und vor allem auch die Möglichkeit, das eigene Leben
sinnvoll zu gestalten.

Wie das alles genau zusammenhängen soll, wird im Aufsatz *Was heißt heute Krise?* noch nicht ganz klar. In der *Theorie
des kommunikativen Handelns* hat Habermas diese Ansätze
komplex ausgearbeitet. Folgenreich für die Entwicklung
von Lebenskrisen ist vor allem die Unterscheidung zwischen Lebenswelt und System, die er dort vornimmt. Sie
ist eine der Grundsetzungen, von der seine Analyse der gesellschaftlichen Deformationen in der Moderne ausgeht.
Beide Bereiche, die Lebenswelt und das System, werden
laut Habermas in der Moderne voneinander entkoppelt,
was den Konsens innerhalb der Gesellschaft – auf den er
weiterhin abzielt, während sein großer gesellschaftstheo-
retischer Gegenspieler Niklas Luhmann die notwendige
Produktion von Dissens und Unterscheidungen als Haupt-
operation der modernen Gesellschaft ansieht – behindert
oder sogar verhindert.

In der Lebenswelt verortet Habermas all das, was die
moderne Gesellschaft zusammenhält: Emanzipation,
Sinnstiftung, Eigensinn, auf Verständigung zielende Kom-

munikation. Im System dagegen versammelt er die Tendenzen, die zur Entfremdung des Einzelnen beitragen: Bürokratisierung, Orientierung am Geld, Verdinglichung. Ein entscheidendes Problem besteht für Habermas darin, dass die Lebenswelt durch das System kolonisiert wird: «Die Imperative der verselbständigten Subsysteme», schreibt er in einem oft zitierten Satz, «dringen von außen in die Lebenswelt – wie Kolonialherren in eine Stammesgesellschaft – ein und erzwingen die Assimilation.» Ein derart verselbständigtes Subsystem ist etwa die Wirtschaft, die ihrer Eigenlogik, der Profitmaximierung, folgt und sich um ihren Einfluss auf die Lebenswelt nicht schert. Krisen innerhalb der Lebenswelt entstehen dadurch, dass sie durch Subsysteme ausgebeutet, sich selbst entfremdet und mitunter auch zerstört wird.

An diesem Punkt haben sich Jürgen Habermas und viele Achtundsechziger wieder getroffen. Begreift man die Unterscheidung zwischen System und Lebenswelt als Überbau der bundesrepublikanischen Protestbewegungen, die auf ihre Weise die Studentenproteste der sechziger Jahre beerbt haben, wird vieles verständlich. Nicht dass die neuen sozialen Bewegungen vor dem Demonstrieren und Blockieren erst Habermas gelesen hätten, um sich die Erlaubnis zum Widerstand gegen neue Startbahnen auf Flughäfen, den geplanten Wohnungsleerstand oder atomare Endlager abzuholen. Darauf jedoch, dass man sich selbst als eine Art Stammesgemeinschaft sehen konnte, die gegen die Kolonisatoren des technisch-wissenschaftliches Komplexes Widerstand leistet, einigten sich die meisten Fraktionen der neuen Bewegungen unter der

Hand schnell. Demonstriert wurde nicht mehr für eine Revolution, sondern gegen konkrete Projekte des Systems und für die Unversehrtheit oder Wiederherstellung einer Lebenswelt, die man in ihrer Existenz bedroht sah.

Diese Wollpullis und langen Bärte! Von den Latzhosen gar nicht erst zu reden. Wenn ich mich daran erinnere, dass ich mich tatsächlich einmal für die Musikgruppe Bots und ihre wohlmeinende Politfolklore interessiert habe, kann ich längst nur noch mit Selbstironie reagieren. Es ist heute überhaupt allzu einfach, sich über das Zottelige der frühen Friedens-, Frauen- und Anti-AKW-Bewegungen lustig zu machen. Dabei verkennt man, dass sie dazu beigetragen haben, die Bundesrepublik bewohnbar zu machen, sie zu liberalisieren und zu modernisieren. Manche Auseinandersetzungen zwischen Polizei und Demonstranten, in Brokdorf etwa, bei der Startbahn West in Frankfurt oder auch in Westberlin, führten zu bürgerkriegsähnlichen Zuständen. Der herrschaftliche Umgang der Staatsmacht mit der Bevölkerung, der sich daran zeigte, dass man Großprojekte auch gegen den massiven Widerstand der Bürger ganz selbstverständlich durchzusetzen gedachte, ist seitdem nicht mehr denkbar.

Daneben waren die Unterscheidung zwischen System und Lebenswelt und die daraus abgeleitete Praxis des sozialen Engagements geradezu ideale Mittel, um die Anerkennung von Lebenskrisen allgemein voranzutreiben. Wie man sich fühlte, war von nun an ein wichtiger Faktor in den gesellschaftlichen Auseinandersetzungen. Die etablierten Politiker und Wirtschaftsmanager schienen darauf keinen Deut zu geben, umso wichtiger nahm man das Befinden des Einzelnen in der Alternativgesellschaft.

Wer Probleme hatte, konnte sie leicht in die politische Gesamtsituation einordnen: Eine Lebenskrise durchzumachen, deutete darauf hin, dass man ein erzwungenermaßen falsches Leben führte, wogegen man allerdings etwas tun konnte. Entweder hatte man sich noch nicht ausreichend von den gesellschaftlichen Rollenvorgaben emanzipiert, was man in Therapien und Selbsterfahrungsgruppen nachholen konnte – oder man münzte seine Lebenskrise in politische Antriebe um und engagierte sich in einer der aus dem Boden schießenden Initiativen.

So gesehen konnte man die Unterscheidung zwischen System und Lebenswelt also nutzen, um die sich aufstauende und zum Teil ins Autoaggressive wendende Energie der Lebenskrisen auf ein rationales Ziel zu richten. Was in diesem Zeitbild der siebziger Jahre dagegen noch fehlt, sind die Heftigkeit und Unbedingtheit, mit denen Lebenskrisen, nachdem sie bis dahin mehr oder weniger gebändigt und abgedrängt worden waren, geradezu öffentlich zelebriert wurden.

Am offensichtlichsten zeigte sich das bei den Punks. Zerrissene Klamotten, Sicherheitsnadeln, Piercings, Ratten, Hässlichkeit als Schönheitsideal. Mitten in den Innenstädten, in Fußgängerzonen und auf Marktplätzen, lungerten auf einmal Jugendliche herum, die sich offenbar alle Mühe gaben, die gesellschaftliche Sinnkrise, die allgemein konstatiert wurde, mit ihrem Lebensentwurf auch noch zu verkörpern. Für jemanden wie Habermas, der sich die vernünftig eingerichtete Gesellschaft in etwa wie ein Oberseminar an der philosophischen Fakultät vorgestellt haben mag (so, jetzt kommen wir alle mal zusam-

men und tauschen uns herrschaftsfrei über die Geltungs-
ansprüche unserer Sprechakte aus), muss das Körperliche
und Aggressive solcher Kommunikationsformen zutiefst
unverständlich gewesen sein. Aus dem Blickwinkel seiner
Theorie lassen sie sich höchstens als Ausdrucksformen
einer deformierten Lebenswelt verstehen, die sich zur
Wehr setzt. Dabei erschöpfte sich die Punkbewegung
nicht in der Reaktion: Immerhin boten ihre Symbole und
Praktiken die Möglichkeit, eine Identität zu schaffen und
zu behaupten, die von der Mehrheitsgesellschaft nicht be-
reitgestellt werden konnte.

In der zweiten Hälfte der Achtziger entstanden viele
solcher Angebote, identitäre Suchbewegungen hatten
Konjunktur. Man probierte sich aus, als Punk, als Guru-
Jünger in Poona, in den sozialen Initiativen. Das Eigenrecht, das diese Bewegungen beanspruchen konnten, und
das Projekthafte, das sie auszeichnete, konnte Habermas
im Rahmen seiner Theorie nur bedingt erfassen. Vermutlich liegt ihr noch die Vorstellung eines Normalzustands
der Gesellschaft zugrunde (so wie der Normalzustand der
Gesundheit dem medizinischen Krisenbegriff, den er im
Merkur referierte), von dem aus sich die Krise als Abweichung bestimmen lässt. Aber ist im Patchwork moderner
Lebensentwürfe nicht gerade dieser Normalzustand ver-
lorengegangen?

Lebenskrisen wurden im Lauf der siebziger Jahren überhaupt mehr und mehr präsentiert und auch ausgelebt. *Zei-
ge deine Wunde* lautet der Titel einer Installation von Joseph
Beuys, der geradezu richtungsweisend wurde.

Ich weiß noch, welchen Schock ich bekam, als ich zum

ersten Mal die Eingangssequenz von Francis Ford Coppolas großem Vietnamfilm *Apocalypse Now* sah: Hubschrauber am Himmel. Ein Dschungelabschnitt, der mit Napalm bombardiert wird und in einem gigantischen Feuer aufgeht, dessen todbringende Effizienz auch noch ästhetisch unglaublich eindrucksvoll anmutet (dass der Schrecken mit schönen Bildern einhergehen kann, ist immer wieder eine schockierende Erfahrung). Die Doors singen dazu mit gesteigertem Pathos «This is the end». Und in irgendeiner vietnamesischen Absteige liegt ein amerikanischer Soldat halbnackt und betrunken auf einem ungemachten Bett und starrt in den Ventilator, der mit den Hubschrauberrotoren überblendet wird. Er versucht sich in ein paar Kung-Fu-Bewegungen, stürzt, schneidet sich an Glasscherben und bleibt dann heulend liegen, ein Häuflein Elend, Verzweiflung und Schmerz im Gesicht, während sich die Musik der Doors in einen Rausch hineinsteigert.

Verglichen mit der Szene aus *Casablanca*, in der Rick allein mit einem Glas Whisky am Tisch seines Cafés sitzt und grübelt, stellt diese Darstellung einer akuten Lebenskrise eine ungeheure Verschärfung dar. Tatsächlich geht es für den Schauspieler Martin Sheen nicht mehr nur darum, die Lebenskrise des US-Soldaten Captain Willard zu spielen. Es geht darum, sie ganz und gar zu verkörpern. *Apocalypse Now* sei kein Film über Krieg, dieser Film *sei* Krieg, hat Francis Ford Coppola einmal martialisch gesagt. Und in vielen Szenen möchte man ihm als Zuschauer unbedingt recht geben.

Als literarische Vorlage für Coppolas Film diente Joseph Conrads Erzählung *Herz der Finsternis*, die von einer Reise im kolonialen Kongo berichtet: Sie endet an einem Ort, an dem das europäische Kolonialregime in eine Willkürherrschaft mit unzähligen Toten ausgeartet ist. Die besondere Wendung dieses 1899 erschienenen Buchs besteht darin, das eigentliche Herz der Finsternis nicht im Kongo, sondern in London zu verorten, im Zentrum der westlichen Zivilisation, für die in der weit entfernten Kolonie ausgebeutet, gefoltert und getötet wurde. Reisen ins Herz der Finsternis wurden in den siebziger Jahren viele unternommen, etwa als autobiographische Selbsterfahrungstrips – Drogentrips, Schreibtrips, Musiktrips –, die ihre Autoren oder Protagonisten bis an den Rand der Selbstzerstörung trieben. *Die Reise* von Bernward Vesper, eine Zeitlang viel gelesen, ist dafür ein gutes Beispiel. Daneben gibt es für mich aber vor allem ein Buch, das bis heute Finsternis geradezu ausstrahlt; ich kann es nicht aus dem Regal nehmen, ohne das Gefühl zu haben, mit etwas Dunklem in Kontakt zu treten. Es handelt sich um ein kleines schmales Taschenbuch mit dem Titel *Mars*.

Als Autor zeichnet ein gewisser Fritz Zorn, ein Pseudonym. Federico Angst, so der wirkliche Name, wurde 1944 als Sohn reicher Eltern in Zürich geboren und wuchs dort an der sogenannten Goldküste auf, einer gut- bis großbürgerlichen Wohngegend am Zürichsee. Im Alter von dreißig Jahren bekam er Krebs, 1976 starb er daran. Kurz vor seinem Tod hat er dieses schrankenlose Buch geschrieben, das wie ein klassischer Selbstorientierungsversuch beginnt – «Ich bin jung und reich und gebildet; und ich bin unglücklich, neurotisch und allein», so lautet der erste Satz – und sich in eine radikale Abrechnung, ja sogar Hasserklärung an die Eltern, sein Herkunftsmilieu und die Gesellschaft als ganze hineinsteigert.

Ich habe mich immer wieder gefragt, was das Dunkle an diesem Buch ausmacht. Es ist nicht nur die Konsequenz, mit der hier eine im Grunde permanente Lebenskrise beschrieben wird; Depressionen und die Unfähigkeit zu sozialen Beziehungen haben den Autor sein kurzes Leben lang begleitet, der Hass auf die Eltern wird von ungeheurem Selbsthass flankiert. Die dunkle Ausstrahlung des Buchs rührt auch nur zum Teil von der Schonungslosigkeit dieses Selbstporträts her, dessen Autor sich selbst – scheinbar schon an einem Punkt, an dem Scham und Selbstachtung vollkommen irrelevant geworden sind – als Außenseiter und Schwächling darstellt. Vielmehr liegt das Dunkle darin, dass hier jeglicher Versuch des Aufbruchs, des Entkommens aus den vorgezeichneten Bahnen konsequent bestraft wird – und zwar durch die Krebserkrankung. Diese Krankheit, die den Autor immerhin dazu bringt, über sich selbst und seine Umgebung nachzudenken, wird unerbittlich als zwangsläufige Folge der Verlogenheit beschrieben, die Zorn im Elternhaus erfahren hat. Emanzipation gelingt nur durch den Schmerz: *Mars* berichtet von einer Lebenskrise, in der eine Wahrheit liegt, die nur im Sterben erkannt und nur durch den Tod beglaubigt werden kann.

Ein paar Sätze aus dem Buch: «Und dann der Hass. Was trotz aller Hoffnungslosigkeit und Sinnlosigkeit und Aussichtslosigkeit noch kratzt und beißt und hasst wie ein zertretenes Tier: auch das bin ich selbst. Ich bin kaputt, aber ich paktiere nicht mit denen, die mich kaputtgemacht haben. Auch das letzte Endchen meines Ich, von Leid und Qual zermürbt und von Krebs zerfressen, stirbt jetzt – aber unter Protest.» – «Ich habe die Freiheit, die Perversität der Gesellschaft, die mich zu dem gemacht hat, was ich bin, zu erkennen und unter dieser Erkenntnis zu leiden.» – Und: «Ich glaube, dass es die Maßlosigkeit meines Schmerzes ist, der mich zuletzt trotz allem von meiner familiären Vergangenheit emanzipiert ... Ich habe mich zu Tode gegrämt, ich sterbe aus Leid. Vielleicht muss ich mein Anders-als-meine-Eltern-sein-Wollen mit dem Tode bezahlen.»

Das Anders-sein-Wollen mit dem Tod bezahlen zu müssen, ist ein wirklich erschreckender Gedanke, der, sofern man ihm nicht entkommen kann, eine schwere Sinnkrise nach sich ziehen muss. Für Fritz Zorn ist Selbstverwirklichung überhaupt nur als Selbstzerstörung denkbar. Und damit steht er in der zweiten Hälfte der siebziger Jahre keineswegs allein da. Dass man sich selbst nur im Schmerz, in der existenziellen Krise spürt, ist in dieser Zeit eine weitverbreitete Idee. «Jene Geschichten», merkt Michael Rutschky in seinem Essay *Erfahrungshunger* dazu an, «wie Schrecken und Schmerz als Realissimum gesucht werden, als körperliche Evidenz, die alle anderen Evidenzen ungültig macht, als Inbegriff einer Erfahrung im emphatischen Sinn – diese Geschichten konnte man in den siebziger Jahren immer wieder finden, im Zentrum wie an der Peripherie der öffentlichen Aufmerksamkeit, bei Angehörigen ganz unterschiedlicher Lebensalter und sozialer Schichten, bei den Professionellen des Formulierens wie bei seinen Laien.»

Ich war sehr froh, als ich auf eine Argumentation stieß, die sich *Mars* entgegensetzen lässt, und ich werde Susan Sontag ewig dafür dankbar sein. Die vor etwa zehn Jahren selbst an Krebs gestorbene Autorin lässt sich in ihrem 1978 erschienenen Essay *Krankheit als Metapher* gar nicht erst auf psychosomatische Perspektiven ein. Ob Krebs tatsächlich durch psychisches Leiden, letztlich: ein falsches Leben ausgelöst werden kann, ist nicht ihr Punkt. Auch setzt sie sich nicht explizit mit Fritz Zorns *Mars* auseinander. Und doch weist sie so akribisch wie überzeugend nach, dass eine Sicht auf die Krebserkrankung, wie sie dort formuliert wird, möglicherweise wenig mit authentischem Erleben zu tun hat und sich stattdessen gesellschaftlich tradierter Bilder und literarisch vorgegebener Motive verdankt.

Neben der Tuberkulose, die Sontag als Parallel- und Kontrastmotiv verfolgt, ist Krebs *die* große Krankheit der Literatur. «Der Mythologie des Krebses zufolge», so Sontag, «gibt es im Allgemeinen eine anhaltende Gefühlsunterdrückung, die die Krankheit verursacht.» Dass innerhalb der literarischen Tradition unterdrückte sexuelle Gefühle, dann auch unterdrückte Wut- und Gewaltanfälle als krebserregend angesehen wurden, zeigt sie anhand von Romanen wie Tolstois *Der Tod des Iwan Iljitsch* und Beecher Stowes *Onkel Toms Hütte* oder der Schriften Wilhelm Reichs. Ebendiese Verknüpfung von Gefühlsunterdrückung und Krebs bildet auch den Hintergrund von *Mars*. «Strafende Auffassungen von Krankheit», schreibt Sontag, «haben eine lange Geschichte, und in Bezug auf den Krebs sind solche Auffassungen besonders lebendig.» Auch das trifft geradezu eins zu eins auf *Mars* zu, in dem

Fritz Zorn seine Krebserkrankung als Strafphantasie seinen Eltern und, in weiterem Sinn, der Gesellschaft gegenüber inszeniert.

«Krankheiten sind immer schon als Metaphern benutzt worden, um den Vorwurf, eine Gesellschaft sei korrupt oder ungerecht, zu beleben», heißt es bei Sontag und weiter: «Hauptkrankheiten wie Tb und Krebs sind in einem spezifischen Sinn polemisch. Sie werden verwendet, um neue, kritische Maßstäbe individueller Gesundheit zu setzen und ein Gefühl der Unzufriedenheit mit der Gesellschaft auszudrücken.» Solche Sätze, die dem Krebs zumindest in seiner literarischen Darstellung die Schicksalshaftigkeit nehmen, indem sie das Artifizielle, seine metaphorische Überhöhung verdeutlichen, haben für mich wie ein Abwehrzauber gegen die dunkle Macht von *Mars* gewirkt. Es ist nicht nur die Wirklichkeit selbst, die daraus spricht. Tatsächlich hat Federico Angst auch so etwas wie einen Roman geschrieben.

«Zeigen will ich, dass Krankheit keine Metapher ist und dass die ehrlichste Weise, sich mit ihr auseinanderzusetzen – und die gesündeste Weise, krank zu sein –, darin besteht, sich so weit wie möglich von metaphorischem Denken zu lösen, ihm größtmöglichen Widerstand entgegenzusetzen.» So hat Susan Sontag zu Beginn ihres Essays ihre Intention beschrieben. Dass es mehr oder weniger gesunde Arten gibt, krank zu sein, lässt sich auch auf die Lebenskrisen der Siebziger übertragen: Sie wurden auf gesündere und weniger gesunde Weise ausgelebt. Man musste wohl erst einmal mit den weniger gesunden Varianten experimentieren, um Erfahrungen zu sammeln und daraus klug zu werden. Hier treffen sich Fritz Zorn, die Punks und Filme wie *Apocalypse Now*: Eine Versuchung der Zeit bestand offenbar darin, Lebenskrisen mit ganzer Existenz zu verkörpern, sich restlos mit ihnen zu identifizieren – wohl eher eine der weniger gesunden Varianten.

Eine Frage beschäftigt mich noch. Was ist eigentlich aus den Motivationskrisen geworden, die Jürgen Habermas so umgetrieben haben? Es zeigt sich ein Effekt, der sich aus dem «heute» in der Frage «Was heißt heute Krise?» ergibt – die Überlegungen, die man daraufhin anstellt, haben nur begrenzte Haltbarkeitsdauer. Man muss sich diese Frage also immer wieder neu stellen.

Aktuell scheinen Krisen ganz gegensätzlicher Art vorherrschend zu sein: Überforderungskrisen, Selbstoptimierungskrisen. Das Problem könnte inzwischen eher in einem Zuviel an Motivation liegen, vielmehr: in dem gesellschaftlich vermittelten Zwang, übermotiviert zu sein. Man muss sich halt gehörig anstrengen, um auf dem Arbeitsmarkt mithalten zu können. Die Rede von einer Motivationskrise umweht dagegen etwas Nostalgisches: Fast scheint sie einer guten, alten Zeit zu entstammen, in der man sich noch keine Trainee-Programme antun musste und niemand wusste, wie man das Wort «Assessment-Center» überhaupt schreibt.

Vorsorglich möchte ich anmerken, dass zu einer nostalgischen Verklärung von Motivationskrisen überhaupt kein Anlass besteht, jedenfalls nicht, was meine Erfahrung betrifft. Aber es stimmt natürlich: Die Sorge um eine allgemeine Motivationskrise stammt aus der geschützten Zone der Nachkriegszeit, in der man zumindest unbewusst davon ausging, dass Vollbeschäftigung der gesellschaftliche Normalzustand ist, und in der Globalisierung noch ein Fremdwort war. Man konnte es sich vor 1989 schlicht auch leisten, unmotiviert zu sein. Aber diese Medaille hatte auch eine Rückseite: Das von heute aus gesehen übersichtliche, gleichzeitig aber irgendwie kleinkarierte Leben in der alten Bundesrepublik hatte etwas zutiefst Künstliches, da half die Aussicht auf einen sicheren Nine-to-five-Job und eine lückenlose Beschäftigungskarriere vom Studium bis zur Rente auch nichts. Es musste etwas geradezu Motivationszerbröselndes haben, sich schon als Schüler den weiteren Fortgang des Lebens genau ausmalen zu können: Examen, Familiengründung, allmählicher Aufstieg über die einzelnen Besoldungsstufen. So beamtenhaft wollte man einfach nicht leben.

Unser heutiges Leben ist vielleicht bunter, interessanter, weniger festgelegt, selbstbestimmter. Allerdings auch etwas angestrengter. Klar gibt es noch Motivationskrisen, aber sie werden nicht mehr als Symptom einer allgemeinen gesellschaftlichen Krise begriffen: Der Mangel an Motivation ist zu einem Privatproblem geworden. Wenn du nicht motiviert bist, okay, kein Problem, wir finden schon jemanden, der es ist. Das ist der Satz, den heute jeder im Hinterkopf hat – also strengt man sich lieber an, um nicht aus der Gesellschaft zu fallen, mit der wir wesentlich über unsere Arbeitsverhältnisse verbunden sind. Wobei allerdings dann und wann mit leichtem Selbstekel darüber zu rechnen ist, dass man bei diesem *Rat Race* auch noch mitmacht.

Kapitel 7

Pioniere wider Willen

Aufgewertet wurden Lebenskrisen auch in einem ganz anderen Lebensbereich. Gehen wir einen Schritt zurück.

Den Ort, an dem Lebenskrisen eigentlich keine Rolle spielen sollten und an dem sie es dann doch taten, habe ich an einem etwas unentschlossenen Tag noch einmal besucht. Es war mittelwarm. Der in Norddeutschland übliche Wind fing sich in den Bäumen, die natürlich viel größer geworden waren seit der Zeit, als ich hier aufgewachsen bin. Oben am Himmel trieben Wolken; möglicherweise würden sie sich im Verlauf des Tags zuziehen, vielleicht aber auch noch ganz aufreißen. Weiter hinten, am Horizont, hing eine graue Luftschicht über dem Land. Wenn die herüberzieht, dachte ich, könnte es einen Schauer geben.

Einfamilienhäuser. Gepflegte Gärten. Davor Autos der gehobenen Mittelklasse. Hier war also der Ort, an dem die unfreiwilligen Pioniere wohnten, die lernen mussten, mit Lebenskrisen ganz neu umzugehen. Auch anderswo musste man es lernen. Aber hier, in Vororten wie diesem, vollzog sich die Veränderung doch vielleicht am überraschendsten und auch am gründlichsten.

Das Wetter passte ganz gut für den Besuch. Bei Regen wäre es ungemütlich geworden. Menschen, die nur herumlaufen und nicht einmal irgendwo klingeln wollen, sind hier nicht vorgesehen, es gibt nirgendwo Platz zum Unterstellen. Und schließlich ist es ziemlich nervig, nass zu werden und dabei über Menschen nachzudenken, die im sorgfältig eingerichteten Wohnzimmer oder in der Sitzecke ihrer offenen Küche beim Tee oder vor dem Fernseher sitzen. Bei klarem Sonnenschein dagegen, das fand ich schon immer, spielt das alles hier ein bisschen zu sehr Idylle: die kleinen Rasenflächen, die gepflegten Büsche, die getöpferten oder schmiedeeisernen Namenszüge neben den Haustüren.

So ein Tag, der sich nicht entscheiden kann, erinnert daran, dass man vor allem auch auf die Zwischentöne achten sollte, wenn man ergründen will, wie wichtig Krisen und der richtige Umgang mit ihnen für die Lebensläufe der Vorortbewohner waren. Auch der drohende Schauer passte dazu gut. Vororte werden in Romanen und Filmen oft so eingeführt: ein kleines Paradies mit einer diffusen Bedrohung am Horizont. Nichts Großes. Kann auch sein, dass die Wolke vorüberzieht. Man weiß es nicht.

Wir sind in Rammsee, einem Wohngebiet, das zwei Kilometer vor dem Ortsschild der schleswig-holsteinischen Landeshauptstadt Kiel liegt und nach einem größeren Teich mit angrenzender Liegewiese benannt wurde, in dem wir als Kinder gebadet haben. Eine dieser typischen Eigenheimsiedlungen, die seit den sechziger Jahren vielerorts in die Landschaft der alten Bundesrepublik gesetzt worden sind. Ein paar Bauern mit günstig gelegenen Feldern oder Wiesen verdienten sich dabei eine goldene Nase. Straßen wurden angelegt, Kanalisationsrohre und

Stromleitungen eingegraben, Grundstücke abgezirkelt, eine Grundschule (moderner Flachbau mit Innenhöfen sowie Turn- und kleiner Lehrschwimmhalle) gebaut, alte Siedlungshäuser integriert, an markanter Stelle ließ man eine alte Eiche stehen. Dazwischen entstanden, nach drei, vier Grundmodellen mit mehr oder minder individuellen Variationen, Einfamilienhäuser, später dann auch die platzsparenden Reihenhäuser. Apotheke, Post und eine frisch auf den Hügel gesetzte Kirche gab es im Nachbarort.

Aufbruchszeit, diesmal nicht begleitet von Protesten, sondern bedingt durch eingelöste Aufstiegschancen. Die Gewinne des Wirtschaftswunders wurden realisiert und in einen höheren Lebensstandard investiert. Es kommt eigentlich gar nicht so sehr darauf an, an welchem Ort ich meine Beobachtungen angestellt habe; entscheidend ist, dass Vororte wie Rammsee, als sie entworfen und gebaut wurden, einer kollektiven Wunschvorstellung entsprachen. Die Städte- und Landschaftsplanung war auf sie ausgerichtet, die Gesellschaftspolitik (Pendlerpauschale) auch. Rammsee ist das manifeste Ergebnis eines hegemonialen Traums, in seiner Variante für den gehobenen Mittelstand mit Luft nach oben. Wer hier herzog, hatte es geschafft.

Für geringere Budgets wurden solche Vororte im Grünen auch in Form von Hochhaussiedlungen errichtet. Allerdings haben sich diese nie als Traumvorstellungen durchgesetzt. Eine Zeitlang war es immerhin für gehobene und oft links oder zumindest linksliberal orientierte Bildungsbürger ganz schick, in modernen Hochhauswohnungen mit ihrem praktischen Zuschnitt und ihrem schönen Ausblick zu wohnen. Es gibt Fotos, die den Schweizer

Schriftsteller Max Frisch, der als gelernter Architekt sehr auf seine Wohnsituationen geachtet hat, in so einer Wohnung zeigen. Diese Phase dauerte jedoch nicht lange. Aus den sogenannten Trabantenstädten wurden oft soziale Brennpunkte. Auch Max Frisch ist bald wieder in ein eigenes Haus gezogen.

Zugegeben, die offensichtlicheren Krisen, individueller wie allgemeiner Art, und die gesellschaftlichen Kämpfe der späten Sechziger und frühen Siebziger wurden in den Städten ausgetragen. In deren Zentren standen die Amerikahäuser und politischen Repräsentanzen, vor denen demonstriert wurde. Man rang um Selbstverwirklichung und versuchte, Revolutionen – politische und auch sexuelle – herbeizureden, die Lebenskrisen ein für alle Mal beenden sollten. Die Psychodramen und politischen Debatten rund um die Achtundsechziger-Bewegung spielten sich dort ab. In den Innenstädten lagen auch die Bars, etwas später auch die Discos, in denen junge Erwachsene die Nacht für sich entdeckten. In neuen Identitätsentwürfen wurde erprobt, welche Band man sich zum Vorbild nehmen sollte, hin und wieder Identitätskrisen inklusive. Auch die Treffpunkte der immer breiteren und selbstbewussteren Schwulen- und Lesbenbewegung fanden sich in den Innenstädten, hier kam es zu ganz eigenen Krisen rund um Coming-out, schwule Selbstfindung, Kampf um Anerkennung in der Mainstream-Gesellschaft oder Herausbildung einer queeren Gegenkultur.

Von den Vororten dagegen erwartete man Stabilität. Die Menschen, die sich hier einrichteten, waren die sozialen Aufsteiger der Babyboomer-Jahre. Ihr Lebensentwurf sah vor, sich niederzulassen und – großes Wort mit gehörigem Wallungswert – ein Zuhause zu finden, für sich selbst, für den Ehepartner und für die Kinder. Mit einer heutigen Wendung formuliert: Sie wollten ankommen. Der Umzug in den Vorort sollte der letzte ihres Lebens sein. Oder höchstens der vorletzte, wobei ich vermute, dass sich die allermeisten vorstellten, in ihren eigenen vier Wänden zu sterben. Aber bis dahin war es sowieso noch lange hin, die Zugezogenen waren ja gerade mal Mitte, Ende dreißig.

Hier entlang verläuft der alte Schulweg. Dort wohnte ein Freund. Da liegt die Villa des Zahnarztes (das Gerücht ging um: mit Schießstand im Keller, er war Hobbyjäger), an den ich nicht so gute Erinnerungen habe. Aus dieser Richtung kam ich, wenn mich mittags der Bus aus dem Gymnasium in der Stadt nach Hause gebracht hat. Man läuft heute durch dieses Wohngebiet, und alles ist Stein und Garten und wohl eingerichtete Hübschheit.

Wie von selbst kam mir bei meinem Besuch Reinhard Mey in den Sinn. Sein Lied *Über den Wolken* von 1974, das, wie Wikipedia weiß (ich hatte mein Smartphone dabei und konnte gleich nachschlagen), 2005 bei der Wahl der besten hundert Lieder des Jahrhunderts im ZDF den vierten Platz erreichte, trifft die Sehnsucht, die hinter solchen ja durchaus anstrengenden und finanziell fordernden Bauprojekten wie den neuen Vororten steckt, ziemlich gut.

Man hat den Text gleich im Ohr: «Über den Wolken / Muss die Freiheit wohl grenzenlos sein / Alle Ängste, alle Sorgen / Sagt man / Blieben darunter verborgen / Und dann / Würde was uns groß und wichtig erscheint / Plötzlich nichtig und klein.» Man muss diese Verse nicht unbedingt auf das Fliegen zu beziehen. Gleichsam über den Wolken, allen Ängsten, allen Sorgen enthoben, glaubte man auch in dem nach strengen bundesrepublikanischen Baurichtlinien besonders stabil errichteten Eigenheim zu sein.

Vielleicht lebten die Menschen, die hier gebaut haben, tatsächlich in einer glücklichen Stunde null, wenigstens eine Zeitlang, vielleicht ein paar Jahre, vielleicht aber auch nur in ihrer Phantasie. Die Krisen des Elternhauses und der Ausbildungs- oder Studienzeit – oft waren sie in ihren Familien die Ersten gewesen, die die Universität besucht hatten und denen der soziale Aufstieg gelungen war – hatten sie hinter sich gelassen, so wie die Gesellschaft die Krisen der Nachkriegszeit offenbar (und was immer die rebellierenden Studenten auch reden mochten) erst einmal hinter sich gelassen hatte. Ein Partner war gefunden, die Karriereleiter erklommen und die Baufinanzierung gesichert. Dazu erklangen aus Fernseher und Radiogerät fortschrittsfrohe Signale: Mondlandung, Willy Brandt, die Erfolge der Fußballergeneration um Franz Beckenbauer und Günter Netzer. Krisensignale gab es natürlich auch: RAF, Vietnamkrieg, große Aufregung um die Ostverträge. Soweit aber waren diese Vorortbesiedler gut damit gefahren, den gesellschaftlichen Fortschritten zu trauen. Nun brauchten sie nur noch mit ihren Partnern zusammenbleiben, sich die Gesundheit erhalten, den Job, die Praxis oder die Firma weiterführen und ein bisschen Glück mit den Kindern haben – und alles wäre gut.

Am Ende ist dann doch einiges anders gekommen. Tatsächlich nämlich machten die Erstbewohner der Vororte bei all ihren Privilegien eine Erfahrung, die dann geradezu paradigmatisch werden sollte: dass man Lebenskrisen nicht entgehen kann, selbst dann nicht, wenn alle Rahmenbedingungen des Lebens stimmen sollten. Viele der bis dahin bekannten Krisen waren kein Thema mehr: Krisen der Not, Krisen der Nachkriegszeit (als wir nach Rammsee zogen, gab es in der Nähe noch Notunterkünfte für die nach Kriegsende Vertriebenen), Krisen, die sich aus beschränkten sozialen Verhältnissen oder repressiven Einstellungen in der Gesellschaft ergaben. Wie eng die fünfziger Jahre zum Beispiel für junge Liebende gewesen sein müssen, kann man sich heute gar nicht mehr vorstellen. Dafür aber kündigten sich nun neue Krisen an, und zwar solche, auf die man nicht eingestellt war.

Um mit den Ehekrisen zu beginnen: Selbstverständlich ist es nicht allen Paaren gelungen zusammenzubleiben. Allgemein stieg die Scheidungsrate, und die Vororte trugen ihren Teil dazu bei.

Auf meinem Spaziergang kam ich an interessanten Häuserkonstellationen vorbei. Ich stieß auf das schöne, gelb verklinkerte Haus, in das zunächst Herr und Frau Eins gezogen waren. Etwa vierhundert Meter davon entfernt liegt, gut versteckt hinter großen Hecken, das rot verklinkerte Haus, in dem Herr und Frau Zwei gewohnt hatten. Bald fing Herr Eins etwas mit Frau Zwei an. Und irgendwie kam es, die genaueren Umstände haben sich nicht herumgesprochen, jedenfalls nicht bis zu mir (der Tennisverein war der örtliche Hauptumschlagplatz für solche Nachrichten, und ich spielte kein Tennis), dass dann auch Frau Eins und Herrn Zwei etwas miteinander hatten.

So eine Vierecksgeschichte hat natürlich großes Dramen-potenzial. Die beiden Paare aber bekamen das im Grunde wohl Vernünftigste tatsächlich hin, nämlich einen Part-nertausch mit gleichzeitigem Häusertausch, sodass fortan Frau Eins und Herr Zwei in dem gelben und Herr Eins und Frau Zwei in dem roten Haus wohnen konnten. Eigentlich eine hübsche Geschichte für eine kleine Familiensoap im Nachmittagsprogramm.

Vergleichsweise glimpflich sind keineswegs alle Lie-besdramen ausgegangen – und auch dieses war für die Be-teiligten, nicht zuletzt wegen des Nachwuchses (sowohl Familie Eins als auch Familie Zwei hatten die obligatori-schen zwei Kinder), mit allerlei Krisen verbunden. Etwas weiter etwa stand ein Haus, in das schon bald eine neue Familie eingezogen war. Ich erinnere mich noch daran, dass ich Herrn und Frau Drei, die früheren Bewohner, als besonders mondän empfunden hatte, weil er ein weißes Mercedes-Cabrio fuhr und sie sich manchmal barbusig im Garten sonnte. Die beiden wirkten, als seien sie einem Hochglanzmagazin oder einem US-amerikanischen Vor-ortroman, wie sie John Updike geschrieben hat, entsprun-gen. Bei ihrer Scheidung verkrachten sich die zwei so sehr, dass sich keiner von beiden ein neues Einfamilienhaus leisten konnte.

Schließlich kam ich an einem Haus vorbei, in dem ein paar Jahre ein Schulfreund von mir gewohnt hatte. Nach der Scheidung seiner Eltern zog er mit seiner Mutter nach Nordrhein-Westfalen.

Auch bei den Paaren, die zusammengeblieben sind, lös-ten solche Trennungen Erschütterungen aus, Irritationen, leise Zweifel. Und auch diese Dramen erschienen wie dunkle Wolken am Horizont, von denen man hoffte, dass sie sich nicht über das eigene Haus schieben würden.

Es kam jedoch auch zu subtileren Krisen – Krisen, mit denen die Vorortbewohner der bundesrepublikanischen Nachkriegsgesellschaft tatsächlich so etwas wie Pioniere waren. Sie ergaben sich aus einer so simplen wie vertrackten Frage: Was fange ich mit meinem Leben an? Der erreichte Wohlstand und die einsetzende Liberalisierung der Gesellschaft erlaubten es zum ersten Mal breiteren Bevölkerungsschichten, sich diese Frage überhaupt zu stellen. Man war in einem Maße frei, das eigene Leben zu entwerfen, wie vorher kaum denkbar. Dabei gab es einen Haken: Theoretisch hatte man zwar alle Möglichkeiten, praktisch aber war man – mit eigenem Haus, der Familie – an einen Ort gebunden. Der Sozialdruck mag nicht mehr so hoch gewesen sein wie in den dörflichen, den kleinstädtischen oder auch den innerstädtischen Verhältnissen, in denen man groß geworden war, aber er war durchaus vorhanden. Es herrschte ein spürbarer Homogenisierungszwang.

Das noch grundsätzlichere Problem war, dass der eigene Lebensentwurf nur dann funktionierte, wenn man selbst in ihm funktionierte. Und er ließ mitunter wenig Raum, die eigene Rolle zu bestimmen: Erwartet wurde, dass man in der Welt der eigenen Familie mit ihren Kindergeburtstagen und Weihnachtsfesten aufging, dazu vielleicht Mitarbeit in der Gemeinde, Garten, Tennis. Die Männer konnten morgens in ihre Autos steigen und zur Arbeit in die Innenstädte fahren. Gerade für viele Frauen war der Vorort ein goldenes Gefängnis. Manche von ihnen packten mit an, wie man sagte, und arbeiteten in den Geschäften und Praxen ihrer Männer, einige als Buchhalterinnen oder, wenn es sich um Handwerksbetriebe handelte, als Verkaufsleiterinnen. Viele der Rechtsanwalts-, Arzt- und Beamten-Gattinnen im Vorort führten dagegen eine traditionelle Ehe mit klarer Rollenverteilung: er den Beruf, sie den Haushalt, wobei die Frauen oft von Putzkräften oder Haushälterinnen entlastet wurden. Nicht allen war es gegeben, ihre Ambitionen ganz auf die Ehemänner und Kinder zu projizieren. Das muss damals in den Küchen oder den gern mit hellen dänischen Möbeln eingerichteten Wohnzimmern tagsüber, wenn die Männer bei der Arbeit und die Kinder in der Schule waren, zu irritierten Grübeleien geführt haben: Ich weiß, ich sollte glücklich sein, aber ich bin es nicht – stimmt etwas nicht mit mir?

Unglücklich zu sein, war in den geordneten und vorzeigbaren Verhältnissen des Vororts noch nicht eingeplant. Es muss sich regelrecht fremd angefühlt haben, und die Frage, ob man sich nicht gar am Rande oder schon mitten in einer Lebenskrise befinde, schien sicher bedrohlich. Weniger als bei manifesten Lebenskrisen nach Scheidungen oder Kündigungen, aber doch deutlich spürbar muss mit solchen Gefühlen der Eindruck verbunden gewesen sein, man drohe aus dem Vorort, seinem Idyll, seiner Ordnung auf irgendeine Weise herauszufallen; man passe irgendwie nicht dort hin.

Der Schriftsteller Richard Yates hat Frank und April Wheeler so beschrieben, die Helden seines ersten, 1961 erschienenen Romans *Zeiten des Aufruhrs*, der 2008 erfolgreich und, wie ich finde, etwas gefühlig von Sam Mendes mit Leonardo DiCaprio und Kate Winslet in den Hauptrollen verfilmt worden ist. Die Wheelers sind ein junges, aufstrebendes Ehepaar, das gerade in die Revolutionary Road (so heißt der Roman auch im Original) gezogen ist, in eine der US-amerikanischen Vorortsiedlungen aus Einfamilienhäusern und kleinen Villen, die das große Vorbild für ihre bundesrepublikanischen Entsprechungen abgegeben haben. Alles könnte gut sein. Nur: April Wheeler fühlt sich nicht wohl. Ihre Rolle als Hausfrau füllt sie nicht aus, sie langweilt sich. Die Wheelers planen, nach Europa auszuwandern, um dort ein erfüllteres Leben zu führen; Frank bleibt dabei der Zögerlichere der beiden.

Während eines nächtlichen Gesprächs kommt es zur Auseinandersetzung. Sie könne in Europa als Sekretärin arbeiten, sagt April Wheeler, bei der Nato zum Beispiel. Sie habe alles durchgerechnet, ihr Gehalt würde für die ganze Familie inklusive Kinderbetreuung ausreichen. Und er? «Was soll ich eigentlich tun, während du den ganzen Zaster verdienst?» ist die erste Frage, die Richard Yates ihren Ehemann Frank Wheeler stellen lässt.

Aprils Antwort verdient eingerahmt und über den Schreibtisch eines jeden Autors gehängt zu werden, der sich daranmacht, über Vororte und die Mittelklasse zu schreiben. Sie enthält die Grundidee, aus der sich viele der subtileren Lebenskrisen in den Vororten entwickelt haben: «Begreifst du nicht? Begreifst du nicht, dass darin die ganze Idee besteht? Du wirst das tun, was du eigentlich vor sieben Jahren hättest tun sollen. Du wirst zu dir selbst finden. Du wirst lesen, studieren, nachdenken. Du wirst Zeit haben. Zum ersten Mal in deinem Leben wirst du Zeit haben herauszufinden, was du wirklich willst, und wenn du's dann weißt, dann hast du die Zeit und die Freiheit, damit anzufangen.»

Sieben Jahre zuvor haben sich beide kennengelernt. April hat damals zu Frank gesagt: «Wirklich, Frank. Ich mein es ernst. Du bist der interessanteste Mensch, dem ich jemals begegnet bin.» Nun ist er aus ihrer Sicht in seinem Angestelltendasein stecken geblieben und hat dabei den gemeinsamen Traum, etwas Besonderes aus dem Leben zu machen, verraten.

Zeit zu haben, um herauszufinden, was man wirklich will – das ist ein Wunschtraum, den viele hegen. In den Vororten erkannten die Menschen sicher schnell, dass es nicht so einfach ist herauszufinden, was man «wirklich» will. Man ist sich schließlich nie ganz sicher. Außerdem hatten sie ja eigentlich schon all das, was sie wirklich wollten. Trotzdem blieb diese unbestimmte Sehnsucht. Zu sich selbst zu finden, ist ein hoch krisenanfälliges Projekt, und die meisten Menschen belassen es dabei, es sich vorzunehmen, dann aber im Konkreten nie wirklich anzugehen.

Auch bei den Wheelers wird es kompliziert. Für eine Weile weiß Frank selbst nicht mehr so recht, ob er seine Frau noch in den gemeinsamen Ausstiegsplänen unterstützt oder sie bereits hinhält und auf den passenden Moment wartet, die längst nicht mehr geteilten Pläne zu unterminieren. Dann aber wird er befördert, und nun ist ihm klar: Er will nicht nach Europa. Er möchte lieber, dass alles so bleibt, wie es ist.

Das ist eine großartige dramaturgische Wendung. Dass eine Beförderung, etwas eigentlich Erstrebenswertes also, in einem Lebenslauf letztendlich zur Falle werden kann – solche Drehs machen die besondere Qualität des Romans aus. Krisen ergeben sich hier nicht nur aus Katastrophen oder ungünstigen äußeren Umständen. Sie können aus kleinsten Abweichungen von der Vorstellung entstehen, wie das eigene Leben aussehen sollte, aus Missverständnissen oder dem Zusammenstoß verschiedener Lebensentwürfe. Richard Yates beschreibt all das in *Zeiten des Aufruhrs* genau: die heimliche, verbissene Suche nach einer Lösung, die sich selbst nur halb eingestandenen Wünsche, die unausgesprochenen Gefühle zwischen Menschen, die sich eigentlich sehr nahe sind. Die leisen Dramen hinter ordentlich gemähten Vorgärten, das ist das Potenzial, aus dem sich die subtilen Lebenskrisen der Vororte ergeben.

Gegen Ende des Romans merkt man aber doch, dass seine Konzeption in die fünfziger Jahre zurückreicht. April Wheeler wird noch einmal schwanger und sieht sich damit endgültig in einem Leben gefangen, das sie ablehnt. Yates lässt die Handlung in eine existenzielle Katastrophe münden: April versucht, zu Hause heimlich eine Abtreibung vorzunehmen, und verblutet im Krankenhaus (im Übrigen eine der beiläufigsten und zugleich ergreifendsten Todesszenen der Weltliteratur). In einem deutschen Vorort der siebziger Jahre wäre die Geschichte natürlich anders ausgegangen, wenngleich das Recht auf Abtreibung und das Recht, sich scheiden zu lassen, ohne dass dabei Schuldfragen verhandelt werden, in den sechziger und siebziger Jahren auch dort erst erkämpft werden musste.

Nachdem die Katastrophe vorüber ist, wirkt das Buch wieder sehr zeitgemäß. Die folgende Beschreibung des Vororts könnte durchaus einem neueren Roman entstammen: «Die Revolutionary-Hill-Siedlung war zu einer

Tragödie innerhalb ihrer Mauern nicht geschaffen. Selbst abends gab es dort, als stünde eine Absicht dahinter, keine düsteren Schatten oder fahlen Umrisse. Es herrschte eine durch nichts zu erschütternde Fröhlichkeit in dieser Siedlung, diesem Spielzeugland mit seinen weißen und pastellfarbenen Häusern, deren hell erleuchtete, gardinenlose Fenster sanft durch das bunte Gewirr des grünen und gelben Laubs hindurchschimmerten. Grelles Flurlicht war auf die Rasenflächen gerichtet, auf die schmucken Haustüren, auf die Dächer der eiscremefarbenen Autos auf den Stellplätzen. Ein Mann, der in verzweifeltem Kummer durch diese Straßen lief, war hier vollkommen fehl am Platz.»

Spielzeugland. Richard Yates braucht noch das große Drama, um davon zu erzählen. Was aber, wenn das eigentliche Drama des Vororts darin besteht, dass in ihm mehr oder weniger gar nichts geschieht? In diese Richtung haben sich die Vorortromane weiterentwickelt. Richard Fords großartige Trilogie um den Immobilienmakler Frank Bascombe (*Der Sportreporter, Unabhängigkeitstag, Die Lage des Landes*) etwa setzt erst nach der großen Krise ein. Ein Kind ist gestorben, Frank Bascombe und seine Frau konnten die Trauer nicht gemeinsam verarbeiten und haben sich scheiden lassen. Das ist die Vorgeschichte und bereits Vergangenheit, als die Handlung einsetzt. Auf den etwa zweitausend Seiten der drei Romane erzählt Richard Ford nun, wie das Leben weiter und weiter und weiter geht und es dabei immer mal wieder zu kleineren oder auch größeren Lebenskrisen kommt. Wirklich Tragisches ereignet sich dabei nicht (abgesehen davon, dass eine Kollegin des Maklers bei einem Raubüberfall erschossen wird) –

stattdessen vermitteln die Romane manchmal das zutiefst unbehagliche Gefühl, Frank Bascombe werde allmählich auf kleiner Flamme gekocht. Die Tragik, aber auch die Schönheit des Lebens im Vorort besteht hier darin, dass alles immer weitergeht.

Natürlich spielen sich aber auch in den Einfamilienhäusern US-amerikanischer und deutscher Vorortsiedlungen wirkliche Dramen ab, damals wie heute. Ich musste, als ich Richard Yates las, zum Beispiel an Hannelore Kohl denken, die Kanzlergattin, die man jahrelang als Inbegriff deutscher Frauenspießigkeit betrachtet hatte und die hinter den heruntergelassenen Rollläden eines typischen modernen Vorort-Bungalows offenbar innerlich verbrannt war. Auch ihr Leiden – ob es nun tatsächlich einer Lichtallergie geschuldet war, mit der man ihren Freitod in der Öffentlichkeit erklärte, oder nicht doch der Einsamkeit und dem Zwang, an der Seite ihres Mannes glücklich auszusehen – war in der Siedlung, in der sie lebte, sicher irgendwie fehl am Platz.

Vom amerikanischen Schriftsteller, Naturmystiker und irgendwo auch Frühhippie Henry David Thoreau stammt ein Satz, der mir als Heranwachsender auf eine so intensive Weise eingeleuchtet hat, wie einem vielleicht nur in der Pubertät Erkenntnisse über die Welt einleuchten können. Bei Thoreau heißt es: «Die meisten Menschen führen ein Leben in stiller Verzweiflung.» Thoreau selbst ist in die Abgeschiedenheit der Natur geflohen. 1845 zog er an einen kleinen See namens Walden, er lebte dort sehr einfach in einer Holzhütte und schrieb darüber ein Buch, das zu einer Art Bibel für Aussteiger und Sinnsucher geworden ist. So weit sind die Bewohner der Vororte meist nicht gekommen.

Als ich damals mit dem Fahrrad von der Schule, dem Fußballplatz oder auch aus dem Kino kommend an den schönen Fassaden vorbeifuhr, dachte ich: Hinter diesen Fenstern, in diesen Häusern, sitzen unzählige Menschen, die so leben, wie sie es eigentlich nie wollten, eingezwängt in selbstgeschaffene Notwendigkeiten zwischen Terminen und dem Druck, Geld zu verdienen, zwischen Langeweile und Gartenarbeit – und die darüber im Grunde ihres Herzens tieftraurig sind. Erst später lernte ich den Begriff der Entfremdung kennen, mit dem Philosophie und Sozialwissenschaften diese These für die Gesellschaftstheorie handhabbar machen wollten. Und es kann gut sein, dass mit diesem Gedanken, neben der Verwunderung über meinen Großvater, mein Interesse für Lebenskrisen geweckt war.

Wenn ich heute durch diesen Vorort gehe, glaube ich keineswegs mehr, dass die meisten seiner Bewohner ein Leben in stiller Verzweiflung geführt haben. Manche sicher schon, aber eben nicht die meisten. Hier bot sich schließlich auch die Chance auf ein gutes, privilegiertes Leben mit vielen Annehmlichkeiten und ebenso vielen kleinen Entdeckungen. Es muss sich gut angefühlt haben, die Lieblingsschallplatte zum ersten Mal auf der neuen, schicken Hi-Fi-Anlage von Bang & Olufsen zu hören. Musikanlagen dieser dänischen Firma waren damals der letzte Schrei, neben den neuen Farbfernsehern natürlich. Es musste ein Gefühl der Souveränität vermittelt haben, von der Stadt nach Hause zu kommen, die Haustür hinter sich zuzuziehen und an der Hausbar erst mal einen Drink zu mixen (alle modernen Paare hatten eine Hausbar; eine Zeitlang war sie für mich mehr noch als das Elternschlafzimmer der ausschließlich Erwachsenen vorbehaltene Ort schlechthin).

Und doch gab es sicher auch in diesem Vorortleben bestimmte Momente, selbst wenn die Tiefkühltruhe bis zum Bersten gefüllt, der neue Wagen schon abbezahlt und die nächste Urlaubsreise bereits durchgeplant war. Zugleich hatte man sich von den gesellschaftlichen Instanzen, die noch den Eltern und Großeltern Trost und Halt in der Welt gegeben hatten, ein gutes Stück entfernt. Militärische Kameradschaft und Vaterlandsliebe waren gründlich desavouiert; auch wer nicht auf der Straße dagegen demonstrierte, glaubte zumindest nicht mehr daran. Religion und Kirche spielten im Vorort keine große Rolle mehr, zwar schickte man seine Kinder selbstverständlich zum Religions- und später zum Kommunions- oder Konfirmationsunterricht, von einem Pfarrer aber ließ sich niemand mehr in die Lebensführung hineinreden. Familienbande waren weiterhin vorhanden, hatten sich jedoch extrem gelockert; Großfamilien lebten weit verstreut und trafen sich, wenn überhaupt, nur noch zu besonderen Anlässen wie Hochzeiten oder Beerdigungen. Was dagegen neue Werte anbelangt, ließ man sich in Gesprächen über die heißen Themen der Zeit wie Selbstverwirklichung und Protest gern inspirieren, hatte aber gleichzeitig wenig Interesse daran, ernsthafte Konsequenzen für das eigene Leben daraus zu ziehen.

In den Lebenskrisen der Vororte geht es um Ambivalenzen. Das Leben ist kompliziert geworden. Einerseits hat man alles, was man braucht, andererseits ist man nicht glücklich, jedenfalls nicht immer. Einerseits lebt man so, wie man immer leben wollte, andererseits weiß man manchmal gar nicht mehr, ob man wirklich so leben wollte, wie man jetzt lebt. Einerseits geht es einem ganz gut, andererseits dreht sich bei der Vorstellung, dass alles immer so weitergehen könnte, vor Schreck der Magen um. Es kommt zu Krisen, die man sich selbst bereitet hat: Sinnkrisen, obwohl doch alles ordentlich eingerichtet ist, Identitätskrisen, obwohl man bekommen hat, was man glaubte, erreichen zu müssen. Gleichzeitig arbeitet innerlich etwas gegen das Eingeständnis der Krise an: Man mag sich sehnlichst einen Neuanfang wünschen, dagegen steht doch immer noch die Angst, das mühsam Erreichte wieder zu verlieren.

Der Kernpunkt dabei ist: Ohne eine kritische Selbstbefragung, ob man wirklich hat, was man will, und ob man wirklich will, was man zu wollen glaubt, ist das sogenannte normale Leben von nun an nicht mehr zu haben. Jedenfalls nicht mehr das privilegierte Leben im Vorort.

Genau das ist die Situation, in der sich das Narrativ der Krise endgültig durchgesetzt hat, und zwar sowohl das der gesellschaftlichen Krise als auch das der Lebenskrise. Der Zeitpunkt lässt sich in beiden Fällen genau bestimmen: Es waren die Jahre 1973/1974 beziehungsweise 1976. Zwei Krisen, wie sie unterschiedlicher nicht sein konnten, waren dabei entscheidend.

Die erste war die Ölkrise. Sie setzte 1973 ein, als eine Reihe von Mitgliedsstaaten des weltweiten Ölkartells OPEC während des Jom-Kippur-Kriegs ein Ölembargo gegen westliche Verbündete Israels verhängte und die Rohölproduktion drosselte. Im Winter desselben Jahres führte das in Deutschland an mehreren Sonntagen zu einem Autofahrverbot. Bilder von leeren Autobahnen erschreckten die Bevölkerung mit ihrem postapokalyptischen Touch.

Die zweite entscheidende Krise war, auch wenn es neben einem so hochpolitischen Ereignis seltsam klingt, die Midlife-Crisis. Sie wurde von der amerikanischen Autorin Gail Sheehy in ihrem 1974 erschienenen und 1976 ins Deutsche übersetzten Bestseller *In der Mitte des Lebens* zwar nicht zum ersten Mal beschrieben, aber doch popularisiert und auf die öffentliche Agenda gesetzt.

Beide Krisen, Ölkrise und Midlife-Crisis, haben, so glaube ich, die Ambivalenzen des Vorortlebens auf den Punkt gebracht.

Darüber, dass die Ölkrise einen tiefen Einschnitt in der bundesrepublikanischen Geschichte darstellt, sind sich Historiker heute einig. Im fünften Band seiner deutschen Gesellschaftsgeschichte lässt Hans-Ulrich Wehler mit ihr die Nachkriegszeit und die Zeit des Wirtschaftswunders enden: «Während sich die überhöhte Erwartung eines permanent verlängerbaren Wirtschaftswunders als massenwirksamer Konsum verfestigte, nahte das Ende des Booms, denn die hochkonjunkturellen ‹langen 50er Jahre› endeten zwar nicht mit der Rezession von 1966/67, wohl aber mit dem ersten Ölpreisschock von 1973, er markiert das Ende der Nachkriegszeit.» Der erarbeitete Wohlstand erschien seit diesem Zeitpunkt wieder gefährdet, die Zeit der Vollbeschäftigung war vorbei. Mit den Ölstaaten stiegen ehemals rückständige Drittweltländer zu globalen Playern auf, der Westen war nicht mehr der Mittelpunkt der Welt. Die Globalisierung trat in ihre Hochphase ein.

In der Geschichte der Gesellschaftskrisen hat die Ölkrise eine Sonderstellung. Sie zeigt an, dass der Krisenbegriff selbst sich geändert hat: Er bezeichnet nicht mehr ein bedrohliches, aber örtlich und zeitlich begrenztes, konkretes Ereignis. Eine solche Krise war etwa noch die Kubakrise 1962, in der sich die Welt, nach allem, was man inzwischen weiß, kurz vor dem Ausbruch eines Atomkriegs befand. Die Ölkrise dagegen hatte eine neue Qualität: Sie war unübersichtlicher, diffuser. Seit 1973 befindet sich die Gesellschaft in einer Art Dauerkrise, bei der sich nur die jeweiligen Anlässe und damit auch die Bezeichnungen ändern: Ölkrise. Nahostkrise. Wirtschaftskrise. Finanzkrise. Bankenkrise. Das hat auf der einen Seite natürlich mit realen Vorkommnissen in einer Gesellschaft zu tun, die komplexer und damit auch krisenanfälliger geworden ist. Auf der anderen Seite haben sich die Beschreibungsmuster dieser Ereignisse verändert. Im Umfeld der Achtundsechziger-Revolte war es noch eine Frage der politischen Einstellung gewesen, ob man von einer Gesellschaftskrise ausging oder nicht, fünf Jahre später sah die Situation anders aus. In diesem Punkt haben sich die Achtundsechziger also durchgesetzt, allerdings nicht wie gedacht: Das Krisenmuster ist Mainstream geworden. Gestritten wurde fortan nicht mehr darüber, ob eine Krise vorliegt oder nicht, sondern nur noch über Ursachen und Möglichkeiten, dagegen anzugehen.

Wenn sich heute Kulturwissenschaftler zu einer universitären Tagung treffen, um über *Krisengeschichte(n) – ‹Krise›*

151

als Leitbegriff und Erzählmuster in kulturwissenschaftlicher Perspektive zu diskutieren, wie sie es 2012 taten, dann wird entsprechend festgestellt: «Der Krisenbegriff genießt heutzutage nicht nur in den Medien eine große Konjunktur, wo er spätestens seit der Ölkrise der 1970er-Jahre eher als ein plakatives Passepartout verwendet wird, sondern auch in den Wissenschaften.» Plakatives Passepartout meint hier: Die Krise ist zu einem Generalschlüssel geworden, der auf beinahe jedes problematische Ereignis passt – sie fungiert, wie schon in Kapitel zwei gezeigt, als Narrativ.

Doch warum ausgerechnet die Ölkrise? Sie hat, meine ich, die bundesrepublikanische Mittelstandsgesellschaft, die sich in den siebziger Jahren endgültig ihre Einfamilien- und Reihenhausrealität geschaffen hat, empfindlich getroffen. Das Fahrverbot war ein kollektiver Schock, plötzlich wurde den Menschen klar, wie gefährdet ihr Lebensstil war. Der ganze Lebensentwurf war darauf eingestellt, mit dem Auto in die Stadt fahren zu können, zum Büro, zur Praxis oder zum Einkaufen. Ein paar autofreie Sonntage im Winter mag man noch ganz gut verkraften, da machte man halt mal zu Hause auf Familie. Aber den vollständigen Verzicht auf das Auto konnte man sich nur als eine Katastrophe vorstellen, er hätte das schöne Vorortleben komplett in Frage gestellt. So wurde die Bedrohung für die Bewohner überaus konkret. Auf der anderen Seite war die Bedrohung durch die Ölkrise aber auch schwer fassbar: Man hatte den Eindruck, schutzlos anonymen Mächten ausgeliefert zu sein. Wenn irgendwo da draußen in der Welt irgendwelche Scheichs den Ölhahn zudrehen, konnte man im Vorort rein gar nichts dagegen tun. Genauso wenig wie gegen eine dunkle Wolke am Horizont, die sich, man weiß es nicht, auch auf das eigene Grundstück zubewegen könnte.

Die Reputation der Midlife-Crisis ist dagegen, klar, um einiges geringer. Dass eine Midlife-Crisis in der Umgebung üblicherweise großes Mitgefühl auslösen würde, kann man wirklich nicht behaupten. Schnell schleicht sich ein leises Kichern oder ein leicht abfälliger Ton ein, wenn während eines Smalltalks unter Bekannten oder Kollegen gemutmaßt wird, dieser oder jener stecke wohl gerade in einer Midlife-Crisis. In der Regel sind es Männer, um die es dabei geht. Diagnostiziert wird die Krise in solchen Gesprächen gern anhand von Klischeebildern, in denen zweisitzige rote Sportwagen, neue sportliche Betätigungen oder jüngere Geliebte eine Rolle spielen. Und viele Männer in mittleren Jahren, die den Anlass für solche Tuscheleien abgeben und sich neue Cabrios leisten können, entsprechen diesen Bildern auch noch tatsächlich.

Das Buch *In der Mitte des Lebens* von Gail Sheehy vermittelt dagegen ein Gefühl dafür, wie neu und innovativ das Konzept der Midlife-Crisis Mitte der siebziger Jahre war. Sheehys Alltagsstudie ist damals zum Bestseller geworden, ein Erfolg, der sicherlich mit den neuen subtilen Krisen zu tun hatte, die allerorts ihre Wirkung zeigten. Man suchte nach Formen, um sie in all ihren Ambivalenzen bearbeiten zu können, und Sheehys Beschreibungsmuster und Erklärungsansätze boten die Möglichkeit, Sinn- und Identitätskrisen, wenn man sie schon nicht ohne weiteres lösen konnte, wenigstens begrifflich zu fassen. Die neue, breite Mittelklasse konnte sich im Buch wiedererkennen und sich nach der Lektüre in der Normalität ihrer Krisen bestätigt fühlen.

Zum großen Erfolg beigetragen hat wohl auch der Untertitel des Buchs: *Die Bewältigung vorhersehbarer Krisen.* Ich glaube nicht einmal, dass der hoffnungsfrohe Aspekt der Bewältigung entscheidend war; im amerikanischen Original fehlt er sowieso (hier heißt es nur *Predictable Crises of Adult Life*). Wichtiger ist, dass die betreffenden Krisen als vorhersehbar charakterisiert werden. Diese Beschreibung allein nahm den einschlägigen Sinnkrisen der Vorortbewohner das Ungreifbare und diffus Drängende. Und sie nahm den Betroffenen das schlechte Gewissen, sich so ausgiebig mit sich selbst zu beschäftigen. Oder vielmehr: Man gewöhnte sich daran, dass es auch im Vorort Lebenskrisen gibt. Wer dieses Buch gelesen hatte, musste sich nicht mehr als Außenseiter fühlen, nur weil er an sich Symptome einer Lebenskrise ausmachte.

Allerdings setzt das Buch mit einer Krise ganz anderer Art ein. Sheehy ist als Reporterin in Nordirland unterwegs, als sie in eine Auseinandersetzung gerät, in der britische Soldaten auf die Zivilbevölkerung schießen. Mühsam erinnert man sich heute daran: Damals rollten Panzer durch die Städte Nordirlands, zwischen Katholiken und Protestanten herrschte brutale Gewalt, Irland befand sich am Rande eines Bürgerkriegs. Sheehy hat während ihrer Recherchereise ein traumatisches Erlebnis: Ein Junge, der direkt neben ihr steht und gerade etwas zu ihr sagen will, wird durch eine verirrte Kugel im Gesicht getroffen. Er ist auf der Stelle tot.

Manchmal entfaltet sich ein solches Schockerlebnis mit Verzögerung: Man bricht erst einige Zeit später zusammen. Sheehy ergeht es genau so. Ein paar Monate hält sie noch durch, mit zusammengebissenen Zähnen, und schreibt ihre Reportage fertig, dann folgt der Nervenzusammenbruch. «Etwas war in mich gefahren», erzählt sie, «und schrie: Bestandsaufnahme! […] Zum ersten Mal war ich mir meines Alters bewusst.» Eine verirrte Kugel als deutliches Memento mori: Sie hätte auch selbst getroffen werden können.

Sheehy ist fünfunddreißig Jahre alt und schreibt in Reaktion auf ihren Schock gleich ein dickes Buch, das über mehrere Jahre weltberühmt sein wird. «Die Krise in der Mitte des Lebens ist das Thema, auf das sich nach ihrem Welterfolg alle stürzen», heißt es auf der Rückseite der deutschen Hardcover-Ausgabe des Kindler Verlags in der fünften Auflage, die ich mir antiquarisch besorgt habe.

Das Torschluss-Jahrzehnt – so lautet der Titel des Abschnitts, der sich ausgiebig mit der Midlife-Crisis beschäftigt. «Irgendwann zwischen fünfunddreißig und fünfundvierzig», heißt es dort zu Beginn, «geraten die meisten von uns, wenn sie es sich eingestehen, in eine regelrechte Authentizitätskrise.» Den Grund dafür sieht Sheehy weniger in äußeren Lebensumständen als im Bewusstsein der eigenen Sterblichkeit. Letztlich kann man ihre Beschreibung aber doch wieder an den Vorort zurückbinden: In den siebziger Jahren hatten zum ersten Mal sehr viele Menschen die Möglichkeit, alle im Leben angelegten Krisen voll zu erfahren. Zuvor wurden sie in Not- und Mangelsituationen, etwa im Krieg, meist durch unmittelbar existenzielle Sorgen verdrängt.

Sheehy verallgemeinert ihr konkretes Nordirland-Erlebnis, so kann man zusammenfassen, in übertragenem Sinn: Menschen wird ab einem gewissen Alter die Unerbittlichkeit, mit der die tödlichen Kugeln (oder welche Todesursachen auch immer) einmal einschlagen werden, bewusst. Der eigene Tod wird konkret. «Kein junger Mensch glaubt wirklich daran, dass auch er einmal sterben wird. Wenn dieser Gedanke erstmals zum Durchbruch kommt, beschäftigen sich die meisten Menschen intensiv mit Anzeichen des Alterns und des vorzeitigen Todes, und zwar unabhängig von ihrem eigenen Gesundheitszustand und ihrer gesellschaftlichen Stellung.» Das also macht für Sheehy den Kern der Midlife-Crisis aus.

Gleich darauf hält sie aber auch Trost bereit: «Wenn die Menschen nach dem Übergang in der Lebensmitte wieder festen Fuß fassen, tritt das Gespenst des Todes in ihrem Denken wieder mehr in den Hintergrund. Sie sprechen zwar viel davon und über krankheitsverhindernde Maßnahmen, doch ist ‹es› jetzt eine Gegebenheit und nicht mehr ein unaussprechlicher Schrecken.» So ist nicht nur das Dräuen der Midlife-Crisis vorhersehbar, sondern auch ihr Verlauf: «Zunächst sehen wir das Dunkel, lösen uns in unsere Teile auf, dann erblicken wir plötzlich wieder Licht und fassen diese Teile zu einem neuen Ganzen zusammen.»

In der Mitte des Lebens heute zu lesen, ist eine ganz eigene Erfahrung. Es ist vollkommen frei von Ironie und hat nichts von der heutzutage so gebräuchlichen Form der Trendberichterstattung. Wie mit großen, staunenden Augen begibt sich Sheehy auf eine Art Entdeckungsreise durch das alltägliche Leben. Dabei erzählt sie mit großem Ernst nicht nur von der Midlife-Crisis, sondern von allen möglichen Lebenskrisen, die der Lebenslauf damaliger US-Mittelschichtler bereithalten konnte: von der Pubertät über die Entwöhnung des Säuglings von der Flasche und die Krisen der Paarbildung bis hin zur Schwierigkeit, sich als alter Mensch begreifen zu müssen. Offenbar war es an der Zeit für einen ganz neuen Blick auf die Chancen und Hürden eines Mittelklasselebens, der nicht nur in Romanen, sondern auch in Alltagsbeschreibungen seinen Niederschlag finden sollte. Die nunmehr freieren Lebensläufe, die am Ende vielleicht doch nicht so frei geraten waren, wie sich das ihre Vorkämpfer in den späten Sechzigern ausgemalt hatten, mussten von Grund auf neu vermessen werden.

Wie zu erwarten, treffen wir bei dieser Bestandsaufnahme wieder auf Erik H. Erikson. Sein Phasenmodell dient Sheehy bei der Darstellung von Lebensläufen als gedankliches Muster; sie malt aus, was Erikson in seiner Aufsatzsammlung *Identität und Lebenszyklus* nur knapp skizziert hat. Als besonders anregend erweist sich vor allem das «neue Konzept von Erwachsensein», das sich aus Eriksons damals bereits dreißig Jahre alten Thesen ergibt. Sheehy geht direkt darauf ein: «Begreift man die Persönlichkeit nicht als eine Struktur, die nach Abschluss der Kindheit im Wesentlichen vollendet ist, sondern als ständig neue Entwicklungsmöglichkeit, dann wird das Leben ab fünfundzwanzig oder dreißig oder ab dem mittleren Lebensalter von sich aus Faszination, Überraschung und neue Entdeckungen bereithalten.»

Deshalb war die Midlife-Crisis so brisant. Dass Pubertät und frühe Erwachsenenzeit Krisen und Chancen zugleich bereithalten, wusste man. Mit der Midlife-Crisis wurde diese Ambivalenz nun über die restliche Lebenszeit ausgedehnt.

Es ist wie in der Geschichte von Hase und Igel: Überall, wo man im Leben hinkommt, erwarten einen schon passende Lebenskrisen – aber es bieten sich eben auch entsprechende Chancen. Dass Krisen und Gestaltungsmöglichkeiten eng zusammenhängen, war eine weitere neue Erfahrung, die man in den Vororten machen konnte. Mit dem Gewinn an Gestaltungsfreiraum, den man realisiert hatte, waren neue Krisen verbunden – und mit diesen Krisen wiederum neue Gewinne.

Letztlich schreibt Sheehy denn auch ganz wohlwollend über die Phase der Midlife-Crisis: «Diese Zeit ist voller Gefahr und günstiger Gelegenheiten. Wir haben die Möglichkeit, die nun als etwas zu eng empfundene Identität, durch die wir uns in der ersten Lebenshälfte definieren, zu überarbeiten. Diejenigen unter uns, die dieses Stadium voll nutzen, werden eine heftige Identitätskrise erleben. Um diese Krise zu überwinden, müssen wir unsere Ziele überprüfen und neu definieren, um uns danach mit allen Kräften auf die Zukunft zu konzentrieren. ‹Warum tue ich das alles? Woran glaube ich wirklich?›»

Interessant ist dabei der Ausdruck «nutzen». Sheehy meint es wirklich so: Sie erkennt in den Todesgedanken der Midlife-Crisis die Chance einer Sorge um sich selbst. Aufgestört durch den tödlichen Schuss in Nordirland und mit Erik H. Erikson im Gepäck, hat sie Folgendes für den Mainstream entdeckt: Zeiten der Selbsthinterfragung sind Teil jeder normalen Durchschnittsbiographie. Was aus diesen Gelegenheiten konkret gemacht wird, hängt von den Betroffenen und ihren Dispositionen ab.

Neben Erikson hat Sheehy ein zweiter Autor inspiriert: der kanadische Psychoanalytiker Elliott Jaques. Er verwendete den Begriff der Midlife-Crisis in einem Aufsatz aus dem Jahr 1965 und prägte ihn vielleicht sogar als Erster. Bemerkenswert ist, dass Jaques auf seine These von einer typischen Krise der Lebensmitte über Studien zu Künstlerbiographien kam. Anhand zahlreicher Fallbeispiele – Shakespeare, Gauguin, Keats – glaubte er belegen zu können, dass bei Künstlern um das fünfunddreißigste Lebensjahr herum eine Krise der Schaffenskraft einsetzt. Jaques' Ansätze, diese Schaffenskrise auch auf nicht künstlerisch Tätige zu übertragen, hat Sheehy entschlossen weitergeführt.

Sinnkrisen, Identitätskrisen – so etwas kannten die ersten Bewohner der Vororte im Grunde tatsächlich nur von Künstlern. Mit sich zu ringen, sich selbst in Frage zu stellen, das waren im Wesentlichen Beschäftigungen, die schöpferischen Menschen vorbehalten gewesen waren. Nun taten es ihnen die Pioniere subtiler Lebenskrisen im deutschen Mittelstand plötzlich gleich. Sie reagierten zum Teil damit, dass sie den eigenen Lebensrahmen etwas künstlerischer, etwas bohemistischer, etwas experimenteller anlegten.

Als ich hier im Vorort aufwuchs, herrschte allgemein (eine Ausnahme bildete der Tennisplatz) ein sehr beengtes, kleinfamiliäres Klima. Allmählich aber lockerte es sich auf. Dabei muss ich an das große Hallo denken, als – es wird in den frühen achtziger Jahren gewesen sein – die erste Nachbarin sich eine kleine Töpferwerkstatt in den Garten setzte. Irgendwann fing der nächste Nachbar zu malen an, im Stil der Jungen Wilden. Auch andere Formen der Selbstverwirklichung (nicht der ganz großen, aber doch der kleineren, sozial integrierbaren Variante) wurden ausprobiert. Heute besucht garantiert jede zweite Vorortbewohnerin einen Yogakurs, und jeder zweite männliche Bewohner hat schon einen Sprung mit dem Bungee-Seil hinter sich. In den frühen siebziger Jahren wäre das noch undenkbar gewesen.

Auch etwas anderes existierte damals längst noch nicht: das heute so selbstverständliche und in beinahe jedem zweiten Werbespot inszenierte Konzept von Fitness. 1970 rief der Deutsche Sportbund zwar die sogenannte Trimm-dich-Bewegung ins Leben, diese hatte aber noch eine Anmutung von Turnunterricht für alle. Der US-Präsident Jimmy Carter ließ sich in der zweiten Hälfte der siebziger Jahre beim Joggen fotografieren, und das war durchaus etwas Neues. Wer zu dieser Zeit nachmittags durch die Straßen seines Wohnviertels lief, musste sich noch auf dumme Bemerkungen der Anwohner einstellen. Der endgültige Durchbruch kam erst 1982, als die Schauspielerin Jane Fonda ihren medialen Vermarktungsfeldzug für Aerobic startete. Schon 1983 strahlte das ZDF eine Mitmachsendung mit dem ziemlich blöden Titel *Enorm in Form* aus. Fitnessstudios sprossen wie Pilze aus dem Boden. Um Fitness herum entwickelte sich ein Lifestyle und eine Mode, die mit verschwitzten Männersportvereinen nichts mehr zu tun hatten.

Das Konzept der Fitness ist hier wichtig, weil es sich nicht nur auf sportliche Ertüchtigung und gesunde Lebensführung beschränkt. Vielmehr schwingt die umfassende Fähigkeit, sich auf Krisen einzustellen und sie zu bewältigen, zumindest immer mit. Seitdem es Fitness gibt, können sich Vorortbewohner in ihren stillen Momenten die Sporttasche greifen und ins Auto setzen, um dann beim Work-out im Fitnessstudio auf andere Gedanken zu kommen. Wer regelmäßig ins Studio geht, kann sich sowieso gewappnet fühlen. Der Traum, fit zu sein, fasst die normalisierte Krise in sich; Fitness und Krise sind, wenn man es genau besieht, heimlich verschwisterte Begriffe.

Am Ende meines Spaziergangs in Rammsee angekommen, habe ich noch einmal in den Himmel gesehen. Die graue Luftschicht am Horizont war vorübergezogen. Etwas weiter hinten kam allerdings bereits die nächste.

Die Menschen, die in den sechziger und siebziger Jahren als Erste in die Vororte zogen, wähnten sich aller Krisen enthoben; tatsächlich bekamen sie die Ölkrise, die Midlife-Crisis und Fitnessprogramme. In einer solchen eher seltsam wirkenden Kombination von sozialen Phänomenen gewannen Lebenskrisen nicht nur, wie nach dem Protest der Achtundsechziger, nach außen hin in der Gesellschaft, sondern auch in umgekehrter Richtung, innerhalb der Lebensläufe einzelner Menschen, existenzielle Bedeutung.

Kapitel 8

Verschärfte Beziehungen

Ein Ehepaar kommt nach Hause. Es ist spät am Abend, gegen elf Uhr. Die beiden sind im Kino gewesen. Am nächsten Tag müssen sie wieder früh raus, zur Arbeit, aber sie wollen noch nicht schlafen gehen. Über Blicke und eingespielte Gesten, wie sie langjährige Paare oft entwickeln, verständigen sie sich darauf, noch eine halbe Stunde gemeinsam am Küchentisch zu sitzen. Der Mann öffnet den Kühlschrank und findet darin zwei halb vergessene, halb noch erahnte Flaschen Bier, die vom Wochenende übrig geblieben sind. Er schaut seine Frau fragend an, sie nickt kurz, dann nimmt er die Flaschen heraus und stellt sie auf den Tisch. Die Frau öffnet die eine Flasche, dann die andere, und beide trinken einen Schluck. Dann sehen sie sich an und fragen sich zum ersten Mal in den langen Jahren ihres Zusammenlebens, ob sie eigentlich glücklich miteinander sind.

So oder ganz ähnlich hat sich Ingmar Bergman in einem Fernsehinterview von 1973 eine angemessene Reaktion auf seinen Film *Szenen einer Ehe* vorgestellt. Er war gefragt worden, was er mit dem Film habe erreichen wollen, und hatte sich daraufhin diese Szene ausgemalt. Ich selbst habe das Interview nie gesehen, kenne es aber aus einer Schilderung des Essayisten Stephan Wackwitz, der in einem schönen, schwebenden, nachdenklichen Text mit dem Titel *Zwei Bier im Kühlschrank* davon erzählt. Zum Schluss, so Wackwitz, habe Bergman «sehr jungenhaft entschuldigend» gelächelt, denn «wir befanden uns erst am Anfang zweier Jahrzehnte, in denen derartige Diskussionen sich zu so etwas wie zu einem Wohnküchenvolkssport entwickelten – so lange, bis man von nichts dergleichen noch irgendetwas hören wollte. Es war damals noch revolutionär, was er sich da wünschte und vorstellte.»

Wackwitz selbst geht es um die allmählichen Veränderungen, die Paarbeziehungen seit dem gesellschaftlichen Aufbruch der sechziger Jahre durchlaufen haben. Dabei macht er deutlich, wie altbacken traditionelle Ehen, die noch auf geschlechtertypischen Rollen basierten, mit einem Mal wirken mussten. Nicht dass spezifische Rollenvorgaben Anfang der Siebziger überwunden gewesen wären, das sind sie bis heute keineswegs, aber ihre unzweifelhafte Geltung büßten sie definitiv ein. Wackwitz resümiert die Gewinne dieses Wandels, aber auch die Anstrengungen und Überforderungen, die mit ihm verbunden waren.

Sowohl die Gewinne als auch die neuen Anforderungen lagen in der Kommunikation. Der Film *Szenen einer Ehe* besteht aus einer schier unendlichen Folge von Gesprächen. Ein Paar in Großaufnahme, in verschiedenen Stadien der Beziehung. Verliebt, verheiratet, getrennt. Reden, reden, reden – über sich, über einander, über Gefühle und ihr Scheitern. Dieser Film, der später auch in Form einer längeren Fernsehserie ausgestrahlt wurde, die zu einem großen Fernsehereignis der siebziger Jahre geriet, markiert den Punkt, an dem die Ehe endgültig zur Beziehung umgestaltet wurde. Sie war bis dahin mit Moral und sittlicher Ordnung verknüpft; als Beziehung ging sie dagegen erst einmal nur die beiden Partner etwas an.

Ingmar Bergmans Vorstellung, die er im Interview äußert, leuchtet sofort ein. Sie hat etwas von einer schlichten, tiefen Wahrheit, die man im Kleinklein des Alltags schnell vergisst: Na klar, so einfach ist das im Grunde, darum geht es beim Zusammensein – man muss sich immer wieder fragen, ob man glücklich miteinander ist.

Genau dieser Punkt war den Pionieren der neuen Lebenskrisen noch nicht bewusst. An ihren Küchen, die ja auch das Setting für Bergmans imaginierte Szene abgeben, lässt sich das gut ablesen. Zunächst wurden sie in Einfamilienhäusern, ich erinnere mich noch gut daran, wie rein auf ihre Funktion beschränkte Arbeitsplätze eingerichtet. Hausfrauenküchen mit Sitzecken, gut, um darin die anstehenden Hausarbeiten zu verrichten. Immer neue Küchengeräte sorgten für eine bis dahin ungeahnte Effizienz. Die Einrichtung war praktisch, um auch mal rasch die Mahlzeiten in der Küche einzunehmen; sie war weniger praktisch, wollte man danach noch sitzen bleiben, die Füße ausstrecken und miteinander reden.

Bald aber setzten sich neue Formen durch. Die sogenannten Wohnküchen waren eine Errungenschaft der Wohngemeinschaften. Gemeinschaftszimmer waren in WGs ein seltener Luxus, meist hatte jeder Mitbewohner sein eigenes Zimmer, und das war's dann. So blieb die Küche als einziger Gemeinschaftsraum: Hier trank man

Tee und diskutierte über den Abwaschplan, hier stellten sich neue WG-Kandidaten vor, und es wurde, zumindest in funktionierenden WGs, gemeinsam gekocht, gegessen, geraucht, geredet und gestritten. Allmählich hielten solche WG-Wohnküchen dann auch in den Einfamilienhäusern der Vororte Einzug. Schicker natürlich, nicht auf Sperrmüll- und Erbstückbasis (Ikea kam erst später), sondern in nachgebauter Landhausform oder auch mit Bistro-Elementen. Die Küchen wurden gemütlicher, und es ging nicht mehr nur um abwaschbare Flächen, sondern um Wohnqualität.

Irgendwann löste sich die Grenze zwischen Küche und Wohnbereich sogar ganz auf, zumindest bei den avancierteren Bewohnern der Vororte, die mit der Zeit gehen wollten. Lofts wurden zum Vorbild. Nicht zuletzt sollte die Küche gegebenenfalls den Schauplatz für nächtliche Beziehungsgespräche abgeben. Ob zu zwei Flaschen Bier oder einem Glas Rotwein mit Käse (im Lauf der zwei Jahrzehnte, von denen Wackwitz spricht, sind die Ansprüche gestiegen) – Paare, die wirklich miteinander reden wollen, brauchen ein entsprechendes Ambiente.

Was Ingmar Bergman im Interview wie mit einer lässigen Handbewegung wegwischt, ist das Ideal eines sprachlosen Einverständnisses. Tief eingesenkt hatte es sich in die gesellschaftlichen Bilder von einer glücklichen bürgerlichen Ehe. Paare, die miteinander reden (müssen), Paare, die sich vielleicht sogar streiten, fanden sich zumindest aus bürgerlicher Sicht eher in den unteren Schichten: Keifende Ehefrauen, handgreiflich werdende Ehemänner, so wurden seit Gründung des Kaiserreichs Arbeiterpaare gezeichnet. Streit und Krisen deuteten auf unordentliche Verhältnisse hin, eine funktionierende bürgerliche Ehe hatte sich dagegen abzugrenzen. Die sittliche Ordnung, die man in ihr walten sah, hielt dazu an, sich über Egoismus und Triebsteuerung zu erheben. Zum Kern dieser Idee gehörte die Vorstellung, die Liebe bringe es zwanglos mit sich, zu zweit in einem Geist zu denken.

Dieses Ideal eines stummen Einverständnisses war noch in den fünfziger Jahren unglaublich wirkmächtig. In die Populärkultur hat es sich geradezu eingebrannt: Man schaue sich dazu nur noch einmal die *Sissi*-Filme mit der jungen Romy Schneider an. Wenn die Herzen sprechen, hat alles andere zu schweigen – das war auch die Grundannahme vieler Benimmbücher und Familienratgeber. Die Frage, wie man mit Ehekonflikten umgehen sollte, kam gar nicht erst darin vor. Streit und Krisen waren in einer Kleinfamilie nicht vorgesehen.

In den sechziger und siebziger Jahren blieb dieses Ideal zwar durchaus bestehen, wurde allerdings zunehmend hinterfragt, entlarvt, dekonstruiert. Das konventionelle Paar geriet unter Druck. Vor allem die Hausfrauenrolle wurde massiv abgewertet – Selbstverwirklichung bedeutete, diese grundsätzlich abzulehnen.

Es wäre jedoch viel zu einfach, die Auswirkungen der seit den sechziger Jahren aufbrechenden Rollenbilder nur auf der bürgerlichen Seite zu suchen. Dass die Achtundsechziger die Familie zerstört hätten, wird von konservativen Theologen und Politikern immer mal wieder gern behauptet. Tatsächlich fand ein groß angelegter Umbau der Familie statt: Man wollte entgegen Sittlichkeitszumutungen und Normierung dem persönlichen Willen des Einzelnen gerecht werden. Das war unter anderem die Grundvoraussetzung dafür, dass später auch Homo-Paare die Ehe anstreben konnten – oder vielmehr erst einmal nur die eingetragene Partnerschaft –, mit annähernd gleichen Rechten und Pflichten und, so darf man hinzufügen, denselben Beziehungsproblemen wie in einer heterosexuellen Ehe. Aber so weit sind wir in den Siebzigern noch lange nicht. Entscheidend ist zunächst, dass sich durch die zunehmende Notwendigkeit der Kommunikation innerhalb von Paarbeziehungen nicht nur die konventionelle Ehe herausgefordert fand. Auch auf Seiten der neuen Alternativkultur, die sich mit ihren Vorstößen zur sexuellen Befreiung gerade als Gegenentwurf zur bürgerlichen Kleinfamilie verstanden hat, entstand Bewegung.

Von einigen gerade erst geschaffenen Mythen musste man sich spätestens in den siebziger Jahren allmählich wieder verabschieden, so zum Beispiel vom Mythos des *Summer of Love* 1967. Haight-Ashbury, Flower-Power, wilde Frisuren und Batikkleider: So viel die Beziehungsexperimente der Hippie-Ära von der Kleinfamilie trennen mochte – auch die Vorstellungen von freier Liebe, wie sie im Jahr 1967 von San Francisco aus um die Welt gingen, hingen dem Ideal eines sprachlosen Einverständnisses an. Dass sich in der Liebe alles von selbst ergibt und dass es, wenn alle Menschen nur an die Liebe glauben, im Grunde gar nichts zu klären gibt – dann und wann wehen solche romantischen Ideen noch ins Heute herüber. Inzwischen weiß man jedoch, dass Beziehungen so nicht funktionieren. Dass Glück in zwischenmenschlichen Beziehungen nicht einfach da ist, sondern kommunikativ hergestellt und erhalten werden muss, hatten die befreiten Bürger-kinder mit Blumen im Haar erst zu lernen.

Make love, not war? Das *not war* ist allgemein akzeptiert (Ausnahmen bestätigen die Regel), aber das *make love* ge-staltet sich eben nicht so einfach, wie man sich das 1967 vorgestellt hat. *Love, Peace and Happiness?* Als Wunsch-vorstellung finde ich diesen Slogan bis heute unglaublich schön, dass es aber nicht nur *Peace* und *Happiness* geben wird, wenn zwei Menschen zueinanderfinden, sollte man auch wissen. Liebe ist schließlich nicht die Antwort auf al-les, sondern schon für sich selbst genommen ein Problem. Bereits die Anbahnung und Bildung von Paarbeziehungen ist ein komplexes Unterfangen – und das Zusammenle-ben als Paar erst! Was das Ideal des sprachlosen Einver-ständnisses allerorts verdeckt hat: Es bedarf ständiger Beziehungsarbeit, um Gefühle auf Dauer zu stellen bezie-hungsweise in Lebensstrukturen zu überführen.

Schon klar, gelegentlich wird man von leiser Wehmut erfasst, wenn mal wieder Scott McKenzie mit glockenhel-ler Stimme aus dem Radio tönt: «If you're going to San Francisco, be sure to wear some flowers in your hair.» Klar ist aber auch: Niemand geht mit Blumen im Haar zum Paartherapeuten.

Es waren nicht nur die Kommerzialisierung der se-xuellen Revolution durch die Massenmedien oder ein gesellschaftlicher Backlash, die dazu führten, dass die in den Hippiekreisen der späten sechziger Jahre angelebten utopischen Momente nicht dauerhaft realisiert wurden. Eine große Rolle spielte dabei auch, dass im *Summer of Love* schlicht unterschätzt wurde, wie kompliziert Intim-beziehungen zwischen Menschen werden können, gerade wenn ihre Basis von Normen- auf Verhandlungsmoral umgestellt wird.

Der Schriftsteller T. C. Boyle hat das in seinem Roman *Drop City* sehr treffend beschrieben. Er schildert eine Hippie-Kommune, in der nicht äußere Zwänge der freien Liebe Grenzen setzen, sondern die Gefühlswelt der Einzelnen (und auch die Hybris, eins mit der Wildnis Alaskas sein zu wollen, aber das ist eine andere Geschichte). Befreiungsphantasien von allumfassender Liebe gehen dabei wie von selbst in Freud und Leid von Paarbildungen über; sei es, eine der Figuren entdeckt, dass ständiger Partnertausch kaum emotionale Tiefe ermöglicht, sei es, einer Figur gelingt es nicht mehr, sich Eifersuchtsgefühle und Bindungswünsche ausreden zu lassen. Den alten Hippie-Glauben, durch mehr Liebe die Welt heilen zu können, lässt T. C. Boyle gehörig scheitern, indem er zeigt, dass das mit der Liebe in Wirklichkeit anders läuft. Sie ist nämlich gar nicht so leicht zu handhaben. Das Begehren hat einen Eigensinn, und auch die eigenen Gefühle können schwer zu entziffern oder, wenn man sie entziffert hat, schwer zu ertragen sein. Schnell wird dabei klar, was der Traum vom *Summer of Love* ausklammert: Es sind die unausgesprochenen Beziehungsfallen, heimlichen Verletzungen und kleinen Fremdheiten, die zwischen Partnern immer wieder beredet werden wollen.

Ingmar Bergman hat all das inszeniert.

Nun darf man sich das nächtliche Gespräch am Küchentisch allerdings keineswegs so licht, unverfänglich und rational vorstellen, wie er es im Interview aussehen lässt.

Wer im Lauf seiner Beziehungskarriere jemals ein solches Gespräch geführt hat, würde das ohnehin nicht tun. Und auch Bergman selbst wirkt hier harmloser als in seinen Filmen. In *Szenen einer Ehe* hat er schließlich gezeigt, wie solche Beziehungsgespräche tatsächlich ablaufen: emotionaler natürlich, und gefährlicher, als die Beteiligten es gern hätten.

«Du, ich möchte dir mal eine Frage stellen: Sind wir eigentlich glücklich miteinander?» Man braucht schon beinahe übermenschliche kommunikative Fähigkeiten, um nach so einer Gesprächseröffnung nicht im emotionalen Dickicht gegenseitiger Verletzungen und Vorwürfe zu versinken. Der Partner braucht nur mit «Wie kommst du darauf? Ich weiß gar nicht, wovon du redest» zu antworten, und schon steckt das Paar mitten im Schlamassel. Manchmal weiß ich, ehrlich gesagt, selbst nicht, was beziehungstaktisch günstiger ist: so ein Gespräch souverän zu meistern und sich dabei dem Verdacht auszusetzen, man sei aus Vorsicht oder falscher Rücksichtnahme nicht ehrlich genug; oder sich in einer solchen Sitzung ordentlich zu fetzen, was immerhin zeigt, wie verletzbar man dem Partner gegenüber ist.

Bergman unterschlägt, dass ein Gespräch, und gerade ein solches, nicht nur in einem Austausch von Informationen besteht. Es hat auch einen performativen Aspekt. Man denkt nicht nur gemeinsam über die Beziehung nach, man *handelt* innerhalb der Beziehung. Läuft das Gespräch gründlich schief, bahnt sich schnell eine Beziehungskrise an, und nicht immer lässt es sich, wenn das Bier ausgetrunken ist, mit dem Vorschlag beenden: «Okay, lass uns jetzt ins Bett gehen und morgen noch mal in aller Ruhe darüber reden.» So ein nächtliches Gespräch ist der Ernstfall einer Beziehung – oder kann zumindest schnell dazu werden. Man bewegt sich dabei auf dünnem Eis.

Nie werde ich vergessen, was mir einmal ein Paartherapeut erzählt hat. Mindestens zweimal im Jahr, manchmal sogar dreimal, müsse er seine Praxis komplett neu tapezieren und streichen lassen. Der Grund dafür: Das Adrenalin, das seine Klienten während der Sitzungen ausschwitzen, setze sich im Raum fest. Selbstverständlich lüfte er zwischen den Sitzungen lange, auch mit Raumspray habe er schon experimentiert, aber da sei einfach nichts zu machen. Es sei unglaublich, was für eine Wut sich bei Therapiegesprächen Bahn breche. Und auch die Angst, die man im Raum spüre, sei im Grunde unfassbar. Menschen, die während der Sitzungen vor ihm säßen, würden oft geradezu um ihr Leben kämpfen, inklusive aller körperlichen Stresssymptome, die das nun einmal mit sich bringe. Dieser Vorgang habe etwas geradezu Archaisches: als ob ein ausgewachsener Löwe hinter den Klienten her wäre. Man könne sich bei manchen Gelegenheiten gar nicht mehr vorstellen, dass beide Partner oft jahrelang ihr Leben und ihr Bett geteilt haben, sich nahegekommen sind, Kinder miteinander haben. Ausgeschwitztes Adrenalin röche im Übrigen wirklich sehr intensiv. Manchmal stinke es im Therapiezimmer wie in einem Raubtierhaus. Dass wir Menschen Säugetiere seien, das könne er, meinte der Paartherapeut, nun wirklich bezeugen. Wir röchen nämlich auch so. Zwei- bis dreimal im Jahr seien einfach die Malerarbeiten fällig.

Die Erzählung des Paartherapeuten drückt das Gefühl, ausgeliefert zu sein, das einen in Beziehungskrisen befallen kann und manchmal in Aggression umschlägt, sehr gut aus. Oft steht wirklich viel auf dem Spiel. Das ganze Gewicht drohender oder tatsächlich anstehender Entscheidungen lastet auf den Betroffenen. Und es geht meist nicht nur um sie selbst: Bei einer Trennung sind auch Kinder betroffen, gemeinsam gebaute und eingerichtete Häuser, Lebensentwürfe in ihrem Kern.

Stephan Wackwitz findet in einem Essay mit dem Titel *Bachelor Pride Parade* dafür gute Worte. Seiner Ansicht nach sei «das Familienleben, ausgerechnet der Lebensbereich also, der dem Schicksal idyllisch enthoben sein soll, der letzte Schauplatz lebensbedrohlicher und schicksalhafter Entscheidungen geworden, das letzte Feld, auf dem Ausschließlichkeit und Unwiderruflichkeit regieren und jemand Verwendung für Heroismus hat».

Erinnern wir uns an dieser Stelle an den Krisenbegriff der Dramentheorie, den Jürgen Habermas im Aufsatz *Was heißt heute Krise?* referiert hat: Schicksal, Heldentum – die Kategorien der großen Dramen sind in den Alltag des Zwischenmenschlichen eingewandert.

Was Beziehungskrisen betrifft, so stößt man in Artikeln, Aufsätzen und Sachbüchern schnell auf böse Bemerkungen. Selbst ein so besonnener und weltzugewandter Soziologe wie Karl Otto Hondrich lässt sich dazu hinreißen: «Was den hochzivilisierten Gesellschaften an militärischen und Bürgerkriegen – vielleicht – erspart bleibt, zahlen sich ihre Bürger als Männer und Frauen in Ehekriegen heim», heißt es, etwas überpointiert, in seiner Aufsatzsammlung

Liebe in den Zeiten der Weltgesellschaft. Hondrich ist allerdings längst nicht so vergrämt, wie es das Zitat vermuten lässt. In seinen Aufsätzen interessiert ihn vor allem, was in heutigen Liebesbeziehungen dann doch noch gut funktioniert und warum es das tut. Aber das mit den Ehekriegen musste wohl mal raus.

Ich weiß nicht, ob es stimmt, aber ich höre aus diesem harschen Satz, der aus einem Aufsatz von 2000 stammt, die Härte der siebziger Jahre heraus. Nicht dass Beziehungskonflikte heute prinzipiell gedämpfter ablaufen würden als damals, aber man hat sich doch zumindest an die Tatsache gewöhnt, dass es sie gibt. Ohne mehr über Hondrichs Leben zu wissen, nehme ich an, dass jemand, der wie er 1937 geboren wurde und in den Siebzigern also Anfang, Mitte dreißig bis Anfang vierzig war, sie ungeschützter und dringlicher erfahren hat als jemand, der wie ich später geboren ist. Heute sind Beziehungskrisen anstrengende, komplizierte oder auch traurige Privatangelegenheiten. In den Siebzigern waren sie darüber hinaus in ihrer Häufigkeit und Heftigkeit auch soziale Phänomene, die eingeordnet werden mussten.

Die siebziger Jahre waren sowieso das große Jahrzehnt der Beziehungskrisen. Der Autor Peter Schneider zog 1974 im *Kursbuch*, dem damaligen Zentralorgan der Linken und Linksliberalen, in einer später legendär gewordenen Bestandsaufnahme trocken Bilanz: «Wenn ich mich unter meinen Bekannten umschaue, entdecke ich kaum noch, was im neuen Jargon ‹funktionierende Zweierbeziehung› heißt.» Eine Zeitlang sah es so aus, als stellten Beziehungskrisen Zweierbeziehungen grundsätzlich in Frage.

Eine Erklärung ist schnell zur Hand. Das Austarieren der neuen Freiheiten nach Achtundsechzig hatte auch eine destruktive Seite. Zunächst ging es natürlich darum, überkommene Traditionen über Bord zu werfen. Mit Romantik alter Schule – Tanzkurs, Türaufhalten, Traum von der Kleinfamilie – konnte man niemandem mehr kommen. Eine neue, irgendwie dunklere Romantik fand man dagegen darin, sich rebellisch und wild zu geben. Wie sich darauf allerdings langfristige Beziehungen gründen sollten, wusste keiner so recht. Komplizierte, liberale Partnerschaften wie die von Jean-Paul Sartre und Simone de Beauvoir wurden wohl auch deshalb ikonisch, weil sie wie nur wenige andere erlaubten, das wilde Leben mit einer offenen und zugleich stabilen Beziehung zusammenzudenken. Im näheren sozialen Umkreis werden die allermeisten Paare solche Vorbilder kaum gefunden haben (bei Sartre und de Beauvoir lief es, wie man mittlerweile weiß, auch nicht ohne Konflikte ab; vor allem de Beauvoir litt zwischendurch immer mal wieder unter Sartres Eskapaden).

Entscheidend war natürlich auch, dass die Frauenemanzipation über die engen Kreise der Studentinnen hinaus in ihrer praktischen, auf den Alltag durchschlagenden Phase angekommen war. *Wir haben abgetrieben!* – dieses Titelbild, mit dem der *Stern* das «Frauenfass» (wie man noch in den achtziger Jahren sagte) endgültig aufmachte, erschien im Juni 1971. Begleitet wurden die öffentlichkeitswirksamen Kämpfe um die Frauenfrage von Auseinandersetzungen bis in einzelne Beziehungen hinein. Harte Gleichberechtigungskämpfe wurden auch am Küchentisch ausgetragen. Nichts, was bisher zwischen den Geschlechtern galt, galt mehr unhinterfragt. Alle gesellschaftlichen und sozialen

Strukturen wurden kritisch daraufhin geprüft, ob sie nicht der Unterdrückung der Frau dienten.

Eine dritte Erklärung für die Heftigkeit der Beziehungskämpfe in den siebziger Jahren habe ich beim Psychologen Hans-Joachim Maaz gefunden. In seinem Buch *Die Liebesfalle* heißt es, die «eigene seelische Verletzung wird so lange in Beziehungskämpfen und kriegerischen Auseinandersetzungen reinszeniert und ausagiert, solange sie nicht erkannt und gefühlt wird». Dieser Gedanke lässt den zeithistorischen Hintergrund der Beziehungskonflikte nach Achtundsechzig beiseite. Statt von einem Kampf zweier Geschlechter auszugehen, die einfach nicht zueinanderpassen – ein Muster, das in der Hochzeit der Beziehungskämpfe durchaus eine gewisse Evidenz hatte –, führt Maaz die Konflikte auf frühkindliche Traumata zurück. Damit eröffnet sich theoretisch die Möglichkeit, sie eigenständig zu bearbeiten – an den eigenen Verletzungen kann man ja ansetzen.

Die zitierte Stelle ist auch mentalitätsgeschichtlich interessant. Wie schon bei Karl Otto Hondrich fällt auch bei Hans-Joachim Maaz die Nähe von Beziehungskämpfen und Krieg auf. Maaz wurde 1943 geboren, ist also nur sechs Jahre jünger als Hondrich. Die sich in den siebziger Jahren in aller Härte streitenden Männer und Frauen sind Kinder von Kriegsteilnehmern gewesen, die bis dahin möglicherweise nie gelernt hatten, ihre eigenen durch Krieg und Nazi-Erziehung ausgelösten Krisen und Traumata anzugehen. Wahrscheinlich haben sie ihre Last nicht selten an ihre Kinder weitergereicht, und es kann also gut sein, dass nicht nur im Generationenkonflikt der siebziger Jahre, sondern auch in den Beziehungskämpfen der Zeit der

Zweite Weltkrieg weiter sein Unwesen trieb. Zu einem gewissen Teil holten die heftigen Beziehungskrisen der siebziger Jahre wohl auch die Krisen und Konflikte nach, die von der vorangegangenen Generation nicht offen ausagiert werden konnten.

Das alles ist aber nur die eine Hälfte. Die zweite steckt in der kleinen aufgeladenen Wendung «miteinander glücklich sein», die Ingmar Bergman ins Spiel gebracht hat. Die Beziehungskrisen der siebziger Jahre wurden ja nicht nur aus einer Abwehrhaltung heraus geführt, und es wurden nicht nur aufgezwungene Probleme verhandelt. Sie hatten auch eine aktive Komponente: Man wollte etwas gemeinsam erreichen.

«Die Liebe», schreibt Karl Otto Hondrich, «ist Teil einer großen historischen Bewegung zur Freiheit. Die auf Liebe gegründete Wahlfamilie befreit von Fremdbestimmung durch Herkunftsfamilie und Herren. Liebe zieht auch eine Grenze gegenüber Politik, Wirtschaft, Religion, Wissenschaft und befreit, so gut es geht, von deren Zwängen. Freiheit heißt hier Verselbständigung und Selbststeuerung von Lebenssphären gegeneinander. So befreit die auf Liebe gegründete Familie auch Arbeit, Forschung und öffentliches Leben von störenden Leidenschaften. Diesen bietet sie einen geschützt-innigen Raum, Ausleben und Einhegung in einem.»

Bewegung zur Freiheit, Befreiung von Fremdbestimmung, Lösung von der Herkunft, Herstellung eines geschützten Raums für Innigkeit – die Streitereien zweier Partner mit solchen Menschheitsprojekten in Verbindung zu bringen, wirkt ziemlich überorchestriert. Aber natürlich gibt es einen Zusammenhang. In den Beziehungskämpfen der siebziger Jahre wurden die bis heute geltenden Grundzüge einer modernen Beziehung, die zuvor nur in Künstler- und Avantgardekreisen unbedingte Gültigkeit hatten, bis weit in die Angestellten- und Beamtenkreise, die Handwerker- und Arbeiterfamilien hinein festgeklopft. Die für Beziehungen gesetzten Standards wurden dabei entscheidend erhöht: Keine Versorgungsehen mehr! Kein Nebeneinanderherleben mehr, nur weil man es angeblich schon immer so gemacht hat! Glück und Liebe sollten die Grundvoraussetzung sein.

Der Autor Heinz Bonorden beschreibt diesen Wandel in einem reflektierten Selbstverständigungstext, der 1982 in einem Sammelband über die sozialen Errungenschaften der Gegenwart erschienen ist, sehr genau. Als Erstes, so hält er fest, gingen vor allem die sogenannten Kinderehen in die Brüche. Mit Kinderehen meint er die Institutionalisierung von Beziehungen, die noch während der Schulzeit oder kurze Zeit später eingegangen worden waren. Der traditionelle Weg: Schule, Ausbildung, vielleicht noch Studium, dann gründete man eine Familie fürs Leben. Viele heirateten ihre erste Freundin oder ihren ersten Freund, viele hatten zuvor keinen anderen Sexualpartner. Aber das alles funktionierte so jetzt nicht mehr. Die Kritik an der «zwanghaften Fixierung auf die Ehe» und der «Verhinderung individueller Spielräume durch die Anpassung an die Standards der Eltern», gehörte, schreibt Bonorden, zum «neuen Common Sense». Das hört sich im Ton noch leicht studentisch an, aber tatsächlich haben wohl sehr viele junge Menschen so gedacht. Oder zumindest so gefühlt.

Quer durch alle Bevölkerungsschichten kam es zu Ausbruchsversuchen. Bonorden erzählt von einem solchen Fall. Gitti (heute würde man als Autor einen anderen Namen für das Fallbeispiel wählen) stammt aus dem alteingesessenen, gehobenen Mittelstand: ländliche Gegend, Handwerkerumfeld, kleiner Familienbetrieb. Für die Firma wird ein Nachfolger gesucht, jemand, der zur Familie gehören soll, der sich in das Geschäft einarbeitet und es einmal übernehmen wird. Für den zukünftigen Schwiegersohn, Gittis Mann also, stünden dabei alle Tore offen. Diese Erwägung hat Gitti selbstverständlich im Hinterkopf, sie ist mit dieser Erwartung aufgewachsen. Und doch entscheidet sie sich für Roland, einen Mann, der nicht aus der Gegend kommt, der schon eine Scheidung hinter sich hat, der irgendwo auch ein Kind hat, für das er Unterhalt zahlen muss, und noch dazu eine wenig solide, unstete Arbeitsbiographie: Mal hat er dieses, mal hat er jenes gemacht, wegen Diebstahls hat er sogar schon im Gefängnis gesessen. Die beiden heiraten, und man versucht, Roland in den Betrieb zu integrieren.

Bald kommt es zu Spannungen zwischen ihm und den Angestellten, dann zu Streitereien mit Gittis Eltern. Und auch zwischen Gitti und Roland kommt es zu einer Krise: Er fühlt sich eingeengt – und so, eingebunden in ein häusliches Umfeld, verliert er auch für Gitti einiges an Attraktivität. Seinen Rebellencharme kann Roland nicht mehr ausspielen, ein richtiger Ehemann wird aber auch nicht mehr aus ihm werden.

«Gitti hatte aufbrechen wollen zu neuen Ufern», schreibt Bonorden. «Ihre Leidenschaft für Roland, ihren verbissenen Kampf um den unmöglichen Außenseiter verstanden die anderen in der Familie gleich richtig: als offene Rebellion gegen das Leben, das man für sie vorgesehen hatte. Für alle muss provozierend deutlich gewesen sein, dass es Gitti mit Roland um Faszinationen ging, die Beherrschung nicht duldeten; das Gegenteil von Sicherheit und Anständigkeit: Ekstasen. Um die kämpfte sie.»

Faszinationen. Ekstasen. Auch dafür stürzte man sich also in Beziehungskrisen. Bonordens Aufsatz trägt den Titel *Das verschärfte Leben* (nach einem Songtext von Udo Lindenberg: «Es muss doch irgendwo 'ne Gegend geben / für das verschärfte Leben»), und eben danach sucht Gitti, und mit ihr suchen viele andere Frauen und Männer in dieser Zeit. So erscheinen die Beziehungskämpfe der siebziger Jahre mit gehörigem Abstand wie ein umfassendes soziales Experiment. Ein Experiment, um zu erkunden, wie man *anders* miteinander leben konnte, zumindest anders, als es die Eltern taten.

Es war jedoch keineswegs nur so, dass Kinderehen und auch Ausbruchsbeziehungen auf Dauer der Frage nach dem gemeinsamen Glück nicht standhielten. Krisen und auch Trennungen, so anstrengend und schmerzlich sie sein konnten, waren Teil des neuen Beziehungskonzepts. Nur keine Routine! Krisen und Trennungen führten als Phasen der Formlosigkeit immerhin das Versprechen mit sich, der falschen Institutionalisierung der Gefühle, die von den Eltern vorgelebt worden war, zuvorzukommen. Sie setzten Nullpunkte, und man glaubte, sei es in der gegenwärtigen oder der nächsten Beziehung, von dort aus wieder ganz neu und ganz anders anfangen zu können.

Worauf lief das alles hinaus? Auf der einen Seite bleibt Bonorden skeptisch: «Eine neue mimosenhafte Unzufriedenheit, die auf niemanden und nichts sich wollte festlegen lassen, haltlose Gespräche über Stimmungen, über schwankende Gefühle, über immer wieder sich verschiebende Erwartungen an den anderen, schließlich die ganze Illusion der immer wieder neuen Anfänge – war und ist das nicht auch schrecklich wehleidig, narzisstisch, ist das nicht auch schrecklich ‹unreif›?» Auf der anderen Seite fällt ihm Sigmund Freuds berühmte Antwort auf die Frage ein, wozu ein psychisch gesunder Mensch fähig sein sollte: zu lieben und zu arbeiten. Bonorden entdeckt in dieser Formel den Anspruch auf Selbstbestimmung. Lieben und arbeiten – «das ist ja kein bescheidenes Beharren auf einem psychischen Minimalprogramm, erst recht nicht die Verbeugung vor irgendeiner Durchschnittlichkeit; es ist das genaue Gegenteil, die Forderung nach dem Idealzustand als Normalität». Das gilt zumindest dann, wenn man Arbeit nicht als fremdbestimmte Tätigkeit und Liebe nicht als Gefühl in vorgegebenen Formen begreift.

In diese Richtung interpretiert Bonorden nun die Beziehungskrisen der siebziger Jahre. Sie sind für ihn die praktische Konsequenz aus der Forderung nach dem Idealzustand als Normalität. Er deutet sie vor diesem Hintergrund «als Prozess der Bewusstwerdung, als individuelle Aktualisierung klassischer Ansprüche. Zerfallen die blinden Zwänge, die ‹lieben und arbeiten› institutionell gesichert und oktroyiert haben, im Zweifelsfall immer als ‹heiraten und Karriere machen›, zerfallen die selbstverständlichen Normen und die institutionellen Zwänge, die im Dunstkreis des Durchschnitts die Individuen auch entlastet haben, so wird die Eroberung von individuell bestimmter Handlungsfähigkeit selbst zum Lernprogramm:

lieben und arbeiten. Wie soll das wieder, immer noch, trotzdem möglich sein?» Von diesem Punkt aus wertet Bonorden Trennungen und Beziehungskrisen – in aller Vorsicht – auch positiv. Hinter all den Verwirrungen, der Erschöpfung und auch der Traurigkeit tritt so etwas wie eine Übergangszeit, vielleicht sogar eine Gründerzeit hervor. «Mit der Destruktion der Beziehungen begann die Bearbeitung dieser Fragen. Und nur wer immer schon weiß, wo es langgeht, weil er sich aufs Bewährte zurückziehen kann, wird in den schlingernden, gereizten Bewegungen der Beziehungskämpfe immer zuerst den Verfall erkennen und die Spuren der Rekonstruktion neuer Handlungsfähigkeit nicht sehen wollen.» – «Jene chaotischen Beziehungskämpfe der siebziger Jahre», so die Pointe des Aufsatzes, «die uns, die wir an ihnen teilnahmen, mehr als alles andere beschäftigt haben, jene Kämpfe haben die Möglichkeiten und die Bereitschaft zur Entwicklung von belastungsfähigen Liebesbeziehungen nicht gemindert, sondern erhöht.» Sie ließen, so Bonorden, «die selbstbestimmte, subjektive Aneignung von Liebesbeziehungen greifbar werden».

Ich habe so ausführlich aus diesem Essay zitiert, weil er – ähnlich wie es Gail Sheehy im Fall der Midlife-Crisis tut – den so unerbittlich ausgekämpften Lebenskrisen der Siebziger eine helle Seite abgewinnt. Sheehy sah sie in der Möglichkeit der Selbstbesinnung und in der Erweiterung der eigenen Identität. Die Beziehungskrisen der siebziger Jahre lösten die traditionellen Bande und boten die Chance, dem eigenen Willen nachzugehen und um seine Durchsetzung zu kämpfen. Man stritt in diesen

Beziehungskrisen darum, wie leidenschaftliches Glück zu verwirklichen wäre. Das Glück sollte keine Wunschphantasie sein, sondern tatsächlich da sein, hier, jetzt, auf Dauer. Deshalb steckt, damals wie heute, auch so viel Adrenalin in der Sache. Verheißung und Verbitterung liegen nah beieinander. «Küsse, Bisse, das reimt sich, und wer recht von Herzen liebt, kann schon das eine für das andre greifen», schreibt Kleist, der in den Siebzigern vom Theater als großer Klassiker zuallererst entdeckt worden ist.

Entscheidend ist in dieser Deutung auch, dass Krisen nicht von vornherein ein verfehltes Leben anzeigen. Es mag sein, dass sich ein Paar abends an den Küchentisch setzt, zwei Bier aufmacht und feststellen muss, dass es, auch ohne irgendwelche Krisen durchgemacht zu haben, das gemeinsame Glück verfehlt hat. Auf der anderen Seite waren der Beziehungskampf und die Suche nach einem Idealzustand als Normalprogramm oft zwei Seiten derselben Medaille. Wichtig war dabei eben auch der Kampf. In ihm ließen sich gestiegene Ansprüche an das eigene Leben artikulieren. Und vielleicht begab man sich anschließend gemeinsam auf die Suche nach einer Lösung für ein besseres Auskommen. Wie hieß es im Selbstverständigungstext von Heinz Bonorden? Nur wer immer schon weiß, wo es langgeht, wird in Beziehungskämpfen zuerst den Verfall erkennen.

Man kann, denke ich, an dieser Stelle der Frage nicht mehr ausweichen: Sind die Individualisierung von Liebesbeziehungen und der Traum, sie nur auf den Gefühlen der Partner gründen zu lassen, wie es Bonordens Text von

1982 zumindest in Aussicht stellt, inzwischen Wirklichkeit geworden?

Am ehesten könnte man wohl sagen: lieben und arbeiten können – das bezeichnet den Problemstand bis heute. Noch immer gelingt es nicht, den Idealzustand als Normalzustand zu leben, und noch immer arbeiten sich alle an diesem Ziel ab.

Ganz konkret stellt sich etwa die Frage, wie man die der Liebe und der Arbeit zugeordneten Bereiche der Beziehungs- und Familienwelt und der Berufswelt organisieren kann, nach Möglichkeit sogar gleichzeitig. Das zielt in Richtung Kinderbetreuung, Halbtagsjobs, Wiedereinstieg in den Beruf nach einem Kinderjahr und viele gesellschaftliche Projekte mehr. Die allgemeinere Frage, wie selbstbestimmte Liebe und Arbeit möglich sind, bleibt weiterhin eine der Kernfragen des sozialen Lebens. Wer endgültige Lösungen anzubieten hat, kann gern mal vorbeikommen und Bescheid sagen.

Entgegen manchen Gerüchten sind aber auch Erfolge zu verzeichnen. Anders als Peter Schneider es 1974 wahrnahm, gibt es ja durchaus immer noch funktionierende Zweierbeziehungen. Oder vielmehr: Es gibt sie wieder. Und das trotz all der Probleme, die weder durch traditionelle Ehemuster noch durch die Experimente der Gegenkultur in den Griff zu bringen waren, und obwohl man das Ideal der Selbstbestimmung in der Praxis meistens wohl doch verfehlt. «Angesichts der sich verstärkenden tragischen Grundstruktur der Liebesehe», schreibt Karl Otto Hondrich, «sind nicht so sehr Gewalt, Scheidungen und Trennungen erklärungsbedürftig. Das eigentliche ‹Wunder der Ehe› liegt vielmehr darin, dass sie die Tragik aushält: Die meisten Ehen überleben und dauern heute viel länger als früher; in keiner anderen Lebenssphäre fühlen sich moderne Menschen, wie die Umfragen zeigen, so zufrieden und glücklich wie in Ehe und Familie; die Ideale harmonischer Partnerschaft, mit oder ohne Trauschein, werden von Alt und Jung geteilt; ja sogar die alte Tugend der Treue, die vor dreißig Jahren im Orkus der ‹offenen Ehe› zu versinken schien, ist mit der nachfolgenden Generation wieder aufgetaucht. Kein Wunder, dass auch die Homosexuellen ihre Ehe haben wollen.»

Allerdings hat sich auch einiges geändert. Heute müssen nicht mehr gleich die ersten ernsthaften Beziehungen ein Leben lang halten. Die Familiengründung wird aufgeschoben, manchmal so weit es biologisch eben noch geht. Davor nimmt man sich Zeit für die eigene Entwicklung, für Versuche und Irrtümer – und immer wieder für Beziehungskrisen. Das große Problem besteht heute eher darin, den richtigen Übergang von der Suche nach dem verschärften Leben hin zu belastbaren Bindungen zu finden, die auch die Anstrengung der Kinderbetreuung aushalten oder das mitunter ebenso anstrengende Projekt, ohne Kinder zu leben. Bei diesem Übergang kommt viel auf das richtige Timing an – schließlich gehören immer zwei dazu. Eine hoch krisenanfällige Unternehmung, die doch auch immer wieder gelingt. Und falls sie nicht gelingt, gibt es andere Möglichkeiten: Alternativen zur Paarbeziehung sind inzwischen erprobt und werden ganz selbstverständlich akzeptiert. Das Leben in trauter Zweisamkeit ist nicht mehr die Norm. Freundschaftsnetzwerke sind wichtiger geworden. Eine ganze Dating-Industrie hat sich entwickelt. Das Sozialleben hat sich ausdifferenziert. Und es ist keineswegs, wie oft behauptet wird, so, dass man von Beziehungskrisen und Trennungen auf das grundsätzliche Scheitern des Paarmodells schließen muss. Vielmehr bilden sie die Voraussetzung dafür, dass Paare aus eigenem Willen zusammen sein können: Nur Beziehungen, die nicht zwangsläufig halten *müssen* (weil das der Konvention entspricht oder man nur so versorgt ist), können *wirklich* selbstbestimmt geführt werden.

Die Krisen der siebziger Jahre waren also sicherlich historisch notwendig. Beziehungen mussten auf eine neue Basis gestellt werden. Weiter kann man sich fragen, ob Beziehungskrisen seitdem nicht sogar *prinzipiell* notwendig geworden sind. Nicht nur in den Lebensläufen der einzelnen Partner, die sich zuerst auf den gewundenen Pfaden heutiger Liebesbiographien ausprobieren und selbst erfahren müssen, sondern auch innerhalb der Beziehung. Muss man Krisen durchleben, um richtig zusammenzufinden? Kommt man sich erst in Krisen wirklich nahe?

Eine mögliche Antwort auf diese Frage gibt der Roman *Anna Karenina* von Lew Tolstoi, der, obwohl im 19. Jahrhundert geschrieben, bis heute ungeheuer modern geblieben ist. Die Realität brauchte lange, um seine Genauigkeit und Differenziertheit in der Schilderung von Gefühlen einzuholen; man kann immer noch viel aus diesem Buch lernen. Bekannt ist es vor allem aufgrund des Schicksals seiner titelgebenden weiblichen Hauptfigur, die sich der Liebe wegen von ihrem Mann trennt und, als dann auch die Beziehung zu ihrem Geliebten in eine Krise gerät, vor einen Zug wirft. Es gibt aber auch einen zweiten Handlungsstrang, der innerhalb des Romans genauso viel Raum einnimmt und für den es sich lohnt, den Roman noch einmal zu lesen. Tolstoi erzählt die Geschichte von Lewin und Kitty, die einer ganz anderen Dramaturgie folgt als die von Anna Karenina: Bei Lewin und Kitty ist die leidenschaftliche Liebe nicht von Anfang an da, sie muss sich erst entwickeln und dabei manche Enttäuschungen und Rückschläge überstehen.

Auf die Einzelheiten kommt es hier nicht an, sondern auf das, was geschieht, als Lewin und Kitty nach diversen Krisen und einigen hundert Romanseiten endlich geheiratet haben, zusammenziehen und sich zunächst einmal nur streiten. Eine der Auseinandersetzungen ereignet sich, nachdem Lewin eine halbe Stunde zu spät von einem Ausritt nach Hause kommt. Der Grund für die Verspätung wird von Tolstoi eigens erwähnt: Lewin wollte einen kürzeren Weg zurück nehmen, hat sich dann aber verirrt. So können also auch die besten Absichten unversehens in eine (wenn auch kleine) Beziehungskrise führen. Nun kommt es zu folgender Wendung: Lewin versteht «zum ersten Mal klar, was er nicht begriffen hatte, als er sie nach der Trauung in die Kirche führte. Er begriff, dass sie ihm nicht nur nahestand, sondern dass er nicht mehr wusste, wo sie aufhörte und er anfing. Er begriff es an dem qualvollen Gefühl der Entzweiung, das er in dem Moment empfand.»

Dieses «dass er nicht mehr wusste, wo sie aufhörte und er anfing» ist ganz großartig. Tolstoi schildert in diesem Kapitel des Romans, wie das abstrakte Liebesideal in der ersten Zeit des Zusammenlebens durch ganz konkrete Verknüpfungen zweier unterschiedlicher Persönlichkeiten ersetzt wird. Lewin und Kitty müssen ihre getrennten Leben gewissermaßen aufeinander eintakten, und das geschieht durch eine Vielzahl kleiner Krisen, die Tolstoi als «Enttäuschung und Entzückung zugleich» beschreibt. Enttäuschung, weil Lewin sich das Zusammenleben viel romantischer vorgestellt hat. Entzückung, weil er die Streitereien als Arbeit an der Gemeinsamkeit zu begreifen lernt.

Wie viel stabilisierende Kraft gerade auch in kleinen, alltäglichen Beziehungskrisen und ihrer Überwindung steckt, kann man auch bei Karl Otto Hondrich nachlesen. In der Aufsatzsammlung *Liebe in den Zeiten der Weltgesellschaft* beschreibt er ein Paar, das sich dafür entschieden hat, sich gegenseitig viel Individualität zuzugestehen: Jeder der beiden Partner wäscht seine Wäsche selbst und verstaut sie in der Kommode, so ordentlich oder unordentlich, wie er es möchte. Hat man hier nicht sofort bestimmte Bilder im Kopf? Du mit deinen Socken! Sag mal, was geht dich eigentlich meine Unterwäsche an? Dass das Freiheitsprojekt der Liebe auf einer solchen Alltagsebene analysiert wird, ist ungewohnt, aber genau das sollte man, will man Hondrich folgen, tun. In der Entscheidung, die Wäscheordnung jedem selbst zu überlassen, haben sich die beiden Partner, so Hondrich, gleich mehrfach zusammengefunden: «Man hat sich geeinigt, dass man in Bezug auf die Wäsche keine Einigkeit hat; dass das, zweitens, nicht so schlimm ist; dass man, drittens, die Unordnung oder den Ordnungsfimmel des Partners toleriert; viertens, dass man auf seine Schrankseite nicht übergreift; fünftens, dass man trotz Differenzen weiter zusammenlebt. Das Paar hat über seiner internen Differenz einen Konsens höherer Ordnung errichtet.»

Das sind dann so die Punkte, die bei nächtlichen Beziehungsbilanzen am Küchentisch gar nicht erst zur Sprache kommen – die den Partner dann aber vielleicht doch die Frage, ob man glücklich miteinander ist, mit «Ja» beantworten lassen. Das verschärfte Leben sieht manchmal anders aus, als man es sich vorstellt. Gelegentlich hängt alles an der Ordnung der Socken.

Kapitel 9

Der Zauber der halbguten Fee

Im Lauf meiner Beschäftigung mit Lebenskrisen habe ich
mich schon dabei ertappt, mir ernsthaft zu überlegen, ob
es so etwas wie eine Lieblingslebenskrise für mich geben
könnte und welche das dann wäre.

Die irrlichternden Identitätskrisen des wilden Klassikers Heinrich von Kleist zum Beispiel, die so einen überwältigenden Sprachdruck erzeugt haben? Beinahe jeder
seiner Sätze ist bis zum Bersten gespannt; als ob Kleist mit
jedem Wort in den Abgrund sähe und nun die allerhöchste
Sprachkunst aufbieten müsste, um sie noch grammatisch
zusammenzuhalten. Seine Krisen ergaben sich daraus, dass
er im Preußen des frühen 19. Jahrhunderts keinen Platz im
Leben gefunden hat, der ihm angemessen gewesen wäre –
weder im Militär noch in den Künstlerkreisen seiner Zeit
oder im bürgerlichen Beruf des Journalisten.

Eine ambivalente Geschichte. An Kleist kann man sehen, zu welch beeindruckenden kulturellen Leistungen
Lebenskrisen antreiben können. Aber sie bleiben doch
existenziell bedrohlich. «Die Wahrheit ist, dass mir auf Er-
den nicht zu helfen war» – mit dieser berühmten Formel
hat Kleist unmissverständlich und eindrücklich gezeigt,
zu welcher Überzeugung Lebenskrisen im unglücklichs-

ten Fall und in allerletzter Konsequenz führen können. Am Berliner Wannsee erschoss Kleist bekanntlich in einem Akt des gemeinsamen Freitods erst seine Freundin Henriette Vogel und daraufhin sich selbst.

Wie wäre es mit Ismaels Lebenskrise? Schon als Jugendlicher haben sie mich fasziniert, die Eingangsbemerkungen des Ich-Erzählers aus Herman Melvilles Roman *Moby Dick*. «Nennt mich Ismael» lautet der berühmte erste Satz, und gleich darauf legt Ismael los: «Immer wenn ich merke, dass ich um den Mund herum grimmig werde, immer wenn in meiner Seele nasser, nieseliger November herrscht; immer wenn ich merke, dass ich vor Sarglagern stehen bleibe und jedem Leichenzug hinterhertrotte, der mir begegnet; und besonders immer dann, wenn meine schwarze Galle so sehr überhandnimmt, dass nur starke moralische Grundsätze mich davon abhalten können, mit Vorsatz auf die Straße zu treten und den Leuten mit Bedacht die Hüte vom Kopf zu hauen – dann ist es höchste Zeit für mich, so bald ich kann auf See zu kommen.»

Eine Sinnkrise? Ennui? Langeweile? Als Jugendlicher konnte ich das Nervtötende dieses Gefühls, mit dem Ismael zu kämpfen hat, prima nachempfinden. Nur war mir die Möglichkeit, «auf See zu kommen», in der bundesrepublikanischen Mittelstandsgesellschaft verwehrt. Vielleicht sollte man sagen: zum Glück. Lange Zeit ist es durchaus üblich gewesen, Krisengefühlen in der Heimat dadurch zu entkommen, dass man in die Fremde strebte. In die Kolonien etwa, als die europäischen Mächte noch welche besaßen. Der Schriftsteller Ernst Jünger suchte kurz vor Ausbruch des Ersten Weltkriegs diese Erfahrung und landete in einem Ausbildungslager der französischen Fremdenlegion in Algerien; er flüchtete schon nach wenigen Wochen nach Marokko und wurde dann auf Intervention des Vaters wieder aus dem Verband entlassen.

Doch zurück zu Ismael. Während der ausgedehnten Waljagd auf See wird er Zeuge einer viel heroischeren Lebenskrise als der eigenen: der Kapitän Ahabs, dem ein weißer Wal das Bein abgerissen hat. Ahab will sich an dem Tier rächen, koste es, was es wolle. Eine in Aggression umgeschlagene narzisstische Kränkung? Der Versuch, sich mit der eigenen Krise gar nicht erst auseinanderzusetzen? Verblendung? Kapitän Ahabs Krise ist natürlich viel eindrucksvoller als die «Seekrankheit auf dem Lande» (wie Franz Kafka das in anderem Zusammenhang bezeichnet hat), die Ismael plagt, und dennoch: Während aller Abenteuer und Beschwernisse auf jahrelanger Schifffahrt ist immer klar, dass auch das Leben auf dem Festland keine behagliche Alternative darstellt. Dort ist die Melancholie, die Depression, oder wie immer man das graue Novembergefühl Ismaels auch nennen möchte, absehbar. Auf See spürt man zumindest sich selbst weniger.

Vielleicht gibt dieser Roman ein gutes Sinnbild für Lebenskrisen im Allgemeinen ab: Alle Versuche, ihnen zu entkommen, führen in noch größere Desaster. Und so endet *Moby Dick* mit dem Untergang der Pequod, des Walfängerschiffs, auf dem Ismael anheuert.

Oder sind, ganz egalitär, profane Liebesgeschichten nicht am interessantesten? Sie können einer ernsthaften Lebenskrise sehr nahekommen, und zwar egal, ob sie nun glücklich oder unglücklich verlaufen.

Wie die Lebenskrise zieht auch die beginnende Liebe eine grundlegende Neudefinition des eigenen Lebens nach sich. Der Druck, dass sich etwas Entscheidendes ändern muss, wird überwältigend – man kann einfach nicht mehr warten, hier und jetzt muss etwas geschehen. Das führt bisweilen zu einer dem Alltag gänzlich enthobenen Zeiterfahrung, in der Vergangenheit und Zukunft gar nichts mehr zählen und einzig und allein der leuchtend rot glühende Punkt der Gegenwart von Bedeutung ist. Die eigene Identität gerät als ganze in Bewegung. Eine Zeit voller Projektionen und Selbstzweifel bringt sowohl die Krise als auch die neue Liebe mit sich, und eine Art Ausnahmezustand sind sie auch beide.

An Phasen der Verliebtheit erweist sich, auf wie viel Dynamik und inneren Dramen sich ein ganz normales Menschenleben gründet. Diese Phasen lassen sich selbst als so etwas wie eine Krise des bis dahin gültigen Lebensentwurfs verstehen, und zwar in einem geradezu klassischen Sinn: Sie stellen eine Entscheidungssituation dar, in der sich, zumindest gefühlt, das ganze Leben zum Guten oder zum Schlechten wenden kann.

Als ich einmal im ICE von München nach Berlin durch die Nacht schwebte, hatte ich ein seltsames Erlebnis. Im Halbschlaf oder vielleicht auch nur in dem typischen Dämmerzustand, in den man auf einer routinierten Bahnfahrt leicht verfällt (wenn die Außenwelt schwarz hinter den Fenstern vorbeigleitet und die Mitreisenden ein leises Gemurmel erzeugen), erschien mir vor dem geistigen Auge eine gute Fee. Wobei, eine *wirklich* gute Fee war sie gar nicht. Sie hatte etwas herausfordernd Taxierendes im Blick, als wolle sie mich streng prüfen. Sie stellte mir eine Frage und sah mich darauf mit ernstem, forschendem Blick an.

Ihre Frage überraschte mich. «Angenommen, Sie haben eine schwere Lebenskrise.» (Siezen einen Feen? Dass sie es tat, passte immerhin zu ihrer distanzierten Haltung.) «In welcher Zeit und an welchem Ort würden Sie gerne leben?» Und sie fügte hinzu: «Überlegen Sie es sich gut. Ich werde Sie anschließend dort hinzaubern.»

Spätestens mit der Ankunft in Berlin übernahm mein Wachbewusstsein wieder die Kontrolle und vertrieb die halbgute Fee. Aber die Frage blieb. Und sie ist gar nicht leicht zu beantworten.

Wie wäre es mit dem Wien des frühen 20. Jahrhunderts, dem Wien der K.-u.-k.-Monarchie, dem Jugendstil-Wien, Sigmund Freuds Wien? Dieser Schauplatz hätte in der Tat seinen Reiz.

Anlässlich der Kinopremiere von *Eine dunkle Begierde* erschien in der Zeitung, bei der ich arbeite, ein Interview mit dem Regisseur David Cronenberg, das in mir eine große Neugierde, aber auch so etwas wie eine Angstlust auf diese Zeit erzeugt hat. Keira Knightley spielt, nach einer wahren Begebenheit, die junge Frau Sabina Spielrein, die wegen «Hysterie» in die Klinik Burghölzli bei Zürich eingeliefert wird. Der Psychoanalytiker C. G. Jung unterzieht sie einer Analyse. Die beiden haben eine Affäre. Mit Sigmund Freud sprechen die Verliebten eingehend über tabuisierte Themen, wie zum Beispiel über Masturbation. Eine komplizierte Dreieckskonstellation entsteht. Freuds große These, dass Reden heilt, hält sie zusammen und bildet den Hintergrund der Geschichte.

Cronenberg äußerte im Interview den Gedanken, dass C. G. Jung, Sigmund Freud und Sabina Spielrein, die dann auch Psychoanalytikerin wurde, in ihren Gesprächen auf gewisse Weise die moderne Beziehung erfunden haben – diejenige Beziehungsform, die im Kern auf Kommunikation beruht und nicht mehr auf mehr oder minder gut ausgefüllten sozialen Rollen und festen Geschlechterdefinitionen. «Sie reden über Dinge», so Cronenberg zu seinen Filmfiguren, «über die wir heute auch reden, nur hat eben damals niemand darüber geredet. Die Briefe zwischen Freud und Jung etwa sind sehr intim. Dass zwei angesehene Männer aus dem Bürgertum sich über Körperflüssigkeiten und erotische Träume austauschen, war damals undenkbar. Und dann brachte Sabina noch die weibliche Perspektive ein.»

Tatsächlich sind in solchen psychoanalytischen Gesprächen die basalen Begriffe geprägt worden, der Basiscode, mit dem wir heute über unsere alltäglichen psychischen Dramen sprechen, auch wenn wir uns keiner Therapie unterziehen: das Unbewusste, das Über-Ich, «Wo Es war, soll Ich werden», Neurosen, Verdrängung, Verschiebung, Übertragung, und wie sie alle heißen. Vor allem aber sind diese Begriffe anhand von konkreten Lebenskrisen entwickelt worden, im ständigen Austausch von Theorie und Praxis. Sie entstanden in der Auseinandersetzung mit Problemen wie denen Sabina Spielreins, die ihre sexuellen Begierden nicht verstehen konnte, weil es damals gar nicht erst erlaubt war, offen über sie nachzudenken (zum Beispiel erregte es sie als Jugendliche, wenn ihr Vater sie schlug). Stattdessen waren ihre Symptome zum Krankheitsbild der schweren Hysterie zusammengefasst worden, was sie bis in die Klinik geführt hat.

Mit einer Lebenskrise hätte man im Wien des frühen 20. Jahrhunderts also teilhaben können an der Entdeckung unseres inneren Kontinents, der Psyche, mit all ihren Abgründen und Fallstricken. Damit hätte die persönliche Krise immerhin einen über das eigene Leben hinausweisenden Sinn. Auf der anderen Seite wüsste man, dass der Erste Weltkrieg bald ausbrechen und mit ihm ein überaus blutiges Jahrhundert beginnen würde. Vor allem hätte man in einer Zeit der rigiden sexuellen Repression zu leben, und das ist alles andere als verheißungsvoll. Und wahrscheinlich ist es sowieso viel zu heroisch und selbstlos gedacht, mit seiner Lebenskrise irgendwann einmal als Fußnote oder Randepisode in der Geschichte der Psychoanalyse auftauchen zu wollen.

Wie wäre es mit vormodernen oder gar vorzivilisatorischen Zeiten? In einer Lebenskrise ist man leicht versucht, vermeintlich lang vergangene Zustände als Sehnsuchtsorte aufzubauen. Unzählige Sinnsucher und Entdeckungsreisende, Künstler, Schriftsteller und Aussteiger haben das getan. Einen Abglanz erhascht man heute noch in den Katalogen für exotische Fernreisen mit ihren *Retreats* direkt am Ozean oder in den Hüttendörfern mitten im Dschungel (allerdings mit Wasserspülung). Tief verankert im Denken der Moderne ist die romantisierende Idee, der Naturzustand sei eine Zeit des noch nicht entfremdeten Daseins gewesen. Im Einklang mit der Natur leben, eingebunden in eine Gemeinschaft – das sind die Vorstellungen, die dahinter stehen. Verknüpft sind sie mit

der Überzeugung, dass in vorzivilisatorischen Verhältnissen Lebenskrisen gar nicht erst aufkommen. Und dass
sie sich dort, wenn man sie schon mitbringt (zivilisations-
geschädigt, wie man als moderner Mensch nun einmal ist),
heilen lassen.

Viele aktuelle Lebenskrisen mögen tatsächlich Zivi-
lisationskrisen sein, die auf Lebensbedingungen in der
industrialisierten Gesellschaft zurückzuführen sind. Das
strenge Zeitregime, dem der moderne Mensch unterworfen ist, der Leistungsdruck, die Angst vor dem sozialen
Absturz – das alles trägt natürlich seinen Teil bei. Nur bedeutet das ja keineswegs, dass das Leben in vormodernen
Gesellschaftsstrukturen krisenfreier verlaufen wäre. Man
war in den angeblich natürlicheren Gemeinschaften der
Übermacht der Natur ausgeliefert, Furcht und Schrecken
flößten Gewitter und Stürme ein, der Winter, die unbegreifliche Weite des Meeres und des Himmels, in vielen
Gegenden der Welt auch wilde Tiere. Selbst wenn man
unter den Bedingungen eines ständigen Überlebens-
kampfes wahrscheinlich nicht allzu viel über individuelle
Sinnkrisen nachdenkt – eine wirklich attraktive Alternative zu unserer Gegenwart sind sie wahrlich nicht.

Zudem waren die Mitglieder dieser Gemeinschaften
einer rigiden Sozialkontrolle unterworfen. Man macht
sich etwas vor, wenn man traditionell organisierte Gesellschaften, in denen noch keine ausgeprägte Arbeitsteilung
herrscht, als Gegenbilder zur Entfremdung der Moderne
aufbaut. Freiheit oder überhaupt nur individuellen Bewe-
gungsspielraum gewinnt der Einzelne erst in komplizierten arbeitsteiligen Gesellschaftssystemen. Ein unabhän-
giges Rechtssystem, das im Zweifel individuelle Rechte

auch gegen die Mehrheit und die Zumutungen der Gemeinschaft verteidigt, gibt es menschheitsgeschichtlich betrachtet auch erst seit kurzer Zeit. In weiten Bereichen der Welt existiert es bis heute nicht – mit der Folge, dass sich Machtverhältnisse ungehindert bis in die private Lebensführung einzelner Menschen durchsetzen können. In die Familie, in die Dorfgemeinschaft eingebunden zu sein, kann auch bedeuten, den Glauben, den Beruf, die Art der Sozialkontakte, den Ehepartner, all das vorgeschrieben zu bekommen. Nicht weniger reglementiert war einmal der Umgang mit Lebenskrisen: Starb beispielsweise ein Kind oder ein Partner oder galt es, den Übergang von Kindheit zu Erwachsenenstatus zu verarbeiten, wurden festgelegte Trauer- und Übergangsrituale vollzogen.

Das alles ist uns im Grunde genommen klar, und niemand wird seine modernen Freiheiten missen wollen. Und doch wirkt sich die Ansicht, es sei «früher» einmal alles besser gewesen, auf die Art und Weise aus, wie wir uns über Krisen verständigen – sie ist ein Baustein des Krisennarrativs.

Dritte Möglichkeit: Ein Setting, das ich mir gut für meine Lebenskrise vorstellen könnte, wäre das Moskau oder das St. Petersburg der späteren Zarenzeit. Das liegt an Lew Tolstoi. In beiden seiner großen Romane gibt es eine grübelnde Figur, die sich auf einer permanenten Suche nach Lebenssinn, mithin also in einer zumindest latenten Identitätskrise befindet. Diese Figuren haben auf mich großen Eindruck gemacht. In *Anna Karenina* ist der Grübler Lewin. Als Ehemann habe ich ihn bereits im letzten Kapitel vorgestellt. Aber auch in seiner gesellschaftlichen Rolle und seinem religiösen Selbstverständnis ist und bleibt Lewin ein Suchender.

Viele Figuren sind bei Tolstoi nicht eins mit sich selbst (manche, wie etwa der in *Krieg und Frieden* als großer Selbstdarsteller beschriebene Napoleon, tun höchstens so, als wären sie es; ihnen gehört ganz gewiss nicht Tolstois Sympathie). Unter den Lesern von Tolstois Romanen wurde immer wieder viel Aufhebens um die «heiligen» Stellen seiner Bücher gemacht, um die Episoden, in denen die Figuren ein mythisches Sich-eins-Fühlen mit sich selbst und der Welt empfinden. Berühmt ist etwa Fürst Andrejs Entdeckung, «wie hoch der Himmel ist», die er als Verwundeter in Austerlitz macht (*Krieg und Frieden*), oder auch Lewins Epiphanien während der Heuernte in *Anna Karenina*.

Diese Stellen sind auch wirklich toll. Körperliche Arbeit, einfaches Leben, Natur, aus diesen Bestandteilen macht Tolstoi die Heuernte-Szene zu einer Feier des gemeinschaftlichen Erlebens. Eine Szene, die Gesellschaftsaussteiger immer wieder fasziniert hat und deren erzählerische Kraft noch heute begeistert. Wer sich nur diese Episoden ansieht, verfehlt allerdings die eigentliche Pointe. Ein, zwei Kapitel später haben die Figuren ihre neu gewonnene Einheit nämlich schon wieder verloren. Liebe ich wirklich? Führe ich ein gutes Leben? Lebe ich so, wie ich leben will? Mit diesen großen, bohrenden Fragen wird Tolstois Lewin nie fertig. Damit ist auch seine Sinnkrise auf Dauer gestellt.

Die Grüblerfigur in *Krieg und Frieden* heißt Pierre. Durch ein gewaltiges Erbe von allen materiellen Sorgen befreit, müht sich Pierre herauszufinden, was er mit seinem Leben anfangen soll. Bei dieser Gelegenheit fällt der Begriff der «inneren Arbeit», den ich mir, als ich darauf stieß, sofort notiert habe: Tolstoi bezeichnet damit das innere Selbstgespräch, das Nachdenken und eben manchmal auch Grübeln, bei dem wir pausenlos über uns selbst nachsinnen. Nur durch diese innere Arbeit können die Figuren in ihrem Leben Ordnung schaffen, jeweils nur für sich und stets nur für bestimmte Zeit.

In diesem Punkt ist Tolstoi, genau wie in seinen Beschreibungen von Paaren, unglaublich modern, man kann sich bis heute mit diesem Aspekt seiner Hauptfiguren identifizieren. Und man kann sich diese innere Arbeit sogar, nun ja, recht pittoresk ausmalen vor dem gesellschaftlichen Hintergrund dieser Romane mit ihren ausufernden Bällen, Landpartien und Salons. Lewin und Pierre sind gar nicht so weit von der Selbstbespiegelung entfernt, die man in den künstlerisch-bohemistischen Kreisen der Gegenwart betreibt. Nur stehen bei Tolstoi der Prunk und das Luxus-Know-how der russischen Adelsgesellschaft dahinter.

Nun gibt es bei dieser Identifikation allerdings ein Problem: Es müsste schon mit dem Teufel zugehen, wenn man sich in der damaligen Zeit tatsächlich als ein Mitglied der oberen Zehntausend oder vielleicht auch nur Tausend wiederfinden würde, die sich so ein Leben überhaupt nur leisten konnten. Die Chance ist weitaus größer, dass man in großer Armut und Abhängigkeit landen würde. Auch Leibeigenschaft hat es zu Tolstois Lebenszeit noch gegeben. Für den Großteil der Bevölkerung, die Bauern sowieso, war es nichts mit Bällen und Luxus-Know-how – und genauso wenig mit malerischer innerer Arbeit. Da musste gehorcht und malocht werden, und auch Lewins mythisches Gemeinschaftserlebnis während der Heuernte wird sich dabei wohl eher selten eingestellt haben. Schließlich war bei Licht besehen die innere Arbeit sicher auch für die oberen Zehntausend alles andere als malerisch und vor allem nicht weniger anstrengend, als sie es heute, in der Gegenwart, ist.

Was wollte mir die halbgute Fee sagen? Beziehungsweise, da sie ja meine eigene Projektion war: Was wollte ich mir selbst damit sagen?

Ich denke, ich wollte mir versichern, dass man in der Tat Lebenskrisen mit gesellschaftlichem Fortschritt zusammendenken kann, wie ich es in diesem Buch tue, auch wenn das in den Diskursen der Gegenwart eher unüblich ist. Weit häufiger stößt man auf eine andere Haltung: Aus der Tatsache, dass es Lebenskrisen gibt – und zwar über diejenigen, die sich aus Schicksalsschlägen ergeben, hinaus –, wird geschlossen, dass wir falsch leben und von Fortschritt keine Rede sein kann. Dieser Fortschritt im Umgang mit Lebenskrisen scheint mir allerdings geradezu evident zu sein. Es gibt für die allermeisten Menschen keine bessere Zeit, um eine schwierige, komplizierte Phase des Lebens anzugehen, als die Gegenwart.

Die Gesellschaft ist vielfältiger, bunter, freier geworden. Eltern haben viel engere Beziehungen zu ihren Kindern als noch vor ein, zwei Generationen, was zweifellos ein großer Fortschritt ist. Statt auf Obrigkeitsstaat und Polizeigewalt setzt die Politik auf Bürgernähe und Mediationsprozesse. Es gibt mittlerweile die eingetragene Lebenspartnerschaft, wenn sie auch der Hetero-Ehe rechtlich noch nicht angeglichen ist. Deutsch zu sein, wird nicht mehr als Abstammungsverhältnis definiert. Ausländerhatz und Versuche, an überkommene nationale Ideologien anzuknüpfen, werden von der Öffentlichkeit gebrandmarkt. Das heißt alles keineswegs, dass nicht vieles immer noch dringend verbessert werden müsste; aber es ist einfach nicht mehr zeitgemäß, das Bild der Gesellschaft mit Verweis darauf, dass es weiterhin zu Lebenskrisen kommt, schwarz in schwarz zu zeichnen.

Zumindest im Hinterkopf haben wir offenbar immer noch die Vorstellung, eine gut eingerichtete Gesellschaft müsse Lebenskrisen die Grundlage entziehen. Versprechen in diese Richtung hat es ja auch viele gegeben: politische Programme, technologische Utopien, Revolutionsszenarien. Ich bin noch mit diesen Versprechen aufgewachsen. Eingelöst wurden sie bis heute nicht. Eher gewinnt man den Eindruck, dass die Gesellschaft nicht ohne Berechtigung dazu übergegangen ist, den Einzelnen zu befähigen, möglichst viele Lebenskrisen auszuhalten.

Aber auch die Lebenskrisen selbst haben sich gewandelt, und vielleicht sollte man den sozialen Fortschritt lieber in dieser Veränderung suchen, auch wenn die neuen Krisen höchst ambivalent ausfallen. Man kann zumindest sagen, dass sie den Menschen näher gekommen sind. Ist die Krise eines Menschen, dem mit Mitte vierzig klarwird, dass er die Zeit, die ihm noch bleibt, bewusster angehen möchte als sein bisheriges Leben, am Ende nicht fruchtbarer als die Krise eines Menschen, der keine angemessene Form vorfindet, seine Gewalterfahrungen zu verarbeiten? Und ist nicht auch die Trennungskrise eines Paars, das feststellt, dass es nicht mehr glücklich miteinander ist, irgendwo förderlicher – auch wenn es immer traurig ist, wenn Liebe vergeht – als die Krisen zweier Menschen, die das Gefühl haben, sich nicht aus der Beziehung lösen zu können, an der sie leiden?

Es spricht einiges dafür, dass eine Gesellschaft, die Midlife-Krisen und auch Trennungskrisen zulässt und zugleich die notwendigen Mittel bereitstellt, ihnen zu begegnen, sozial fortschrittlicher ist als eine Gesellschaft, die das nicht tut – auch wenn viele die hohen Trennungsraten eher als Zeichen des Verfalls werten mögen. Diese Formen der Lebenskrisen lassen sich, und das macht einen großen Unterschied, als ganz eigene, persönliche Krisen begreifen – als Krisen, die man nun einmal durchstehen muss, wenn man ein *eigenes* Leben leben will. Und man kann durchaus behaupten, dass in unserer Gegenwart mehr Menschen als jemals zuvor die Chance haben, ein selbstbestimmtes Leben zu führen.

Niemand sagt, dass diese Form des Fortschritts keine Schattenseite hätte. Lebensentwürfe, in denen solche Krisen mehr oder weniger vorgesehen sind, fallen komplizierter aus als solche, in denen sie gar nicht erst zugelassen werden. Vielleicht ist es genau das, wofür Lebenskrisen gegenwärtig vor allem stehen: keineswegs dafür, dass das Leben immer schlechter wird; sondern dafür, dass es immer komplizierter wird.

Die Ambivalenz der neuen Krisen besteht unter anderem darin, dass gerade sie, die sich nicht nur aus äußeren Anlässen ergeben und daher weniger zwingend erscheinen mögen, wirklich schlimm werden können. Wenn man sich liebt und die gemeinsame Beziehung trotzdem nicht funktioniert; wenn man realisiert, dass das Leben, das man sich erhofft hat, nicht realisierbar ist (und zwar ohne dass man deswegen irgendjemandem einen Vorwurf machen könnte außer sich selbst); wenn man jemanden verletzt, für den man Verantwortung übernommen hat – können sich daraus Krisen ergeben, die richtig wehtun.

Bevor man darüber jedoch in eine Depression verfällt, sollte man sich noch einmal die Filme Woody Allens aus seiner klassischen Phase ansehen, also vom *Stadtneurotiker*, seinem ersten großen Erfolg (vier Oscars) aus dem Jahr 1977, bis zu *Hannah und ihre Schwestern* von 1986, dem für viele (mich eingeschlossen) besten Film Allens. Wie ja überhaupt, denke ich manchmal, Manhattan um das Jahr 1980 herum – der Schauplatz dieser Filme also – der einzige Ort sein könnte, an den die halbgute Fee mich hätte zaubern können, wenn sie denn nicht nur in meinem Traum existiert hätte.

Sollten diese Filme nur halbwegs realistisch das Leben porträtieren, wie es damals ausgesehen haben muss in den Restaurants und Musikclubs dieser Hauptstadt des 20. Jahrhunderts, in den großen Wohnungen um den Central Park und den kleinen, renovierungsbedürftigen Absteigen downtown, in den Programmkinos, bei Ausstellungseröffnungen und auf den überfüllten Bürgersteigen – dann wird man sich dort mit einer Lebenskrise zumindest in guter Gesellschaft gefühlt haben. Denn alle haben sie in diesen Filmen ihre Krisen, Ticks, Neurosen. Allen voran natürlich Woody Allen selbst, mit seiner Zappeligkeit und den ständigen Selbstgesprächen. Midlife-Krisen werden in diesen Filmen geradezu ausagiert, Beziehungskrisen in allen Aspekten geschildert, und gerade

Neurosen werden als besonders liebenswert gezeichnet; die Schauspielerin Diane Keaton brilliert in ihrer Darstellung dabei nicht weniger als Woody Allen.

Als Hauptdarsteller ist Allen in dieser Phase sowieso großartig, aber der entscheidende Punkt ist: Als Drehbuchautor und Regisseur gelingt es ihm nicht nur, dieses Panorama der Neurosen und Krisen, der Selbstdarsteller und Selbstzweifler mit Tragikomik zusammenzubinden. Er schafft es auch, diese Gemengelage in etwas durchaus Attraktives, weil Lebendiges zu verwandeln.

Das war zur damaligen Zeit durchaus originell. In etwa zeitgleich kamen Kinofilme heraus, in denen Manhattan einem stinkenden Sündenpfuhl glich: Martin Scorseses frühes Meisterwerk *Taxi Driver* kam 1976 in die Kinos; John Carpenters dunkle Science-Fiction-Phantasie *Die Klapperschlange*, in der die berühmte Skyline nur noch als postapokalyptische Ruinenlandschaft zu sehen ist, erschien 1981.

In Woody Allens Filmen ist mit Händen zu greifen, dass man damals versuchte, eine pragmatische Haltung Lebenskrisen gegenüber einzunehmen. Ständig laufen seine Figuren zum Therapeuten, nebenbei machen sie sich immerhin schon selbst darüber lustig. Im Film *Manhattan* von 1980 ist eine Selbsthilfegruppe geschiedener Väter zu sehen, die sich mit ihren Kindern zum Basketballspielen im Central Park einfinden. Hier werden Lebenskrisen nicht mehr, wie für so lange Zeit davor, als Strafe für den Abfall von der Natur, menschliche Hybris oder einen nicht gottgefälligen Lebenswandel gesehen, hier werden sie einfach akzeptiert – und man versucht, das Beste draus zu machen.

Ganz zauberhaft hat Woody Allen das in der Schlussszene von *Manhattan* eingefangen. Man sieht Allen als Isaac, wie er in diesem Film heißt, zu Hause in seiner Wohnung auf dem Sofa liegen. Er hält ein Mikrophon in der Hand und ist damit beschäftigt, Ideen für ein Buch auf einen Kassettenrecorder zu sprechen; zuvor hat er in einem Anfall von Midlife-Crisis seinen gutbezahlten Fernsehjob gekündigt, um noch etwas Sinnvolles aus seinem Leben zu machen. Er spricht also in das Mikrophon: «Idee für eine Kurzgeschichte über Menschen in Manhattan, die für sich völlig unnötig neurotische Probleme aufbauen, um sich davon abzuhalten, sich mit den viel schwerwiegenderen Problemen des Universums auseinanderzusetzen.»

Genau das hat man bis dahin den ganzen Film über gesehen: Menschen in Manhattan, ihre kleineren und größeren Neurosen, und wie sie sich damit durch die Tage boxen und immer wieder auch die großen Sinnfragen vom Leib halten. Interessant wäre zu wissen, ob der zweite Teil des Satzes ironisch gemeint ist. Filmisch wird die Wertung an dieser Stelle offen gelassen, für einen Moment bleibt die Bedeutung der «schwerwiegenderen Probleme des Universums» in der Schwebe. Und vielleicht entspricht das sogar Woody Allens Haltung in dieser Zeit. Im Jahr zuvor hat er *Innenleben* vorgelegt, eine überaus ernsthafte, melodramatische Gefühlsarbeit, in der er sich geradezu als Epigone des von ihm verehrten Ingmar Bergman aufführt, dem das Schwerwiegende des Universums gewiss nicht fremd war.

In *Manhattan* lässt Isaac seinen Satz einen Moment nachwirken, greift dann wieder zum Mikrophon und stellt sich die Frage, warum das Leben eigentlich lebenswert ist. «Weil es Dinge gibt, die es lebenswert machen», antwortet er sich selbst. Und schon zählt er solche Dinge auf: Groucho Marx, die Krebsschwänze eines bestimmten chinesischen Restaurants, Louis Armstrong, der zweite Satz der *Jupiter-Sinfonie*, schwedische Filme natürlich (ganz ohne Bergman-Anspielung geht es auch hier nicht), noch einiges mehr und dann: Tracys Gesicht.

«Tracy» ist das entscheidende Stichwort. Es ist der Name von Isaacs Freundin, die er kurz zuvor verlassen hat, weil sie eigentlich viel zu jung für ihn ist. (Tracy ist tatsächlich erst siebzehn Jahre alt, was heutzutage nicht ganz politisch korrekt erscheint. Auf der Handlungsebene ergibt sich daraus immerhin die hübsche Ironie, dass sie mit ihrer Beziehung im Grunde viel erwachsener umgeht als der fünfundzwanzig Jahre ältere Isaac.) Mit dem Gedanken an seine Freundin wendet sich Isaac endgültig von den Problemen des Universums ab und entscheidet sich für sein konkretes Glück: Er läuft los, um Tracy, die gerade auf dem Weg nach London ist, wo sie ein Stipendium bekommen hat, abzufangen.

Isaac rennt durch die Straßen, findet kein Taxi, rennt weiter – es ist unglaublich bewegend zu sehen, wie Woody Allen durch diese Stadt hetzt – und erwischt sie gerade noch, sie steht bereits mit gepackten Koffern im Hauseingang.

Ein zögerlicher Dialog entspinnt sich: Er bittet sie, in New York zu bleiben. Sie lehnt ab, verspricht Isaac aber zurückzukommen. Und dann sagt Tracy einen Satz, der Isaac sprachlos macht. Sie sagt: «Du musst ein bisschen Vertrauen haben zu den Menschen.» Damit endet der Film.

Vieles schwingt in dieser Szene mit. Sich über die schwerwiegenden Probleme des Universums Gedanken zu machen, ist althergebrachte Tradition der Intellektuellen. Vor dem Begriff der «transzendentalen Obdachlosigkeit», geprägt durch den Literaturwissenschaftler und Philosophen Georg Lukács, sind Generationen von Geisteswissenschaftsstudenten erschaudert, und ich nehme mich nicht aus. Dass der Mensch sich nicht mehr als Teil einer in sich geschlossenen Schöpfung beschreiben könne, gehört zu den philosophischen Krisenbeschreibungen der Moderne. Kinofilme, in denen pathetisch nach dem eigenen Glauben und Gott gesucht wird, hatten vor Woody Allen Konjunktur. Man denke nur an den Monumentalschinken *Ben Hur* von 1959. Auch Allens Vorbild Ingmar Bergman hat diese Seite, allerdings sind seine Filme eher vergrübelt als monumental.

Woody Allens Filme strotzen dagegen vor Bonmots, die nach dem Prinzip funktionieren, metaphysische Fragen mit Alltagsproblemen zu konfrontieren: «Gott schweigt – wenn wir jetzt bloß die Menschen dazu brächten, auch die Klappe zu halten.» – «Es gibt nicht nur keinen Gott, sondern versuch mal, am Wochenende einen Klempner zu kriegen.» – «Ich glaube nicht an ein Leben nach dem Tod, aber für alle Fälle nehme ich immer Unterwäsche zum Wechseln mit.» In vielen solcher Witze vollzieht Allen die gleiche Wendung vom Erhabenen zum Alltäglichen wie in der Szene aus *Manhattan*. Gegenüber Isaacs Monolog sind sie aber grob gestrickt; sie treffen nicht das Subtile, das diese Szene hat.

In *Hannah und ihre Schwestern* wird Woody Allen die Hoffnung auf eine Lösung der menschlichen Probleme durch die Beschäftigung mit metaphysischen Fragen geradezu karikieren. Er spielt einen Hypochonder namens Mickey mit letztlich unbegründetem Krebsverdacht, der auf seiner Suche nach Halt und Lebenssinn vom Judentum zum Katholizismus konvertieren will. Das führt zu komischen Slapstickszenen, in denen sich Mickey unter anderem ein Plastik-Kruzifix kauft. Allein, er muss feststellen: Ihm fehlt der Glaube. Er lässt sich Informationsmaterial der Hare-Krishna-Bewegung geben, doch auch hierfür fehlt es ihm an Überzeugung. Daraufhin verzweifelt er an der Sinnlosigkeit der Welt und dilettiert in einem Selbstmordversuch, den zu vollenden er zum Glück nicht heroisch genug ist.

Erleuchtung findet er schließlich aber doch: Zur Offenbarung wird ihm der Film *Duck Soup* der Marx Brothers (deutscher Titel: *Die Marx Brothers im Krieg*). Im anarchischen Witz dieser Truppe entdeckt Mickey die Würde und die Kraft, die in dem Versuch steckt, sich selbst und seine Probleme mit Humor zu nehmen. Diese Botschaft findet man durchaus schon in *Manhattan*, Humor und hier insbesondere Groucho Marx gehören schließlich zu den Dingen, die das Leben lebenswert machen. Aber die Episoden um Mickey in *Hannah und ihre Schwestern* haben nicht das Schwebende, Riskante, das Isaacs Monolog auszeichnet.

«Du musst ein bisschen Vertrauen haben zu den Menschen» – und dann dieses Gesicht Woody Allens, einer der ganz seltenen Momente, in denen er wirklich nicht weiß, was er sagen soll. Der Augenblick, in dem endgültig klarwird, dass die Probleme der Menschen nicht nur von den eigentlich wichtigeren metaphysischen Fragen ablenken. Und ein Moment des Staunens. Das ist es, worum es eigentlich geht: Wenn man schon mit Problemen und Krisen zu kämpfen hat, sollte man es wenigstens auf möglichst gesunde Art und Weise tun. In gewisser Hinsicht liefert Allen einen menschenfreundlichen Gegenentwurf zum düsteren *Mars* von Fritz Zorn, der selbst kein Vertrauen finden konnte.

In angefassten Augenblicken denke ich manchmal, dass in Tracys Satz sogar noch mehr steckt: Wir sind verletzliche, fehlbare, voneinander abhängige, immer wieder zu Missverständnissen neigende und liebesbedürftige Wesen, die jeweils nur ein paar Jahrzehnte leben, eine unbegreifliche Ewigkeit hinter uns, eine unbegreifliche Ewigkeit vor uns haben und dabei auf einer relativ kleinen kugelförmigen Ansammlung kosmischen Staubs durch ein kaltes, dunkles und unendliches Weltall rasen; muss man sich da wirklich wundern, dass wir manchmal Probleme mit uns selbst oder miteinander und auch Lebenskrisen haben? Lass uns doch einfach versuchen, möglichst sinnvoll mit dieser Situation umzugehen …

Das alles ist jedenfalls mehr als nur ein guter Filmschluss. Allen liefert einen Kommentar zu Lebenskrisen überhaupt. Die schwerwiegenden Probleme des Universums – sie sind inzwischen einfach verblasst. Und ebendiese Wendung vom metaphysischen Rahmen hin zum konkreten Umgang mit menschlichen Problemen, wie sie in den letzten zehn Minuten des Films *Manhattan* greifbar wird: Genau sie macht letztlich so etwas wie einen Fortschritt in Sachen Lebenskrisen aus.

Kapitel 10

Kita-Kinder in der Krise

Ihre erste offizielle Lebenskrise haben Menschen heute im Alter von zwölf Monaten. Interessanterweise gerade auch dann, wenn sie in behüteten Verhältnissen aufwachsen. Nach einem Jahr Elternzeit geben viele ihren Nachwuchs in die Kita. Die Mütter und Väter selbst müssen – und wollen es oft auch – wieder an ihren Arbeitsplatz zurückkehren. Die Kinder müssen in die Welt hinaus. Ihr Weg in die Gesellschaft beginnt, sie verlassen den abgezirkelten kleinfamiliären Innigkeitsraum. Die Eingewöhnungszeit in der Kita steht an: eine obligatorische Übergangskrise.

Übergangskrisen sind, um den Begriff von Gail Sheehy aufzugreifen, vorhersehbare, aber doch unausweichliche Krisen. Um Trennungskrisen kommt man im Leben vielleicht herum, sofern man Glück hat und sich eben nicht trennt (oder sich vollkommen problemlos trennt, was selten vorkommt). Es mag gelingen, selbst Sinn- und Überforderungskrisen zu entgehen, obwohl auch das schwer vorstellbar ist. Aber ein Leben ohne Übergangskrisen? Mag sein, dass sie manchmal, wenn sich eins ins andere fügt, sehr sanft ausfallen. Mag auch sein, dass man keine rechte Veranlagung dazu hat, sie auszuleben, und sie lieber beiseiteschiebt. Sie gehören jedenfalls längst selbstverständlich zum Leben dazu, ob es nun der heikle Prozess der Abnabelung vom Elternhaus ist oder die mühsame Anpassung an veränderte Lebensumstände. Dementsprechend geht man solche Übergänge heute bewusster an als früher. Im Hintergrund stehen gestiegene Anforderungen an Flexibilität – wechselvolle Lebensläufe beinhalten mehr Übergänge –, aber auch Errungenschaften gesellschaftlicher Lernprozesse. Dass Lebensübergänge mit spezifischen Problemen behaftet sind, hat man vor zwei, drei Generationen oft noch gar nicht gewusst; Männer sind etwa nach der Pensionierung, ohne dass man glaubte, daran etwas ändern zu können, in signifikanter Häufung einfach an Herzinfarkten gestorben. Inzwischen weiß man es besser. Und man weiß auch, dass nicht nur negativ besetzte Übergänge Probleme mit sich bringen. Auch Hochzeiten und Geburten können schwerwiegende Übergangskrisen auslösen. Als ich einmal auf eine Tabelle stieß, in der eine Hochzeit mit ähnlich vielen Stresspunkten verzeichnet war wie der Tod eines nahestehenden Familienmitglieds, war ich noch überrascht. Mit inzwischen fünfzigjähriger Lebenserfahrung kann ich sagen: Da ist tatsächlich was dran. Und die Tatsache, dass nach einer Geburt die Anpassung an die neue Elternrolle für viele Menschen mit tiefgreifenden psychischen Problemen verbunden sein kann, wird nicht mehr mit kitschigen Bildern vom Elternglück überklebt.

Aber muss man im Fall der Kleinkinder tatsächlich gleich von einer Lebenskrise sprechen? Eltern und Erzieher würden die Eingewöhnungszeit in der Kindertagesstätte vielleicht eher nicht so bezeichnen. Manche jungen Eltern bewahren sich die Selbstironie, obwohl das, bei all den Anforderungen, die über sie hereinbrechen, wahrlich nicht einfach ist; sie würden über diesen Ausdruck womöglich sogar schmunzeln. Andererseits handeln alle Beteiligten inzwischen so, als komme die Eingewöhnungszeit des Kinds einer Lebenskrise gleich oder könne sich zumindest schnell zu einer auswachsen – und darauf kommt es an.

«Die Forschungsergebnisse liefern Belege dafür, dass sich unbegleitete Kinder in einer Krisensituation befinden, die schon der Augenschein und die Berufserfahrung der Erzieherinnen erkennen lässt. Insbesondere im Krippenalter sind lang (gelegentlich mehrere Wochen) andauernde Perioden untröstlichen Weinens der Kinder zu beobachten, die sich durch die Erzieherin kaum beeinflussen lassen und oft durch verzweifelte Bemühungen des Kindes begleitet sind, die Eltern am Weggehen zu hindern. Ältere Kinder verhalten sich häufig eher unauffällig, die beobachteten Stressreaktionen und die erhöhten Erkrankungsraten sprechen jedoch eine deutliche Sprache.»

Auf diese Sätze stößt, wer ein Kleinkind im besagten Alter hat und sich darüber informiert, bei welcher Kindertagesstätte er es anmelden sollte. Sie stammen aus einer Einführungsbroschüre zum sogenannten Berliner Modell oder auch Infans-Konzept der Frühpädagogik, die man auch im Internet abrufen kann. Infans-Institut, oder ausgeschrieben: Institut für angewandte Sozialisationsforschung, heißt der eingetragene Verein, von Berliner Psychologen und Soziologen der Freien Universität Berlin gegründet, an dem es im öffentlichen Auftrag und mit öffentlicher Unterstützung entwickelt wurde. 2001 hat man einen ersten Entwurf fertiggestellt, 2005 wurde es an acht-undsechzig Kitas in Brandenburg und Baden-Württemberg einem Praxistest unterzogen. Seitdem setzt sich das Infans-Modell rasend schnell als neuer Standard durch. Heute wenden es über eintausendfünfhundert Kitas an.

Dass sich «unbegleitete Kinder in einer Krisensituation befinden», ist die Kerneinsicht des Konzepts. Der Begriff der Krise wird in den zitierten Sätzen nicht weiter bestimmt, es werden lediglich ihre Symptome genannt. Stöbert man in den Einführungstexten weiter, findet man differenziertere Stellen. Kinder geraten in der Phase der Eingewöhnung – einer Phase des Abschiednehmens von einer gewohnten Situation und der Neuorientierung, damit einhergehend einer Phase der inneren Unruhe – prinzipiell in eine schwierige Situation, die sich zu einer manifesten Krise zuspitzen und eskalieren kann, wenn nichts unternommen wird, um sie abzufedern. «Untröstliches Weinen», «verzweifelte Bemühungen»: Bewusst legen die Autoren der Broschüre einige Dramatik in diese Stelle.

Das Berliner Modell sieht daher eine sorgfältig betreute Eingewöhnungszeit in mehreren Phasen vor. Zunächst besucht das Kind die Kita noch mit mindestens einem Elternteil. Die Erzieherinnen und Erzieher werden in dieser Phase als neue Bezugspersonen eingeführt und aufgebaut. Dann wird das Kind langsam an den Abschied von Mutter oder Vater gewöhnt. Schließlich wird jeweils individuell überprüft, ob sich das Kleinkind bereits in die ungewohnte Situation eingefunden hat oder nicht. Falls nicht, wird die dafür vorgesehene Zeitspanne – in der Regel ein bis drei Wochen – verlängert.

So wird versucht, einen möglichst fließenden Übergang zu gewährleisten, von der Bindung an die Eltern in der allerersten Lebensphase hin zur neuen Umgebung der Kita mit noch fremden Bezugspersonen, fremden Räumlichkeiten und Ritualen sowie einer Vielzahl fremder Kinder. Das Modell geht davon aus, dass Kleinkinder eine Art Fremdheitsschock erleiden, wenn sie mit der neuen Situation konfrontiert werden, eine Irritation ihrer bis dahin als selbstverständlich erfahrenen Welt- und Selbstbezüge, und dass man ihnen helfen muss, diesen Schock zu verarbeiten und neue Selbstverständlichkeiten zu gewinnen. Die grundlegende Konfliktsituation besteht darin, dass Kinder geschützt werden, aber auch Neues entdecken wollen. Das Infans-Modell soll diesen Konflikt begleiten.

Wäre man dazu aufgefordert, eine Liste mit den drängendsten Lebenskrisen der Gegenwart zu erstellen, würde man sicherlich Beziehungskrisen, Überforderungskrisen, Sinnkrisen nennen, aber nicht darauf kommen, Übergangskrisen von Krippenkindern mit aufzunehmen. Doch warum eigentlich nicht? Die Grunderkenntnis der Entwicklungspsychologie, dass in das ganz normale Leben Dramen eingebaut sind, zeigt sich gerade hier. Die Dramatik der frühkindlichen Entwicklung ist in Deutschland lange Zeit mit durchaus auch ideologischen Vorstellungen einer Mutter-Kind-Innigkeit überdeckt worden. Und es gehört wahrscheinlich zu den ganz großen sozialen Errungenschaften der vergangenen Jahrzehnte, dass dieser Kitsch aufgebrochen worden ist.

Sigmund Freud fasst in *Das Unbehagen in der Kultur* eine der entscheidenden Einsichten der Entwicklungspsychologie folgendermaßen zusammen: Das «Ichgefühl des Erwachsenen [...] muss eine Entwicklung durchgemacht haben, die sich begreiflicherweise nicht nachweisen, aber mit ziemlicher Wahrscheinlichkeit konstruieren lässt. Der Säugling sondert noch nicht sein Ich von einer Außenwelt als Quelle der auf ihn einströmenden Empfindungen. Er lernt es allmählich auf verschiedene Anregungen hin. Es muss ihm den stärksten Eindruck machen, dass manche dieser Erregungsquellen, in denen er später seine Körperorgane erkennen wird, ihm jederzeit Empfindungen zusenden können, während andere sich ihm zeitweise entziehen – darunter das Begehrteste: die Mutterbrust – und erst durch ein Hilfe heischendes Schreien herbeigeholt werden.»

«Hilfe heischendes Schreien» – das sagt eigentlich schon alles. Schon der Säugling, der nach der Brust oder der Flasche schreit, lässt eine Krise erkennen. Er hat nicht einfach nur Hunger. Er registriert vielmehr, dass sich ihm etwas entzieht, dass etwas fehlt, dass er nicht vollständig ist. Irritation und Verunsicherung, das deutlich artikulierte Signal, dass etwas getan werden muss – das sind in der Tat typische Merkmale einer Krisensituation. Das Stillen des Säuglings lässt sich konsequenterweise als eine Art Krisenintervention verstehen. Und tatsächlich liegt es nicht ganz fern, diese Situation so zu beschreiben: Die Zufriedenheit eines gestillten Kinds scheint mehr anzuzeigen als nur ein befriedigtes menschliches Bedürfnis. Man hat darüber hinaus oft geradezu den Eindruck, hier wurde eine Welt wieder heil gemacht.

Allerdings folgt aus diesen ganz frühen Dramen noch wenig. Üblicherweise erkennt man darin nur den Ausdruck eines simplen Mangels, der in der Regel einfach zu beheben ist. Und sie betreffen, zumindest wenn alles in Ordnung ist, ausschließlich den engeren Familienkreis. Weitere gesellschaftliche Instanzen sind noch nicht berührt. Diese frühen Krisen sind deshalb in der öffentlichen Diskussion wenig anschlussfähig, es sei denn, es läuft in der Eltern-Kind-Beziehung etwas grundlegend schief, was man dann unter dem Stichwort «Kinderverwahrlosung» thematisieren müsste. Aber zum Glück bleibt das die Ausnahme.

Fest steht jedenfalls, dass auch solche frühen Mangelsituationen als Momente existenzieller Not beschrieben werden können. Gerade die deutsche Frühpädagogik, oder man sollte wohl lieber sagen: die deutschen Lehren zur Säuglingspflege haben so viel Empathie Kleinkindern gegenüber nicht aufbringen wollen, und das bis weit in die zweite Hälfte des 20. Jahrhunderts. Noch lange Zeit nach dem Zweiten Weltkrieg war etwa Johanna Haarers Lehrbuch *Die deutsche Mutter und ihr erstes Kind* einflussreich, erschienen 1934, ab 1949 weiterveröffentlicht unter dem Titel *Die Mutter und ihr erstes Kind*. Die Tilgung des nach 1945 allzu auffälligen Zusatzes «deutsch» im Titel war das einzige Zugeständnis an das Ende des Naziregimes. Noch 1987 erschien eine neue Auflage. Allzu große Zuneigung für den Säugling bezeichnete Haarer als «Affenliebe». Ihrer Meinung nach sollte das Kind versorgt und gesäubert, aber auch emotional gebändigt werden. Einer ihrer Ratschläge: Distanz halten und schreien lassen! Mit Lebenskrisen von Neugeborenen wollte man sich nicht herumschlagen. Sie hatten keine zu haben.

Das hat sich, wie das Infans-Modell zeigt, gründlich geändert. Heute rechnet man überall mit Krisen. Es geht zunächst darum zu prüfen, ob im Einzelfall auch tatsächlich eine vorliegt.

Dieser Moment der Prüfung, die von Eltern und Erziehern durchgeführt wird, ist in vieler Hinsicht interessant. Wie wird er konkret ablaufen? Vielleicht setzt man sich in einer ruhigen Minute gemeinsam in die Gesprächsecke der Kita. Vielleicht auch an den Tisch, an dem die Kinder sonst mittagessen. Kinderzeichnungen an den Wänden. Eine bunte Uhr mit verstellbaren Zeigern zum Erlernen der Uhrzeit. Spielzeug in Holzkisten. Eine Tasse Tee auf dem Tisch. Das Kleinkind, um das es geht, auf dem Schoß der Mutter oder des Vaters.

Meistens wird dieses Gespräch Routine sein, oft auch lästige Pflicht, reingequetscht in den geschäftigen Alltag der Kita und der Eltern. Als meine beiden Kinder in die Kita kamen, Mitte der neunziger Jahre, gab es in staatlichen Einrichtungen so etwas wie das Infans-Modell noch nicht. Einen informellen Austausch mit den Erzieherinnen darüber, ob so weit alles in Ordnung ist, gab es allerdings schon. Nie hätte ich gedacht, dass ich einmal in meinen Erinnerungen kramen würde, um anhand von Kita-Gesprächen zu versuchen, die Geheimnisse aktueller Lebenskrisen zu ergründen. Aber man darf sich diese Momente wahrlich nicht zu unbedeutend vorstellen.

Als Maßstab dient hier nicht mehr, wie noch bei meinem Großvater, der gehorsame Reiter, der sein Pferd für sich entscheiden lässt und damit einer Lebenskrise von vornherein aus dem Weg zu gehen versucht. Hier sitzt niemand wie Rick in *Casablanca* an der Bar, grübelt sich verzweifelt in seine Lebenskrise hinein und fühlt sich dabei ganz allein und verlassen auf der Welt. Und die Gesprächssituation entspricht auch nicht der des Paars, das nach Hause kommt und sich noch in die Küche setzt, um sich zu fragen, ob es noch glücklich miteinander ist. Zu diesen Umgangsformen ist eine weitere hinzugekommen.

Die Prüfung, ob eine Lebenskrise vorliegt oder nicht, ist Teil eines obligatorischen und, wenn man so will, auch öffentlichen Gesprächs geworden. Über Krisen *muss* man reden! Diese Erkenntnis ist jetzt Mainstream und offiziell umgesetzte Politik. Es wäre natürlich falsch, von einer so spezifischen Gesprächssituation direkt auf gesamtgesellschaftliche Verhältnisse zu schließen; schon deshalb, weil etwa einem gesellschaftlichen Subsystem wie der Wirtschaft mit pädagogischen Maßnahmen keineswegs beizukommen ist. Aber eines kann man doch festhalten: Der Umgang mit Lebenskrisen steht jetzt auch auf der Tagesordnung der sozialen Abläufe. Und zwar nicht nur in der Kita. Die Punkte möglicher Lebenskrisen zu erkennen, darum bemüht man sich auch in Arbeits- und Lebensgestaltungskontexten.

Ich müsste lügen, würde ich an dieser Stelle nicht zugeben, dass ich dabei ambivalente Gefühle habe. Irgendwo im Hinterkopf rührt sich ein gesunder Zweifel, ob solche Kita-Gespräche – im Grunde handelt es sich um eine Art Evaluation, wie sie unter Angestellten so berühmt wie berüchtigt ist – auf gleicher Augenhöhe ablaufen. Man kennt das ja: Oft steht das Ergebnis von vornherein fest, und im Gespräch geht es nur noch darum, den Betroffenen das Ergebnis zu «vermitteln». Außerdem denkt man schnell an unangenehme Behördengänge; die Zeit, als in Deutschland Beziehungen zwischen Institutionsvertretern und Bürgern noch obrigkeitsstaatlich geregelt wurden, ist noch nicht lange her.

Bemerkenswert ist nichtsdestotrotz der Anspruch, gemeinsam zu einem Ergebnis zu kommen und die Beteiligten nicht mehr mit ihren Krisen alleinzulassen. Was die Einlösung dieses Anspruchs betrifft, so wird man eine Kindertagesstätte inzwischen auch daran messen, inwieweit sie ihr gelingt. Jede gute Erzieherin wird versuchen, den Eltern den Eindruck zu vermitteln, dass sowohl sie als auch ihr Kind ernst genommen werden, sich aber auch darum bemühen, allzu große Erwartungen an das Gelingen der Eingewöhnung abzubauen, um die Situation vorweg zu deeskalieren.

Es ist nicht ganz einfach, sich von den idyllischen Bildern einer Kindheit, die gewissermaßen unschuldig und jenseits aller Fährnisse verläuft – irgendwo zwischen dem Toben auf dem Bolzplatz und dem Indianerspiel im Wald –, zu verabschieden. Diese Unschuld hat die heutige Kita-Welt nicht mehr zu bieten. Spielplätze vielleicht schon. Aber auch hier mag man die Kinder nicht mehr guten Gewissens ihre Kinderwelten unbeaufsichtigt entdecken lassen (spätestens bei der Lektüre von Mark Twains *Tom Sawyer* bekommt man unweigerlich Sehnsucht nach solchen Welten).

Vielleicht hat es mit dieser Trauer über die verlorene Unschuld der Kindheit zu tun, dass man in Zeitschriften und Sachbüchern oder auch im Bekanntenkreis häufig auf eine Abneigung gegenüber jungen Eltern stößt (gerne auch gegenüber den sogenannten Latte-macchiato-Müttern). Man unterstellt ihnen, dass sie ihre Kinder und vor allem sich selbst zu wichtig nehmen, und wirft ihnen eine Überpädagogisierung bis hin zur Bildungsaufrüstung schon im Kindergartenalter vor. Gerüchte von Dreijährigen, die zum Chinesischkurs gebracht werden, machen immer mal wieder die Runde.

Andererseits waren allzu idyllische Kindheitsbilder natürlich schon immer eine Lüge. Es genügt vollkommen, ein paar ältere Romane zu lesen: Die deutsche Literatur ist randvoll von unglücklichen Kindern, die öde Schulstunden hinter sich bringen müssen oder gleich in Internaten aufwachsen, von Thomas Manns Hanno Buddenbrook bis hin zu Robert Musils Zögling Törleß, von Hans Giebenrath aus Hermann Hesses *Unterm Rad* bis hin zu Robert Walsers geschlagenem und auch sexuell angegangenem Schüler Jakob von Gunten. Das kulturelle Gedächtnis kennt Unmengen von Geschichten unterdrückter Kinder und katastrophal verlaufender Kindheiten. Man will es heute einfach besser machen.

Behandelt man Kleinkinder als etwas Einzigartiges, wird man in einer Situation wie der Kita-Eingewöhnung immer auch den möglichen Anlass einer Krise erkennen – zwar nicht unbedingt für die anderen, aber doch zumindest für die eigenen Kinder. Und in unserer Gegenwart, in der diese Kinder in den allermeisten Fällen Wunschkinder sind, wird man dazu viel eher geneigt sein als zu Zeiten, in denen Kinder so selbstverständlich waren wie die Jahreszeiten oder die Tatsache, dass man Geld verdienen muss (ich übertreibe ein bisschen).

Man sollte zudem nicht unterschätzen, wie komplex Gesprächssituationen wie die der Eingewöhnungsprüfung zumindest angelegt sind. Gut klarmachen kann man sich das, indem man einmal die unterschiedlichen und sich dabei kreuzenden und auch überlagernden Beobachtungslinien verfolgt.

Fürs Erste werden natürlich die Kleinkinder beobachtet, durch die Erzieher und die Eltern. Darum geht es ja im Kern. Es soll überprüft werden, ob die Kleinen Krisensymptome zeigen oder den Übergang bereits so weit gemeistert haben, dass die Eingewöhnungsphase für beendet erklärt werden kann. Reaktionen auf Abschiedssituationen werden registriert: Weint das Kind, und falls ja, weint es vielleicht schon weniger als noch zu Beginn der Kita-Zeit? Und wie verhält es sich nach dem Abschied? Wendet es sich den neuen Spielkameraden zu? Bei Verhaltensauffälligkeiten, etwa wenn das Kind sich absondert oder aggressiv reagiert, machen sich die Erzieher vielleicht sogar eine Notiz. Sie wird dann im Gespräch zur Sprache kommen.

Darüber hinaus beobachten Erzieher und Eltern sich aber auch gegenseitig. Die Erzieher versuchen, die häusliche Situation des Kleinkinds zu erfassen. Familienkonstellation, Status, Bildungshintergrund – das alles wird zwar nicht direkt erfragt, aber doch registriert. Schließlich müssen Erzieher einschätzen, ob etwas im Argen liegen könnte: Einzelkind? Trennung? Geldsorgen? Stress im Job? Gehen die Eltern als Paar gut miteinander um? Überfordern sie ihr Kind mit überzogenen Erwartungen? Möglicherweise zeigen sich im auffälligen Verhalten ihres Nachwuchses Probleme der Eltern, die sich auf das Kind übertragen haben. Das wäre dann ein Klassiker für die Familientherapie.

Gleichzeitig versuchen Eltern, die Erzieher einzuschätzen. Über die Tagesstätte haben sie sich schon vor der Anmeldung informiert, sie sich auch einmal angesehen, die Spielmöglichkeiten erkundet, die anderen Eltern im Vorbeigehen taxiert. Jetzt geht es um die jeweilige Erzieherin oder, seltener, den Erzieher: Kann die oder der mit meinem Kind? Das zu wissen, ist die Voraussetzung, um wiederum das Verhalten des Kinds interpretieren zu können. Passt es gut hierher? Geht es ihm gut? Oder braucht es noch ein wenig mehr Zeit? Traut man der Erzieherin zu, das Kind – wer weiß? – im gegebenen Fall vor den anderen Kindern zu schützen? Muss man sich möglicherweise doch nach einer anderen Kita umsehen? Fragen über Fragen.

Schließlich darf man nicht vergessen, dass natürlich auch das Kleinkind Eltern und Erzieher beobachtet. Intuitiv versucht es, Erwartungen zu erfassen und den eigenen Handlungsspielraum auszuloten. Vielleicht spürt das Kind sogar, dass die Situation auf der Kippe steht, und nutzt den Moment, um sich die alleinige Aufmerksamkeit der Eltern zurückzuerobern, indem es sich auf einmal besonders anhänglich zeigt. Oder aber die neue Situation hat einen kleinen Entwicklungsschub bei ihm ausgelöst, den es – Kinder sind manchmal so – nun auslebt, indem es sich für den Moment lautstark von den Eltern abwendet.

In dieser komplexen interaktiven Gemengelage, in der jeder Beobachter zugleich auch beobachtet wird, handelt man nun untereinander aus, wie die Situation einzuschätzen und weiter zu verfahren ist. Oft wird das Ergebnis eindeutig ausfallen: in der Mehrzahl der Fälle positiv, manchmal aber auch – Stichwort «untröstliches Weinen» – negativ. Gelegentlich werden sich größere Spielräume für Verhandlung und Interpretation ergeben. Das sind dann die Augenblicke, in denen die ganze Komplexität der Situation zum Tragen kommen kann. Doch bei allen Unwägbarkeiten: Immerhin bietet das Infans-Modell die Möglichkeit zu solchen offenen sozialen Prozessen.

Und eben darin liegt der Clou des Modells. Es stellt keine allgemeinen Regeln auf, um Lebenskrisen zuvorzukommen, es existiert keine To-do-Liste und auch kein festgelegter Zeitplan. Stattdessen geht es darum, die Möglichkeit einer Lebenskrise anzuerkennen und für einen Anlass zu sorgen, damit sich Erzieher, Eltern und auch das Kleinkind miteinander ins Benehmen setzen. Dabei sollen die Beziehungen zwischen Kleinkind und Erzieher sowie zwischen Eltern und Erzieher gefestigt werden.

Halten wir also fest: Die Sorge um mögliche Lebenskrisen wirkt hier beziehungsstiftend.

Wo ich wohne, gibt es viele Kindertagesstätten und Kinderläden. Andernorts, liest man in den Zeitungen und hört man in den Nachrichten, werden immer noch viel zu wenig Kita-Plätze angeboten; die Kommunen haben Mühe, den durch die Politik gewährten Anspruch auf einen Kita-Platz in die Realität umzusetzen. Hier, in Berlin-Schöneberg, ist das nicht der Fall.

In diesem Innenstadtstreifen des ehemaligen Westberlin, vom Schöneberger Winterfeldtplatz über Wilmersdorf bis nach Charlottenburg, sind die Kinderläden in Deutschland mit erfunden worden. Die Mischformen aus Boheme und Bürgerlichkeit, die im Manhattan Woody Allens erprobt wurden, zeigten sich auch hier. Und die Pioniere alternativer Familienmodelle und WG-Experimente der späten sechziger und vor allem siebziger Jahre suchten Betreuungsmöglichkeiten für ihre Kinder. Sie waren hierhergezogen, um anders zu leben als in der westdeutschen Provinz. Anders dabei durchaus im emphatischen Sinn: selbstbestimmter, aufregender, freier – und auf keinen Fall so wie die konventionelle Kleinfamilie. Wohin also mit den Kindern?

Wo es nicht genug staatliche Angebote gab, machte man halt in Eigeninitiative einen Kinderladen auf. Die örtlichen Gegebenheiten waren günstig, die Mieten niedrig. So wurden etwa die Räume eines leer stehenden Ladengeschäfts im Erdgeschoss umfunktioniert, ein paar Tiere an die Wände gemalt, ein Name aus *Pippi Langstrumpf* – als es noch originell war, zum Beispiel «Villa Kunterbunt» – über die Eingangstür gesetzt und ein Putz- und Kochplan für die Eltern aufgestellt. Was dann noch folgte, waren Scherereien mit den Nachbarn, manchmal leider auch Herausforderungen ideologischer Art, wenn Kinder als Vorzeigefälle befreiter Lebenssituationen herhalten sollten, und gelegentlich anstrengende Elternversammlungen, wenn mal wieder grundsätzliche Probleme zu diskutieren waren.

Das richtige Verhältnis zwischen neuen pädagogischen Ansätzen, Überlegungen darüber, was wohl das Beste für das Kind sei, der eigenen Selbstverwirklichung und den Notwendigkeiten des Lebens zu finden – auch das war ein von 1968 ausgehender langer Marsch. Inzwischen sind die ideologischen Schlachten geschlagen, und der kämpferisch antiautoritäre Überbau wurde in pädagogische

Maßnahmen wie das Infans-Modell übersetzt. Und es gibt nach wie vor erfreulich vielfältige Betreuungsangebote.

Und so sehe ich sie häufig, wenn ich morgens zur Arbeit in die Redaktion fahre, nachmittags zum Einkaufen gehe oder auf dem Weg zu einem Café bin: Gruppen von Kleinkindern, die an einer Ampel stehen oder an einer Bushaltestelle warten. Oft halten sie sich an den Händen. Das sieht rührend aus. Sieht man aber nur fünf Minuten lang zu, gewinnt man schon einen Einblick, was für ein Binnendruck in so einer Gruppe herrscht, wie viel Aufregung und Getümmel. Kein Wunder, dass die Stimmen der begleitenden Erzieherinnen meistens etwas angespannt klingen.

Von den frühen Kinderläden ausgehend, lässt sich durchaus eine Erfolgsgeschichte schreiben. Das Berliner Infans-Modell ist eines von vielen Beispielen für Verhaltensweisen und dahinterstehende Normen, die noch vor wenigen Jahren als alternativ, avantgardistisch, antiautoritär oder auch als links markiert worden wären. Andere Beispiele sind der Einkauf von Biogemüse, das Demonstrieren gegen Atomkraft oder das alltägliche Spiel mit den eigenen Kindern. Noch vor einer Generation war dieses Verhalten mit dem Bewusstsein verknüpft, zu einer Minderheit zu gehören und sich vom Mainstream der Gesellschaft abzusetzen. Inzwischen wertet man es eher als Ausdruck einer Lebensführung, der es darauf ankommt, verantwortungsvoll mit sich selbst und anderen umzugehen – was wiederum längst Teil der Werbestrategien von Nahrungsmittelkonzernen und Imagekampagnen etwa großer Autofirmen geworden ist.

Die Fußgängerampel schaltet auf Grün, die Stimmen der Erzieherinnen bekommen etwas Anfeuerndes, die Gruppe setzt sich in Bewegung. Zum Glück wissen die Kinder noch nicht, welch atemberaubende Karriere Übergangskrisen, angefangen mit Pubertät und Midlife-Crisis, inzwischen hingelegt haben und was nach ihrer Kriseninitiation in der Eingewöhnungszeit noch alles auf sie zukommen wird. Das Muster der Übergangskrise ist jedenfalls zu einem Generalschlüssel geworden, der inzwischen im Prinzip in jeden herausgehobenen Moment des Lebens passt. Mit dem Ergebnis, dass ihre Anlässe zuzunehmen scheinen. Nur dass man im späteren Leben nicht mehr so sorgfältig betreut wird wie im Kita-Alter.

Körperliche Übergänge, insbesondere solche, die mit hormonellen Veränderungen zu tun haben, werden heutzutage genau erfasst und in unterschiedlichsten Ratgebern beschrieben. Vor die Pubertät ist beispielsweise eine Phase der Vorpubertät gerückt, die noch nicht mit einem sexuellen Reifeprozess, aber bereits mit einschneidenden Verhaltensänderungen verbunden ist. Auch die Menopause, lange Zeit eine Art weibliches Arkanwissen, wird mittlerweile als Übergangszeit sehr ernst genommen. Gerade an dieser Phase sieht man: Was einst nur ausgehalten werden sollte, wird inzwischen auch gestaltet. Frauen achten verstärkt auf Vorgänge im eigenen Körper, orientieren sich neu und suchen Rückversicherung in den Lebensbeschreibungen anderer Frauen, die sich in Form von Fallbeispielen in Magazinen und Fernsehsendungen finden.

Daneben nimmt aber auch die Anzahl sozialer Übergänge, denen man in der Öffentlichkeit Aufmerksamkeit schenkt, deutlich zu. Die Phase des jungen Erwachsenenalters hat seit jeher viel Interesse auf sich gezogen: Berufswahl, Familiengründung – entscheidende Weichenstellungen fallen in diese Zeit. Daran hat sich im Grunde nichts geändert, nur dass diese Phase mit ihren, das weiß man ja, extrem krisenaffinen Was-soll-aus-mir-werden-Überlegungen deutlich in die Länge gezogen ist. Die modischen Wortverbindungen mit der Endung «somethings» zeigen es an: Einst war nur von Twentysomethings die Rede, dann kamen die Thirtysomethings und die Fortysomethings. Inzwischen habe ich sogar von Sixtysomethings gelesen, einer neuen Rentnergeneration, die sich, fit, relativ wohlhabend und gut ausgebildet, nach dem Ende der Berufslaufbahn noch einmal neu ausprobieren will, etwa mit einem Studium der Kunstgeschichte.

Hinter solchen Geschichten steckt einiges an *wishful thinking*. Außer Zweifel steht, dass ein wachsender Anteil der Bevölkerung deutlich länger als früher braucht, sich beruflich und familiär festzulegen, und dieser Entscheidung gehen viele Versuche, Irrtümer und Neuansätze voran.

Dabei stellt sich die Frage, wie festgelegt man nach so einer Festlegungsphase tatsächlich ist. Gerade in dieser Hinsicht haben sich die Lebensläufe in unserer Gesellschaft stark ausdifferenziert. Es gibt immer noch Angestellte mit lebenslangen Jobkarrieren, andere Menschen hangeln sich von Zeitvertrag zu Zeitvertrag. Dass innerhalb des flexibilisierten Arbeits- und Lebensmodells viele Übergänge gemeistert werden müssen, versteht sich von selbst. Aber auch das nach außen hin stabil wirkende Modell einer Festanstellung beinhaltet Momente der Unruhe: Projektbeschreibungen, Evaluationen und Selbstmanagementmechanismen. Man mag es bedauern, aber Stabilität ist nun einmal nichts, worauf man sich in einem heutigen Angestelltenleben verlassen kann. In der Wirtschaft sowieso nicht – nichts ist älter als die Produktpalette von gestern. Aber auch in Behörden und Ämtern werden die Arbeitsabläufe flexibler gestaltet. Damit steigen die Ansprüche an die Mitarbeiter, was die Eigenorganisation ihrer Arbeit betrifft – mit ambivalenten Auswirkungen. Auf der einen Seite stehen mehr Chancen auf Eigenverantwortung. Auf der anderen Seite steht ein höherer Kommunikationsbedarf, was sich in der höheren Anzahl von Arbeitssitzungen niederschlägt und durchaus auch einer Zunahme möglicher Streitpunkte zwischen Kollegen. Ob die Gewinne an Verantwortung überwiegen oder der Stress durch die zunehmende Flexibilisierung, muss sich im jeweiligen Einzelfall zeigen.

Auch was Beziehungen angeht, hat die Zahl der Übergänge zugenommen. Und nicht nur Paare, die sich trennen, auch Paare, die zusammenbleiben, durchlaufen Übergangsphasen. Was für langsam schwelende und irgendwann massiv ausbrechende Krisen etwa unterschiedliche Karrieregeschwindigkeiten auslösen können! Ein Paar, für das sich die beruflichen Hoffnungen nur im Fall eines Partners erfüllt haben, steht vor ganz anderen Schwierigkeiten als eines, in dem beide Partner, etwa noch als Anfänger im jeweiligen Beruf, auf einer ähnlichen Karrierestufe stehen und gleichermaßen mit dem beruflichen Aufstieg rechnen können. So ein Übergang, beispielsweise hin zu einer neuen ehelichen Aufgabenverteilung, muss vorsichtig angegangen werden.

All diese Übergangsphasen müssen keineswegs zu manifesten Lebenskrisen werden, um für aktuelle Lebensläufe relevant zu sein. Sie bilden die Bezugspunkte eines Rahmens, an dem das Leben ausgerichtet wird. Man leitet daraus ab, was als Nächstes und in der weiteren Zukunft bevorstehen mag, deutet darin aber auch, was man bereits hinter sich hat. Erzählungen von Übergangskrisen in den Medien oder im direkten Austausch mit Freunden oder Bekannten werden ebenfalls in diesen Interpretationsrahmen integriert.

Ein letzter Schwenk zu den Kita-Kindern. Wie genau sie bereits beobachten und wie gut sie ihre eigene Situation einschätzen, wurde mir besonders klar (im tagtäglichen Umgang mit ihnen erfährt man es eigentlich in jedem Augenblick), als ich einmal in der Kita meiner Kinder vor einer Wand stand, an die mit Tesafilm viele bunte Krickelzeichnungen angeklebt waren. Eine Erzieherin hatte die Idee gehabt, jedes der Kinder seine Familiensituation zeichnen zu lassen. Das Ergebnis war überwältigend.

Auf einer der Zeichnungen sah man ein Kind und eine Frau, beide identisch angezogen und mit gleichen Schleifen im Haar, die sich im Zentrum des Bilds an den Händen hielten. Offensichtlich das Einzelkind einer alleinerziehenden Frau. Links oben im Bild fand sich in einigem Abstand eine weitere Figur, vielleicht der getrennt lebende Vater.

Im Kontrast dazu stand eine Zeichnung, die vor Figuren überquoll. In der Mitte des Bilds reihten sich in abnehmender Größe drei Kinderfiguren, auf die kleinste zeigte ein Pfeil: die Zeichnerin mit ihren beiden älteren Geschwistern. Die Eltern standen direkt daneben. Außer-

dem gab es auf dem Bild ein Paar mit Hund, die Großeltern, wie ich auf Nachfrage erfuhr, und ein weiteres Paar
mit einem Tier, das ich zuerst für eine Katze mit etwas
zu langen Vorderbeinen hielt. Wieder fragte ich nach. Es
waren die zweiten Großeltern, die mit der Zeichnerin gerne in den Zoo gingen; das Tier sollte einen Schimpansen
darstellen, offenbar hatte das Affenhaus besonderen Eindruck hinterlassen.

Daneben hingen Zeichnungen mit allen möglichen
Konstellationen. Zwei kleine Figuren, links daneben die
Mutter, rechts der Vater, drum herum ein Kasten mit einem Dach darauf – die Wohnung, in der die vier zusammen wohnen. Aber auch Patchwork-Verhältnisse: kleine
Figur in der Mitte (der Zeichner), Mutter daneben, zu
ihrer anderen Seite zwei ebenfalls kleinere Figuren, die
Halbgeschwister; etwas weiter weg ein Paar mit einem
weiteren Kind, die neue Familie des Vaters.

Herzzerreißend die Zeichnung eines Kinds, das allein
mitten im Bild stand, die Arme in beide Richtungen aus-
gestreckt. Weiter entfernt waren, jeweils ganz am Rand
des Blatts, auf der einen Seite der Vater und auf der anderen Seite die Mutter zu sehen – eine frische Trennung.

Da hingen sie im Buntstiftformat, die vielfältigen
Möglichkeiten, heute in einer deutschen Großstadt als
Kind aufzuwachsen. Ich war wirklich beeindruckt, wie
klar viele der Kinder ihre Familienaufstellungen hinbekommen haben. Nichts könnte besser vom gesellschaftlichen Rahmen der Eingewöhnungszeit erzählen als diese
Zeichnungen. Die so heile Kleinfamilie kann nicht mehr
als Norm gelten – was bleibt, ist nicht der Jammer über
einen allgemeinen Verfall der Familie (das wäre ziemlich

konservativ und brächte im konkreten Umgang mit den Kleinkindern eh nichts), sondern die Prüfung im Fall jedes einzelnen Kinds, ob und inwieweit es Unterstützung braucht.

Auch das ist nicht auf die Kita beschränkt. Um Lebenskrisen beizukommen, muss auf komplexere Lebenswirklichkeiten mit komplexeren Prüf- und Betreuungsangeboten reagiert werden. Es gehört zu den Ambivalenzen unserer Zeit, dass diese Angebote selbst wiederum Krisen hervorrufen können. Wie kompliziert und auch anstrengend das Angebot und die Durchführung notwendiger Maßnahmen sein können, davon berichten nicht zuletzt die hohen Burnout-Zahlen gerade unter Erzieherinnen und Erziehern. Allerdings liegen die Probleme hier vielleicht weniger in den engeren Beziehungen, die diese mit den betreuten Kindern inzwischen eingehen, sondern vielmehr in den gesellschaftlichen Rahmenbedingungen für den Berufszweig, die den neuen Realitäten noch hinterherhinken: Die Anforderungen an Erzieher haben immens zugenommen, nicht aber ihre Gehälter und auch nicht die gesellschaftliche Anerkennung, die sie erhalten. Man fordert von ihnen Managerfähigkeiten und bezahlt sie, etwas übertrieben formuliert, wie Hilfsarbeiter. Solche Diskrepanzen können schnell zu Sinnkrisen führen.

Intensiv leben – aber wie?

Jugendliche haben heute ein Lieblingswort. Es ist das Wort «entspannt». Wenn sie eine Situation als gelungen oder angenehm beschreiben wollen, sagen sie gern, sie sei entspannt gewesen. «Nun entspann dich mal!», rufen sie, wenn jemand Probleme macht. Und wenn sie von einem Menschen erzählen, er sei entspannt, dann meinen sie das als großes Kompliment. Das weiß ich von meinen Kindern.

Ich kann sie gut verstehen, erst recht, nachdem ich am Ende meiner Entwicklungsgeschichte der Lebenskrisen angekommen bin. Wenn ich mir auf der einen Seite das Leben meines Großvaters vorstelle und auf der anderen Seite ein heutiges, etwa zwölf Monate altes Kleinkind, das in der Kindertagesstätte daraufhin beobachtet wird, ob es Krisenanzeichen aufweist, dann kann ich mir gut klarmachen, was sich rund um Lebenskrisen in den vergangenen drei, vier Generationen geändert hat: Es hat sich im Grunde *alles* geändert. Die Hintergründe von Lebenskrisen, der Umgang mit ihnen, ihre Intensität, ihre Gestalt, ihr Status, das Nachdenken über sie. So positiv die Folgen einerseits sind, so kompliziert ist das Leben andererseits geworden: Es muss tatsächlich sehr «anstrengend» oder auch «stressig» sein (bei heutigen Jugendlichen die

Gegenbegriffe zu «entspannt»), in einer Situation des allgemein durchgesetzten Krisennarrativs aufzuwachsen. Nicht nur dass Jugendliche permanent von gesellschaftlichen Krisenszenarios umgeben sind. Auch im Alltag kann nahezu jedes Ereignis zu einer Krise werden. Die Einschulung, der Geburtstag, die Berufswahl, immer ist Druck dahinter. In dieser Lage mag man durchaus Lust bekommen, Vorgänge, die einmal nicht problematisiert werden müssen, die vielleicht sogar von sich aus laufen, positiv hervorzuheben.

Ich kann das Bedürfnis nach Entspanntheit aber auch in einem sozusagen tieferen Sinn verstehen. Klar, jeder kann das. Manchmal kreuze ich mir Stellen in Büchern an, die mir gerade in dem Zusammenhang gut gefallen. Meine Lieblingsstelle stammt von Marcel Proust, es ist eine Szene aus dem großem Roman *Auf der Suche nach der verlorenen Zeit*. Der zu dem Zeitpunkt noch jugendliche Ich-Erzähler geht am Fluss Vivonne spazieren. Dabei bemerkt er einen Ruderer, der «mit eingelegten Riemen und zurückgelegtem Kopf flach auf dem Rücken liegend den Nachen treiben ließ, nichts sah als den Himmel, der langsam über ihn dahinzog, und auf seinem Antlitz einen Vorgeschmack des Glücks, des Friedens trug». «Vorgeschmack des Glücks, des Friedens» ist etwas dick aufgetragen. Aber das Liegen im Ruderboot, der langsam vorbeiziehende Himmel – das rührt einen sofort an. Und der Erzähler ruft aus: «Wie oft habe ich […] mir gewünscht, sobald ich einmal ganz nach meiner Neigung leben könnte, es ihm nachzutun.» Ich kann diese Stelle wirklich nicht lesen, ohne innerlich zu seufzen.

Angekreuzt habe ich mir auch eine Stelle in Theodor W. Adornos *Minima Moralia*, das bis in die siebziger Jahre hinein ein Bestseller war, mehr als hunderttausend Exemplare wurden verkauft. Es ist einer der Momente, in dem bei diesem sonst so funkelnd intellektuellen und kalt analysierenden Philosophen ein ähnliches Glück des Sich-treiben-Lassens aufblitzt. Die Stelle ist ganz kurz. Zunächst betont Adorno seine Skepsis, dass sich das Wohlergehen der Menschheit durch immer mehr Produktion bewerkstelligen lasse. Dann formuliert er in wenigen Worten einen Gegenentwurf vom Glück: «Auf dem Wasser liegen und friedlich in den Himmel schauen», so heißt es da. Ein so stiller, kontemplativer Augenblick könnte, schreibt Adorno, «anstelle von Prozess, Tun, Erfüllen» treten. Zuvor spricht er noch von einer «blinden Wut des Machens». Dieser Wut hält er nun dieses Bild entgegen, und zur Erläuterung fügt er an: «Sein, sonst nichts, ohne alle weitere Bestimmung und Erfüllung», ein Hegel-Zitat.

Für mich, der ich mit der Kritik an der Wachstumsgesellschaft und der Sehnsucht nach dem Ausstieg groß geworden bin, war diese Stelle, als ich sie zum ersten Mal las, geradezu eine Offenbarung. Lange habe ich mir vorgestellt, Adorno sei diese kleine Wunschphantasie eingefallen, als er einmal glücklich auf einer Luftmatratze im Swimmingpool trieb. Wahrscheinlich verhält es sich anders. Es kann gut sein, dass es noch gar keine Luftmatratzen gab, als Adorno diese Wendung aufschrieb. Wahrscheinlicher ist, dass er hier auf eine Leseerfahrung anspielt, seine Texte sind auch sonst voll von versteckten Zitaten und Anspielungen. Marcel Proust hat er verehrt. Vielleicht hat der Ruderer von der Vivonne an dieser

Stelle der *Minima Moralia* seinen Auftritt. Noch immer liegt er in seinem Ruderboot und schaut friedlich in den Himmel.

Noch bedeutsamer scheint dieses friedliche Bild, berücksichtigt man die Zeitumstände. Adorno verfasste den Abschnitt 1945 im kalifornischen Exil, auch über die große Entfernung hinweg war er natürlich ganz eingehüllt von den Ereignissen des Weltkriegs und des Holocaust in Europa. Man darf den kurz angespielten Wunschtraum dennoch nicht als eine Flucht vor der Wirklichkeit begreifen. Das würde der Unerbittlichkeit nicht gerecht, mit der Adorno intellektuell auf die bedrückenden Nachrichten aus der Heimat reagiert hat. Dass einem die eigene Ohnmacht nicht die Reflexion nehmen sollte, hat Adorno an einer anderen Stelle des Buchs betont (dass man sich von der Macht nicht für dumm verkaufen lassen darf, ist eh klar). Ich habe daher die kleine Wunschphantasie mit Wasser und Himmel immer dahingehend verstanden, dass man sich sein Bedürfnis nach Glück von nichts und niemandem ausreden lassen sollte, ungeachtet der Weltverhängnisse.

Tief in uns steckt eine Vorstellung vom Paradies als einem Ort, an dem alle Krisen aufhören. Was Adorno hier vorsichtig berührt, ist die Utopie eines vollkommen krisenfreien Lebens (während es den Jugendlichen mit ihrem Wunsch nach Entspannung wohl eher pragmatisch darum geht, nicht aus jedem Problem gleich eine Krise zu machen). Nach allem, was ich in diesem Buch gezeigt habe, bin ich der Überzeugung, dass genau diese Sicht, in der das Glück nur jenseits aller Lebenskrisen verortet wird, nicht mehr zeitgemäß ist. Sie ist auch angesichts der

Rolle, die Lebenskrisen für unser Leben spielen, nicht fair. Denn von einem Festhalten am Glück oder der Suche danach künden – wenn auch natürlich unter ganz anderen Umständen als bei Proust und erst recht bei Adorno – ja gerade unsere gegenwärtigen Lebenskrisen.

Was soll man Jugendlichen heute nun wünschen? Möglichst wenige Lebenskrisen? Das wäre ein irgendwo frommer, aber eben kein angemessener Wunsch. Lebenskrisen sind ein Teil unseres Lebens, um diese Tatsache kommt man nicht mehr herum. Vielleicht sollte man ihnen etwas anderes wünschen: die richtigen Krisen zur richtigen Zeit. Und die Fähigkeit, die richtigen Schlüsse zu ziehen und aus den Krisen das Beste für ihr Leben zu machen.

Lebenskrisen sind, das sollte deutlich geworden sein, auf zwei grundverschiedene Weisen unverzichtbar.

Zunächst sind Lebenskrisen im individuellen Ablauf jedes Lebens notwendig und auch unvermeidlich. Wir stehen nun einmal ständig in Konflikten, mit der Umgebung, mit anderen Menschen, und vor allem kämpfen wir mit widersprüchlichen Wünschen und Vorstellungen in uns selbst. Nur wer glaubt, dass solche Konflikte unnötig seien, wird behaupten, dass man Lebenskrisen ein für alle Mal entkommen könne. Wer das meint, zeigt wenig Respekt vor der Komplexität aktueller Lebensläufe. Wir formen uns selbst und unser Leben in solchen Konflikten.

«Das Individuum ist nicht einheitlicher als die Gesellschaft, nur in seinen eigenen Träumen stellt es eine klare Ganzheit dar», schreibt der französische Soziologe Jean-Claude Kaufmann, und er hat natürlich recht. Wie hin-

und hergerissen Menschen in ihrem Vorhaben sind, das eigene Leben zu gestalten, ist in den vorangegangenen Kapiteln immer wieder klargeworden. Da war Fritz Zorn, der sich in seinem Buch *Mars* geradezu zum Tode verurteilt fühlte, weil er anders leben wollte als seine Eltern; nun gut, ein extremer Fall. Aber da waren auch die ersten Bewohner der Vororte, die plötzlich genau so lebten, wie sie es sich immer gewünscht hatten, sich aber mit einem Mal fragen mussten, was sie eigentlich wirklich von ihrem Leben wollten. Da war eine junge Frau namens Gitti, die, um ihrem Elternhaus zu entkommen, romantisch einen Außenseiter heiratete und daraufhin ausgerechnet ihn dazu bringen wollte, mit ihr zusammen die handwerkliche Familientradition fortzusetzen. Da waren die neurotischen Figuren bei Woody Allen, die sich immer wieder in neue Affären stürzten, an denen sie dann tragikomisch litten. Und da sind schließlich wir heutigen Menschen, die wir Bindungen wollen, aber auch Selbstverwirklichung; Entscheidungsspielräume, aber auch Sicherheit; Karriere, aber auch Familie und intensive Freundschaften; einen anspruchsvollen Job, aber auch Freizeit; Intensität, aber auch Ruhe.

Wo Ambivalenzen sind, sind auch Krisen. Und Ambivalenzen gibt es im Leben inzwischen jede Menge. Aber, was soll man sagen: Das Erstaunliche ist, dass es tatsächlich immer wieder gelingt, zwischen diesen einander widersprechenden Wunschvorstellungen und durch diese inneren Konflikte hindurch einen halbwegs lebbaren Weg zu finden. Manchmal nicht für lange, aber immerhin oft für lange genug. Gelegentlich findet man einen Moment des Ausgleichs im «tiefsten Inneren der kleinen persönlichen Selbsterfindungsfabrik», die wir, auch das schreibt Jean-Claude Kaufmann in seiner Studie *Die Erfindung des Ich*, alle in uns tragen.

Bei Kaufmann, einem in Deutschland leider noch immer nicht genug beachteten Gesellschaftstheoretiker, kann man gut nachlesen, was uns spätestens seit den siebziger Jahren des vergangenen Jahrhunderts in unseren Lebenskrisen antreibt. Als zentralen Punkt arbeitet er heraus, «dass die Subjekte immer mehr die Macht und auch die Pflicht haben, ihrem Leben Sinn zu verleihen». Das Individuum ist für ihn geradezu «ein Produktionszentrum für den Sinn des Lebens» – wobei diese Herstellung von Sinn immer nur auf Zeit gelingt und stets mit einiger Anstrengung verbunden ist. Verknüpft ist die Sinnstiftung mit einem intensiven Nachdenken über das eigene Leben und einer permanenten Selbstverortung in den Beziehungen und Strukturen, in denen man sich bewegt. Das ist nichts anderes als die notwendige Folgerung aus der Tatsache, dass man – und ich zitiere noch einmal den Autor Heinz Bonorden, mit dem ich die Beziehungskrisen der siebziger Jahre gedeutet habe – heute im Leben keineswegs immer schon weiß, «wo es langgeht».

Ich hatte mir vorgenommen, in diesem Buch eine bestimmte Bewegung zu vollziehen, einmal zurückzutreten und nachzuverfolgen, wie sich Lebenskrisen und der Umgang mit ihnen in den vergangenen drei, vier Generationen verändert haben. Vielleicht ist die Verbindung von Lebenskrisen und alltäglichen Ambivalenzen sogar das grundlegende Ergebnis dieser Bewegung. Üblicherweise wird Achtundsechzig als der entscheidende Bruch innerhalb der gesellschaftlichen Entwicklung der alten

Bundesrepublik angesehen. Das ist nun allerdings zu relativieren. In den Studentenunruhen der späten sechziger Jahre artikulierte sich der Anspruch, jeder Einzelne solle selbst bestimmen, wo es im Leben langgehen soll; die notwendigen Konsequenzen wurden dann aber erst in den siebziger Jahren gezogen. Sie bestanden keineswegs darin, neue, unbezweifelbare Gewissheiten an die Stelle der alten treten zu lassen (wie manche Politkader meinten), sondern darin, das Nachdenken über einschneidende Fragen des individuellen Lebens möglich und auch notwendig zu machen: Führe ich das Leben, das ich führen möchte? Was fange ich mit meinem Leben an? Ausdruck findet dieser Wandel in der Popularisierung einer Selbstreflexionskrise wie der Midlife-Crisis. Sie ist zwar per definitionem auf das mittlere Lebensalter beschränkt, ihre Grundannahme aber – dass es Phasen gibt, in denen die eigene Identität fragwürdig werden kann – ist auf die gesamte Entwicklung des Menschen von der Kindheit bis ins Alter bezogen.

Mit den Folgen leben wir bis heute. Mit unseren Lebenskrisen bewegen wir uns in vieler Hinsicht immer noch in dem Rahmen, den die siebziger Jahre geschaffen haben. Allerdings gibt es einen gewichtigen Unterschied. In den Siebzigern ging es in Lebenskrisen unter anderem um die Erweiterung individueller Lebensmöglichkeiten. Man zeigte in ihnen eben auch an, dass man anders leben wollte als die vorangegangenen Generationen und löste sich aus überkommenen gesellschaftlichen Strukturen. Inzwischen treten einem Slogans mit Aufforderungscharakter wie «Sei du selbst!» oder «Mach dein Ding!» sogar in Werbeanzeigen entgegen. Sie haben ihren emanzipativen

Appeal verloren. Außerdem ist inzwischen auch einer der Nachteile der flexibilisierten Lebensführung offenkundig geworden: Sie ist mit Anstrengungen verbunden. So attraktiv es erscheint, sein ganz eigenes Leben zu führen – dann und wann hat man den Eindruck, man folge mit der Suche danach nur gesellschaftlichen Normvorgaben. Auch diese Ambivalenz gilt es auszuhalten. Und möglicherweise trägt auch sie zur Erschöpfung bei, von der man derzeit so viel hört.

Erschöpft sind wir in den Momenten, in denen wir unsere notwendigen individuellen Anstrengungen, unserem Leben einen Sinn zu geben, für sich selbst genommen nicht mehr als sinnvoll empfinden. Man mag in solchen Momenten sogar darüber grübeln, ob das Leben ohne die anstrengenden neuen Freiheiten nicht vielleicht sogar einfacher wäre. Allerdings darf man sicher sein, dass in einer gesellschaftlichen Situation, in der diese Freiheiten nicht mehr gegeben sind, viel massivere und direktere Lebenskrisen drohen: Sich sein Leben vorbestimmen zu lassen, das geht heute gar nicht mehr. Darüber hinaus ist es auch ein bisschen wohlfeil zu behaupten, die aktuellen Anstrengungen des Lebens seien allesamt durch äußerliche Instanzen aufgezwungen. Man vergisst dabei, dass sie oft deshalb erforderlich werden, weil man die Freiheiten, die man sich selbst nimmt, auch seinen Mitmenschen zugestehen muss.

Mir fällt in diesem Zusammenhang ein Zitat des soziologischen Klassikers Norbert Elias ein: «Die ‹Umstände›, die sich ändern, sind nichts, was gleichsam von ‹außen› an den Menschen herankommt; die ‹Umstände›, die sich ändern, sind die Beziehungen zwischen den Menschen selbst.» Es sind diese Beziehungen, die anspruchsvoller und in gewisser Hinsicht auch krisenanfälliger geworden sind. Diese Krisenanfälligkeit bedeutet jedoch nicht unbedingt gleich Instabilität. Vielmehr deutet sie darauf hin, dass Beziehungen permanent begleitet, reflektiert und bearbeitet werden müssen. Man kann zum Beispiel die These vertreten, dass viele Belastungen in der heutigen Angestelltenwelt daher rühren, dass darin Konflikte schnell zu Beziehungskonflikten der Angestellten untereinander werden. Das kann sie psychisch sehr anstrengend machen.

Ambivalenzen also, wohin man blickt. Letztlich denke ich, dass die positiven Seiten zumindest überwiegen. Dabei kann ich mich auf einen Gesellschaftstheoretiker wie Colin Crouch berufen, der alles andere als im Ruf steht, die Errungenschaften des modernen Kapitalismus unkritisch nachzubeten. In einem Interview, das in der tageszeitung erschien, sagte er: «Ich glaube, die Individuen haben im Kapitalismus des 21. Jahrhunderts ein kompliziertes, aber auch ein reiches Leben – sie haben nicht eine, sondern viele Identitäten. Die Fragmentierung und soziale Zerklüftung hat auch positive Seiten. Die Individuen sind anders geworden, wählerischer, komplizierter, facettenreicher.» Ich glaube, dass Crouch recht hat. Und ich möchte ergänzen: Mögliche Lebenskrisen und möglicher Facettenreichtum – erst wenn man beides zusammendenkt, erfasst man den Rahmen unseres derzeitigen Lebens. Insofern kann man, wie ich am Anfang dieses Buchs meinte, wenn auch keineswegs Lebenskrisen selbst, so doch durchaus das Leben, das mit ihnen verbunden ist, verteidigen.

In weiterer Perspektive sind Lebenskrisen als Narrativ unverzichtbar. Solange das Narrativ fehlt oder unterdrückt wird, wie es im Nachkriegsdeutschland der Fall war, kann der Einzelne von drängenden persönlichen Schwierigkeiten kaum erzählen, er muss sie mit sich selbst ausmachen. Gegenwärtig ist das Krisennarrativ die übliche Form, in der individuelle Probleme an gesellschaftliche Debatten angeschlossen werden. Muss man wirklich Tag und Nacht erreichbar sein? Hat die Trennung von Beruf und Privatleben nicht doch sein Gutes? Wie weit können wir uns im Multitasking trainieren, und wann überfordern wir auf Dauer unsere Aufmerksamkeitsspannen? Solche Fragen werden zurzeit in Szenarios der Überforderungskrise verhandelt.

«Während Burnout das Individuum [...] von der permanenten Optimierung und dem Erfolg-haben-Müssen entlasten kann, hilft das Reden über Stress, dass sich die Individuen in den Gesellschaften der Gegenwart verorten können. Dabei ist die umgangssprachliche Unschärfe des Begriffs Stress geradezu Voraussetzung dafür, dass Stress als kultureller Code der individuellen und gleichzeitig von allen verstandenen Selbstbeschreibung und -deutung dient. So trägt Stress dazu bei, negative Befindlichkeiten und Unbehagen kommunizierbar zu machen [...] und sich von der Forderung nach Anpassung abzugrenzen.»

So das Fazit einer überaus faszinierenden Geschichte des Phänomens Stress, die der kulturwissenschaftlich orientierte Historiker Patrick Kury unter dem Titel *Der überforderte Mensch* vor kurzem veröffentlicht hat. Stress ist heute das Kennzeichen einer negativ besetzten Lebenskrise, aber erst verknüpft mit dem Krisenszenario des Burnouts entfaltet es seine volle Brisanz. Über den Krisenbegriff lässt sich schnell Aufmerksamkeit erzeugen, schließlich ist er als Alarmsignal sehr gut eingeführt – was vielleicht distanzierter klingt, als ich es meine. Die Zeit meines Großvaters, in der man dachte, die gesunde menschliche Psyche könne jede Belastung aushalten, sollte endgültig vorbei sein. Es stellt einen großen Fortschritt dar, dass öffentliche Geschichten von Lebenskrisen eher davon erzählen, dass Menschen prinzipiell verletzlich sind.

«Was heißt heute Krise?» – die Frage, die Jürgen Habermas Anfang der siebziger Jahre gestellt hat, ist heute in Talkshows und populären Magazinen, Sachbüchern und Feuilletons allgegenwärtig. Was bei aller Aufmerksamkeit für negative Krisen manchmal übersehen wird: Es gibt Lebenskrisen, die im öffentlichen Diskurs längst neutral oder auch positiv besetzt sind. Rentner, die in eine Sinnkrise verfallen, weil sie nach ihrer Pensionierung nichts mehr mit sich anzufangen wissen, werden von überall her mit Vorschlägen versorgt, was sie mit ihrer Zeit anfangen könnten – das bedeutet nichts anderes, als dass ihre Sinnkrise nicht nur als nachvollziehbar, sondern in gewisser Weise auch als sinnvoll angesehen wird. Beziehungskrisen werden zumindest nicht mehr mit der Überzeugung belastet, dass Ehen für die sittliche Ordnung des Gemeinwesens einstehen. Lebenskrisen, die noch vor zwei, drei Jahrzehnten allgemeinem Unverständnis begegneten und viel pädagogische oder therapeutische Sorge bereitet haben, geht man inzwischen von allen Seiten aus eher pragmatisch an. Im Fall der Pubertät beispielsweise weiß mittlerweile jeder, dass Jugendliche im entsprechenden Alter einen notwendigen Entwicklungsschritt vollziehen.

Darin liegt überhaupt das ausschlaggebende Kriterium: Sobald Lebenskrisen, und sei es auch nur im Nachhinein, als Teil der Persönlichkeitsentwicklung interpretiert werden können, ist man beruhigt. Das trifft inzwischen sogar auf berufliche Krisen zu. Es ist längst nicht mehr Privileg der gesellschaftlichen Avantgarde, das Scheitern im Beruf nicht nur als Katastrophe anzusehen, sondern auch als Chance, gründlich darüber nachzudenken, was man im Leben erreichen will. Im Ergebnis könnte diese Reflexion zu einem verständigeren Umgang mit sich selbst führen. Wenn ich es recht sehe, spricht sich herum, dass gerade hinter nach außen hin glänzenden Vorzeigekarrieren gelegentlich narzisstische und ich-ferne Selbstbilder arbeiten. Mag sein, dass man nach einem Karriereknick keine Chance mehr hat, Vorstandsvorsitzender oder Chefredakteur zu werden. Aber vielleicht hat man im Lauf einer Krise die Fähigkeit erworben, sich selbst nicht mehr nur nach Kriterien zu beurteilen, die von der Leistungsgesellschaft vorgegeben werden.

Ich möchte noch einmal auf M. zurückkommen, auf die Frau aus der Einleitung dieses Buchs, der gegenüber mir der Spruch «Willkommen im Club!» herausgerutscht ist. Wir trafen uns auf der Abschiedsparty eines Kollegen. Dass mit M. irgendetwas nicht stimmte, sah man damals sofort. Sie hatte etwas Flackerndes im Blick. Sie fasste jeden am Arm, lachte über jeden Witz und traktierte den DJ immer wieder mit Musikwünschen. Nun war M. auf Partys oft sehr gut gelaunt, man konnte mit ihr lachen und über Kollegen lästern. Aber ihr Auftritt war an diesem Abend viel zu vordergründig. Das war nicht die M., die man kannte.

Wie gesagt, ihr Freund hatte sie verlassen. M. erzählte es jedem, der es wissen wollte, und wohl auch manchen, die es nicht unbedingt wissen wollten. Fünf Jahre waren die beiden zusammen gewesen. Die Trennung sei «ohne große Diskussionen» abgelaufen. Offenbar hatte der Freund schon lange darüber nachgedacht. Und dann hatte er M. einfach die Tatsache mitgeteilt, dass ihre Beziehung jetzt zu Ende sei. «Ich habe vorher nichts bemerkt», sagte sie, auf eine leicht flirrende Art, in der die Einschätzung «Wie doof kann man eigentlich sein?» mitschwang. Warum hatte er sich von ihr getrennt? «Das habe ich ihn auch gefragt», sagte M., «und mich natürlich auch.» Auf jeden Fall sei keine andere Frau im Spiel gewesen, da war sie sich ziemlich sicher. Und auch sonst hatte sich bei den beiden nichts groß geändert. «Es passt einfach nicht mehr», soll der Freund geantwortet haben.

M. hat dieselbe Unterhaltung am Abend bestimmt ein halbes Dutzend Mal geführt. Einmal prostete sie nach dem Satz «Es passt einfach nicht mehr» allen Menschen in ihrer Umgebung überschwänglich zu. Irgendwann konnte man sie überreden, sich in ein Taxi zu setzen und nach Hause zu fahren.

Man kennt solche Situationen aus Filmen, Fernsehserien und Fallgeschichten in populären Magazinen und Zeitschriften. Aber auch in der Realität ergeben sie sich eben dann und wann ganz genau so. Als Außenstehender versucht man zu trösten und denkt sich dabei seinen Teil. M.

ist jetzt in der *I-will-survive*-Phase – das war es in meinem Fall. Auf Gloria Gayners großen Hit habe ich schon einige frisch Getrennte sehr ausgelassen tanzen sehen. Einmal rief eine Frau dabei «Hallo Jungs, ich bin jetzt wieder auf dem Markt!». Darauf folgt, so die Lebenserfahrung, eine eher depressive Phase, bevor die Verlassenen wieder zu sich finden. Dass Trennungskrisen ihre eigenen manisch-depressiven Verlaufskurven haben, weiß jeder. Nur nicht diejenigen, die sich gerade in ihnen befinden.

Ich habe an diesem Abend aber noch etwas anderes gedacht: Schade um das Beziehungsexperiment! M. und ihr Freund hatten eine interessante, offene Beziehung gelebt. Von Montag bis Donnerstag wohnte M. in einer kleinen Eineinhalbzimmerwohnung in Kreuzberg, arbeitete bei einer Zeitung und hatte, mit dem Wissen ihres Freunds, wechselnde Affären. Er baute in dieser Zeit das Häuschen der beiden in Brandenburg aus. Sie hatten sich in ein alternatives Wohnprojekt eingekauft. Sechs, sieben kleine Häuser auf einem großen Grundstück in der Nähe eines Sees. Gemeinsames Grillen ab und an, aber ganz bewusst keine Verpflichtungen wie in der Großkommune – und bloß keine Gemeinschaftssitzungen! Es klang sehr gut, wenn M. davon erzählte. Die verlängerten Wochenenden verbrachten sie immer zusammen. Oft ganz ruhig, erzählte M., reden, lesen, kochen, Fahrrad fahren, Videos ansehen.

Im Grunde waren es zwei vollkommen unterschiedliche Lebensrhythmen, die M. da lebte. Ihr Freund dagegen folgte nur einem Rhythmus. Er hatte keine Affären und kam selten in die Stadt. Nur alle zwei Monate war er für ein, zwei Wochen weg. Geld verdienen, Standaufbau und Standabbau auf Industrie- und Computermessen. Ob das zum Leben reichte, habe ich mich oft gefragt. Offenbar wird so eine Arbeit aber gut bezahlt, M. verdiente ja auch noch, und die beiden brauchten nicht so viel Geld. Seinen Anteil am Haus hatte der Freund mit einer kleinen Erbschaft finanziert. «Jahrelang hat das alles großartig funktioniert», sagte M. noch auf der Party.

Aber dann funktionierte es eben nicht mehr. Später hat sich herausgestellt: Es war tatsächlich keine andere Frau im Spiel. Es gab auch wirklich keinen alles entscheidenden Grund für die Trennung. M. bat ihren Exfreund noch um ein Aufarbeitungsgespräch. Da saßen sich die zwei gegenüber, aber groß in die Tiefe zu gehen, dazu hatte er keine Lust. Es fühlte sich für M. nicht nach einem gemeinsamen Gespräch an: Nie sei sie sich so einsam vorgekommen wie bei diesem Treffen, erzählte sie danach. Ihren Anteil am Haus hat sie dem Exfreund inzwischen verkauft. «Für einen wirklich fairen Preis», sagte sie, «selbst dabei hat er mir keinen Anlass zum Streit gegeben.»

Warum ihr Freund sie verlassen hat, das ist M., soweit ich es aus ihren Erzählungen beurteilen kann, lange ein Rätsel geblieben. Allmählich hat sich dann aber doch ein Erklärungsmuster herausgeschält: Er hatte eine Midlife-Crisis. Das war der Begriff, auf den M. die Trennung schließlich brachte. Sie war damit erkennbar beruhigt, so hatte sie zumindest einen Rahmen, in den sie das Verhalten ihres Exfreunds einordnen konnte. Ich habe mich, nun schon Monate später, mit M. darüber unterhalten, und wir stellten dabei fest, dass Lebenskrisen allein schon deshalb nicht aufhören werden, weil die Lebenskrise des einen Menschen manchmal, nein, wenn man nicht aufpasst, sogar ziemlich oft die Lebenskrise eines anderen Menschen

nach sich zieht. Die Midlife-Crisis ihres Freunds löste
bei M. eine Trennungskrise aus. Die Trennungskrise der
Eltern kann psychologische Krisen bei den Kindern verursachen. An den kriegsbedingten Traumata der Kriegs-
generation können noch die Enkel leiden. Die Sinnkrise
eines Angestellten kann, sobald er sich eine Auszeit gönnt,
bei seinem Kollegen zu einer Überforderungskrise führen.
Irgendwann bekam unser Gespräch einen Anflug von Gal-
genhumor.

Aber die Unterhaltung nahm noch eine andere Richtung: M. meinte, dass ihre Krise vor allem deshalb unverzichtbar war, weil sie sich ihr Leben daraufhin neu erzählen konnte. Das Schlimmste wäre für sie gewesen, damals
einfach so weiterzumachen wie gewohnt und sich, nach
einer gewissen Auszeit, halt einen anderen Partner zu suchen. Sie musste sich – so drückte sie es selbst aus und
fügte hinzu, es klinge vielleicht etwas zu modisch – vollkommen *neu erfinden*.

Ich warf einen Blick auf ihre Haare.

«Nein, das meine ich gar nicht», sagte sie und griff in
ihre jetzt kurzen Locken. Sie hatte sich eine neue Frisur
zugelegt, wie es viele Frauen nach einer Trennung tun
(Männer lassen sich zum Beispiel Bärte wachsen).

«Jetzt kommst du damit, dass du durch die Krise erwachsen geworden bist», sagte ich.

Sie lachte. «Nein. Endgültig erwachsen geworden zu
sein, das glaubte ich vorher. Es sollte ja die Beziehung sein,
die alle Ausprobierphasen beendet, in der alles aufgeht,
auch meine Eskapaden. Nein, ich meine ganz schlicht, dass
ich jetzt wirklich anders lebe als vorher. Natürlich könnte
ich eine Erfolgsgeschichte erzählen, wie es wahrscheinlich

viele Frauen tun: dass ich wieder mehr auf Freundschaften und auf mich achte, dass ich Sport treibe, eine neue Fremdsprache lerne und solche Sachen. Das tue ich auch alles. Aber das ist nicht der Punkt. Der Punkt ist, dass ich erst in der Krise gemerkt habe, wie gefestigt mein Leben gewesen war, das ich mir da zusammen mit jemand anderem zusammengebastelt hatte. Erst dachte ich, meine Krise hätte mit der Kränkung durch die Trennung zu tun. Zum Teil war es bestimmt auch so. Zum größeren Teil aber hing sie damit zusammen, dass ich jetzt eine komplett andere werden musste. Mir ging auf: Es kommt gar nicht darauf an, ob das gemeinsame Leben richtig gewesen war oder falsch – ich fand es richtig, er fand es irgendwann falsch –, wichtig dabei ist: Es war unglaublich stabil, solange es hielt. Schlafenszeiten, Fernsehgewohnheiten, Gespräche, Freunde, Hobbys, Zukunftsträume, mein komplettes Selbstverständnis – das alles hing an dieser Beziehung. Als sie auseinanderging, musste ich mir ein ganz neues Leben schaffen. Ich musste mir klarmachen, was ich wirklich wollte. Dieses Leben, halb in der Stadt, halb auf dem Land, das konnte es ja nun nicht mehr sein. Ich musste mir neue Ziele suchen. Nein, ich musste mir überhaupt wieder Ziele suchen. Davor war ich ja nur darauf aus gewesen, dass alles so bleibt, wie es ist. Sich sein Leben neu zu erzählen, ist schwer. Neue Ziele zu finden, ist auch schwer. Aber das alles kann man dann auch, und man macht das dann einfach. Weil einen die Krise dazu treibt.»

Sie machte eine Pause. «Und jetzt habe ich ein neues Leben, und auch das ist wieder unglaublich in sich gefestigt. Total stabil. Denke ich wenigstens. Mal sehen, wie lange es hält. Es ist, finde ich, ein ganz gutes Leben. Nur halt ganz anders. Kein Leben, ungefähr so wie das vorherige, aber eben ohne ihn. Das würde ich nicht ertragen. Ich hätte das Gefühl, wie meine Großmutter zu leben, ihr Mann starb, als sie vierzig war, und bis zu ihrem Tod vierzig Jahre später war sie immer noch seine Witwe.»

Wieder eine Pause. «Weißt du, ich glaube, dass sich Trennungskrisen von anderen Krisen gar nicht so sehr unterscheiden. Entscheidend ist, dass man durch sie zu jemand anderem wird. Irgendwann kam in der Krise der Moment, an dem ich dachte: Jetzt kommt es darauf an, was du aus deinem Leben machst. Ein Moment, in dem ich mich absolut allein gefühlt habe. Meine Freunde haben sich gut um mich gekümmert, aber da war ich wirklich auf mich allein gestellt. Gleichzeitig ging es mir von diesem Moment an wieder besser. Und hinterher weiß man dann, dass man so eine Situation meistern kann. Ob die nächste Situation, die dann möglicherweise ganz anders aussieht, genauso gemeistert werden kann, das weiß man wiederum nicht. Vielleicht bin ich doch irgendwo erwachsen geworden. Aber irgendwie anders erwachsen.» Sie lachte.

Ich sah kurz zu Boden. Das war der Augenblick, in dem mir mein flotter Spruch «Willkommen im Club!» dann wirklich leidtat. Weil jede Lebenskrise eine eigene Lebenskrise ist. Ich blickte mich im Restaurant um, in dem wir uns getroffen hatten. Um uns herum saßen viele Menschen. Nach einer Lebenskrise sah gerade niemand aus, aber man sieht sie den Leuten ja auch nicht in allen Fällen an. Wahrscheinlich, dachte ich in diesem Augenblick noch, hat sie recht, und Lebenskrisen sind letztlich genau deshalb unverzichtbar: Weil man in ihnen, wenn es darauf ankommt, sein eigenes Leben neu erfinden kann.

Literatur und Filme

Theodor W. Adorno: *Minima Moralia. Reflexionen aus dem beschädigten Leben*. Frankfurt am Main 2003.

Apocalypse Now. Regie: Francis Ford Coppola. USA 1979.

Walter Benjamin: *Berliner Kindheit um Neunzehnhundert*. Frankfurt am Main 1987.

Karl Heinz Bohrer: *Granatsplitter. Erzählung einer Jugend*. München 2012.

Heinz Bonorden: *Das verschärfte Leben*. In: Michael Rutschky (Hg.): *Errungenschaften. Eine Kasuistik*. Frankfurt am Main 1982.

Katherine Boo: *Annawadi oder der Traum von einem anderen Leben*. Übersetzt aus dem Englischen von Pieke Biermann. München 2012.

T. C. Boyle: *Drop City*. Übersetzt aus dem Englischen von Werner Richter. München 2005.

Albert Camus: *Der Mythos des Sisyphos*. Übersetzt aus dem Französischen von Hans Georg Brenner und Wolfdietrich Rasch. Reinbek bei Hamburg 1959.

Casablanca. Regie: Michael Curtiz. USA 1942.

Joseph Conrad: *Herz der Finsternis*. Übersetzt aus dem Englischen von Daniel Göske. Leipzig 1991.

Christoph Conti: *Abschied vom Bürgertum. Alternative Bewegungen in Deutschland von 1890 bis heute*. Reinbek bei Hamburg 1984.

David Cronenberg: *«Es geht alles ums Sprechen»*. In: *die tageszeitung* vom 05. 11. 2011.

Colin Crouch: *«Für Märkte ist Demokratie komfortabel»*. In: *die tageszeitung* vom 23. 06. 2012.

Der Stadtneurotiker (Orig. *Annie Hall*). Regie: Woody Allen. USA 1977.

Die Eingewöhnung von Kindern in Kindertageseinrichtungen. http://www. infans.net/pdf/Eingewoehnung.pdf (aufgerufen am 01.09.2013).

Die Klapperschlange (Orig. *John Carpenter's Escape from New York*). Regie: John Carpenter. USA 1981.

Eine dunkle Begierde (Orig. *A Dangerous Method*). Regie: David Cronenberg. Kanada, Deutschland, Großbritannien 2011.

Norbert Elias: *Über den Prozeß der Zivilisation.* Band 1: *Wandlungen des Verhaltens in den weltlichen Oberschichten des Abendlandes.* In: Ders.: *Gesammelte Schriften.* Band 3.1. Frankfurt am Main 1997.

Friedrich Engels, Karl Marx: *Die deutsche Ideologie.* In: *Marx-Engels-Werke.* Band 3. Berlin 1969.

Erik H. Erikson: *Wachstum und Krisen der gesunden Persönlichkeit.* In: Ders.: *Identität und Lebenszyklus.* Frankfurt am Main 1966.

Theodor Fontane: *Irrungen, Wirrungen.* Stuttgart 2010.

Richard Ford: *Der Sportreporter.* Übersetzt aus dem Englischen von Hans Hermann. Berlin 2006.

Richard Ford: *Die Lage des Landes.* Übersetzt aus dem Englischen von Frank Heibert. Berlin 2008.

Richard Ford: *Unabhängigkeitstag.* Übersetzt aus dem Englischen von Armin Fredeke. Berlin 2006.

Sigmund Freud: *Das Unbehagen in der Kultur.* In: *Freud-Studienausgabe.* Band 9: *Fragen der Gesellschaft. Ursprünge der Religion.* Frankfurt am Main 1974.

Svenja Goltermann: *Die Gesellschaft der Überlebenden. Deutsche Kriegsheimkehrer und ihre Gewalterfahrungen im Zweiten Weltkrieg.* München 2009.

Johanna Haarer: *Die Mutter und ihr erstes Kind.* München 1987.

Jürgen Habermas: *Die Scheinrevolution und ihre Kinder.* In: Ders.: *Protestbewegung und Hochschulreform.* Frankfurt am Main 1969.

Jürgen Habermas: *Theorie des kommunikativen Handelns.* 2 Bände. Frankfurt am Main 1981.

Jürgen Habermas: *Was heißt heute Krise? Legitimationsprobleme im Spätkapitalismus.* In: *Merkur* 27 (1973).

Hannah und ihre Schwestern (Orig. *Hannah and her Sisters*). Regie: Woody Allen. USA 1986.

Hermann Hesse: *Unterm Rad.* Frankfurt am Main 1972.

Karl Otto Hondrich: *Liebe in den Zeiten der Weltgesellschaft.* Frankfurt am Main 2004.

Innenleben (Orig. *Interiors*). Regie: Woody Allen. USA 1978.

Jean-Claude Kaufmann: *Die Erfindung des Ich. Eine Theorie der Identität.* Konstanz 2005.

Heinrich von Kleist: *am Morgen meines Todes.* Brief an Ulrike von Kleist vom 21. 11. 1811. In: Ders.: *Sämtliche Werke und Briefe.* Band 2: *Erzählungen, Kleine Prosa, Gedichte, Briefe.* Darmstadt 2010.

Gerd Koenen: *Das rote Jahrzehnt. Unsere kleine deutsche Kulturrevolution 1967–1977.* Frankfurt am Main 2011.

Reinhart Koselleck: *Einige Fragen an die Begriffsgeschichte von «Krise».* In: Ders.: *Begriffsgeschichten. Studien zur Semantik und Pragmatik der politischen und sozialen Sprache.* Frankfurt am Main 2006.

Krisengeschichte(n). ‹Krise› als Leitbegriff und Erzählmuster in kulturwissenschaftlicher Perspektive. Tagungsbericht. http://hsozkult.geschichte. hu-berlin.de/index.asp?pn=tagungsberichte&id=2782 (aufgerufen am 01.09. 2013).

Patrick Kury: *Der überforderte Mensch. Eine Wissensgeschichte vom Stress zum Burnout.* Frankfurt am Main 2012.

Hans-Joachim Maaz: *Die Liebesfalle. Spielregeln für eine neue Beziehungskultur.* München 2007.

Mad Men. Produzent: Matthew Weiner. USA 2007 ff.

Manhattan. Regie: Woody Allen. USA 1979.

Thomas Mann: *Buddenbrooks.* Frankfurt am Main 1982.

Karl Marx: *Das Kapital. Kritik der politischen Ökonomie.* In: *Marx-Engels-Werke.* Band 23–25. Berlin 1972.

Herman Melville: *Moby-Dick.* Übersetzt aus dem Englischen von Matthias Jendis. München 2003.

Robert Musil: *Die Verwirrungen des Zöglings Törleß.* Reinbek 2008.

Christian Pross: *Wiedergutmachung. Der Kleinkrieg gegen die Opfer.* Frankfurt am Main 1988.

Marcel Proust: *Auf der Suche nach der verlorenen Zeit.* Übersetzt aus dem Französischen von Eva Rechel-Mertens. Band 1: *In Swanns Welt.* Frankfurt am Main 1981.

Babette Quinkert, Philipp Rauh, Ulrike Winkler (Hg.): *Krieg und Psychiatrie 1914–1950.* Göttingen 2010.

Michael Rutschky: *Erfahrungshunger. Ein Essay über die siebziger Jahre.* Frankfurt am Main 1982.

J. D. Salinger: *Der Fänger im Roggen.* Übersetzt aus dem Englischen von Eike Schönfeld. Köln 2003.

J. D. Salinger: *Neun Erzählungen*. Übersetzt aus dem Englischen von Eike Schönfeld. Köln 2013.

Peter Schneider: *Die Sache mit der ‹Männlichkeit›. Gibt es eine Emanzipation der Männer?* In: *Kursbuch* 35 (1974).

Gail Sheehy: *In der Mitte des Lebens. Die Bewältigung vorhersehbarer Krisen*. Übersetzt aus dem Englischen von Edwin Ortmann unter Mitarbeit von Gertrud Baruch. München 1976.

Susan Sontag: *Krankheit als Metapher*. Übersetzt aus dem Englischen von Karin Kersten und Caroline Neubaur. München 1978.

Szenen einer Ehe. Regie: Ingmar Bergman. Schweden 1973.

Taxi Driver. Regie: Martin Scorsese. USA 1976.

Henry David Thoreau: *Walden. Ein Leben mit der Natur*. Übersetzt aus dem Englischen von Sophie Zeitz und Erika Ziha. München 1999.

Lew Tolstoi: *Anna Karenina*. Übersetzt aus dem Russischen von Rosemarie Tietze. München 2011.

Lew Tolstoi: *Krieg und Frieden*. Übersetzt aus dem Russischen von Barbara Conrad. München 2011.

Mark Twain: *Die Abenteuer des Huckleberry Finn*. Übersetzt aus dem Englischen von Ekkehard Schöller. Leipzig 2007.

Bernward Vesper: *Die Reise. Romanessay*. Reinbek bei Hamburg 2003.

Stephan Wackwitz: *Bachelor Pride Parade*. In: Ders.: *Selbsterniedrigung durch Spazierengehen*. Frankfurt am Main 2002.

Stephan Wackwitz: *Zwei Bier im Kühlschrank*. In: Ders.: *Selbsterniedrigung durch Spazierengehen*. Frankfurt am Main 2002.

Robert Walser: *Jakob von Gunten*. Frankfurt am Main 1985.

Hans-Ulrich Wehler: *Deutsche Gesellschaftsgeschichte*. Band 5: *Bundesrepublik und DDR 1949–1990*. München 2008.

Richard Yates: *Zeiten des Aufruhrs*. Übersetzt aus dem Englischen von Hans Wolf. München 2002.

Fritz Zorn: *Mars*. Frankfurt am Main 1994.